21世纪经济管理精品教材
管理科学与工程系列

Management Information Systems

管理信息系统

芮廷先 ◎ 主编

清华大学出版社
北京

内 容 简 介

本书根据教育部管理类专业教学指导委员会提出的"管理信息系统课程的教学基本要求"而编写的,综合考虑经济管理类各专业对管理信息系统课程的教学要求,从信息技术与管理融合的角度讨论了信息系统的应用。全书内容分为三篇:管理信息系统知识篇,介绍管理信息系统的概念、结构、技术基础等基本知识;管理信息系统建设篇,介绍管理信息系统的开发方法,包括规划、分析、设计和实施管理;管理信息系统应用篇,介绍管理信息系统在企业中的典型应用。

本书从企业管理的角度,阐述了管理信息系统的相关概念和应用,为读者了解管理信息系统的基本知识和最新发展提供了参考。本书适合高等院校经济管理类专业的本科生和 MBA 研究生使用,也可作为相关读者的自学参考书。

本书封面贴有清华大学出版社防伪标签,无标签者不得销售。
版权所有,侵权必究。举报:010-62782989,beiqinquan@tup.tsinghua.edu.cn。

图书在版编目(CIP)数据

管理信息系统/芮廷先主编. —北京:清华大学出版社,2016(2023.1重印)
(21 世纪经济管理精品教材. 管理科学与工程系列)
ISBN 978-7-302-45321-5

Ⅰ. ①管… Ⅱ. ①芮… Ⅲ. ①管理信息系统—高等学校—教材 Ⅳ. ①C931.6

中国版本图书馆 CIP 数据核字(2016)第 253469 号

责任编辑:杜 星
封面设计:汉风唐韵
责任校对:宋玉莲
责任印制:丛怀宇

出版发行:清华大学出版社
  网 址: http://www.tup.com.cn, http://www.wqbook.com
  地 址:北京清华大学学研大厦 A 座 邮 编:100084
  社 总 机:010-83470000 邮 购:010-62786544
  投稿与读者服务:010-62776969,c-service@tup.tsinghua.edu.cn
  质量反馈:010-62772015,zhiliang@tup.tsinghua.edu.cn
印 装 者:涿州市般润文化传播有限公司
经 销:全国新华书店
开 本:185mm×260mm 印 张:17.25 字 数:399 千字
版 次:2016 年 10 月第 1 版 印 次:2023 年 1 月第 3 次印刷
定 价:55.00 元

产品编号:072104-02

前言

"管理信息系统"是高等院校管理类、经济类相关专业重要的核心课程,是一门综合管理科学、系统科学、行为科学、计算机科学和信息技术等多学科的有鲜明特色的课程。作为信息技术与经营管理活动的融合,它要求学生既要懂一定的信息技术,还要掌握企业经营管理知识。

本书是根据教育部管理类专业教学指导委员会提出的"管理信息系统课程的教学基本要求"进行编写的,综合考虑了经济管理类各专业对管理信息系统课程的教学要求,从"信息技术与管理融合"的角度讨论了信息系统的应用,强调信息系统规划、管理与信息系统应用并重,从而加强学生对管理信息系统的整体认识。本书阐述管理信息系统的基本原理,归纳管理信息系统的必然性;按照系统生命周期观点,讲述系统规划、系统分析、系统设计、系统实施等工作的相关技术与方法;介绍现代社会管理信息系统的典型应用,如现代企业信息系统(ERP)、电子商务系统、决策支持系统等。全书内容分为三篇:管理信息系统知识篇,介绍管理信息系统的概念、结构、技术基础等基本知识;管理信息系统建设篇,介绍管理信息系统的一般开发方法,包括规划、分析、设计和实施管理;管理信息系统应用篇,介绍管理信息系统在企业中的典型应用。全书共10章,第1章信息系统与现代企业管理,第2章管理信息系统技术基础,第3章信息系统开发与战略规划,第4章信息系统分析,第5章信息系统设计,第6章信息系统实施,第7章信息系统运行管理,第8章企业资源计划,第9章决策支持与商务智能,第10章电子商务。全书布局合理、结构清晰、易教易学,同时注重知识的内在逻辑及前沿性。

本书由芮廷先主编,参加编写及资料收集工作的还有曹倩雯、王宸圆、陈丽燕、洪改艳和李丹等,另外,王明照、何士产、俞伟广、吕光金、沈和、王瑞贺等对本书的撰写也提供了大力支持。在教材的编写过程中,编写组成员克服了教学科研工作繁重、时间紧迫等困难,共同努力,按时完成了编写任务。编者在总结多年讲授管理信息系统课程的教学经验和参加企业信息化建设实践经验的同时,请教了国内外多位专家、学者,也参考了国内外大量的文献和资料,谨向有关专家表示真挚的谢意。

管理信息系统技术与应用发展迅速,是一个不断创新和发展的崭新领域,其理念和技术等都在不断地更新,书稿虽经多次修改,但由于编者水平有限，书中难免有不妥之处，真诚地希望使用本教材的师生和读者提出批评及改进意见，以便我们以后对本书修订时参考。

为了配合教学，本书提供了配套的电子教案和练习，读者可到清华大学出版社网站（www.tup.tsinghua.edu.cn）下载。

芮廷先

2016.5.26

管理信息系统知识篇

第 1 章 信息系统与现代企业管理 ……………………………… 3

学习目标 ……………………………………………………………… 3
引例 …………………………………………………………………… 3
1.1 数据与信息 …………………………………………………… 5
　　1.1.1 数据、信息、知识 …………………………………… 5
　　1.1.2 企业管理中的信息流 ………………………………… 8
　　1.1.3 管理信息及其类型 …………………………………… 9
　　1.1.4 管理信息的重要作用 ………………………………… 10
1.2 企业信息管理 ………………………………………………… 11
　　1.2.1 企业信息管理的概念 ………………………………… 11
　　1.2.2 企业信息管理的内容 ………………………………… 11
　　1.2.3 企业信息管理有效实现的途径 ……………………… 12
1.3 信息系统与现代管理 ………………………………………… 13
　　1.3.1 企业管理环境的变化 ………………………………… 13
　　1.3.2 管理环境变化的影响 ………………………………… 14
　　1.3.3 信息系统对管理职能的支持 ………………………… 15
　　1.3.4 信息系统在管理领域的发展 ………………………… 17
1.4 信息系统与决策支持 ………………………………………… 19
　　1.4.1 决策的概念 …………………………………………… 20
　　1.4.2 决策的过程 …………………………………………… 20
　　1.4.3 决策问题的类型 ……………………………………… 21
　　1.4.4 决策科学化的要求 …………………………………… 24
　　1.4.5 信息系统对决策的支持 ……………………………… 24
本章小结 ……………………………………………………………… 25
思考与练习 …………………………………………………………… 25

第 2 章 管理信息系统技术基础 ·············· 26

学习目标 ·············· 26
引例 ·············· 26
2.1 管理信息系统的概念与结构 ·············· 27
2.1.1 管理信息系统的概念 ·············· 27
2.1.2 管理信息系统的结构 ·············· 28
2.2 企业信息系统的基础设施 ·············· 33
2.2.1 计算机硬件及发展趋势 ·············· 33
2.2.2 计算机软件及发展趋势 ·············· 35
2.2.3 云计算的发展 ·············· 36
2.3 计算机网络 ·············· 39
2.3.1 通信与网络 ·············· 39
2.3.2 因特网 ·············· 47
2.3.3 无线技术与移动商务 ·············· 48
2.4 数据库技术 ·············· 51
2.4.1 数据库管理概述 ·············· 51
2.4.2 数据模型 ·············· 55
2.4.3 数据仓库和联机分析处理 ·············· 56
2.5 信息系统安全 ·············· 58
2.5.1 人的安全 ·············· 58
2.5.2 技术的安全 ·············· 59
2.5.3 管理的安全 ·············· 60
本章小结 ·············· 61
思考与练习 ·············· 61

管理信息系统建设篇

第 3 章 信息系统战略规划与开发 ·············· 65

学习目标 ·············· 65
引例 ·············· 65
3.1 信息系统的开发方法 ·············· 67
3.1.1 结构化生命周期法 ·············· 68
3.1.2 原型法 ·············· 69
3.1.3 面向对象开发方法 ·············· 69
3.1.4 信息系统的开发方式 ·············· 71
3.2 信息系统规划概述 ·············· 72

3.2.1　信息系统规划的目标与任务 …………………………………………… 72
　　　3.2.2　信息系统规划的步骤 ……………………………………………………… 73
　3.3　信息系统规划方法 ………………………………………………………………… 74
　　　3.3.1　企业系统规划法 …………………………………………………………… 74
　　　3.3.2　关键成功因素法 …………………………………………………………… 80
　　　3.3.3　战略目标集转化法 ………………………………………………………… 81
　　　3.3.4　三种系统规划方法的比较 ………………………………………………… 83
　3.4　系统的初步调查与可行性研究 …………………………………………………… 83
　　　3.4.1　系统的初步调查 …………………………………………………………… 83
　　　3.4.2　可行性研究 ………………………………………………………………… 84
　本章小结 ………………………………………………………………………………… 85
　思考与练习 ……………………………………………………………………………… 86

第 4 章　信息系统分析 …………………………………………………………………… 87

　学习目标 ………………………………………………………………………………… 87
　引例 ……………………………………………………………………………………… 87
　4.1　系统分析概述 ……………………………………………………………………… 88
　　　4.1.1　系统分析的含义 …………………………………………………………… 88
　　　4.1.2　系统分析的目标和主要活动 ……………………………………………… 89
　　　4.1.3　结构化系统分析方法 ……………………………………………………… 90
　4.2　系统的详细调查 …………………………………………………………………… 91
　　　4.2.1　详细调查与初步调查的区别 ……………………………………………… 91
　　　4.2.2　详细调查的信息分类 ……………………………………………………… 91
　　　4.2.3　信息来源和收集方法 ……………………………………………………… 92
　　　4.2.4　详细调查的主要内容 ……………………………………………………… 94
　　　4.2.5　详细调查的工作结果 ……………………………………………………… 95
　4.3　建立信息系统逻辑模型的工具 …………………………………………………… 96
　　　4.3.1　数据流程图 ………………………………………………………………… 96
　　　4.3.2　数据字典 …………………………………………………………………… 99
　　　4.3.3　处理逻辑的表达工具 ……………………………………………………… 100
　4.4　新系统逻辑方案的提出 …………………………………………………………… 102
　　　4.4.1　提出新系统逻辑方案的主要工作 ………………………………………… 102
　　　4.4.2　系统分析报告 ……………………………………………………………… 102
　本章小结 ………………………………………………………………………………… 103
　思考与练习 ……………………………………………………………………………… 103

第 5 章　信息系统设计 …………………………………………………………………… 104

　学习目标 ………………………………………………………………………………… 104

引例 ………………………………………………………………………… 104
5.1 信息系统设计概述 ……………………………………………………… 107
　　5.1.1 系统设计的任务 ………………………………………………… 107
　　5.1.2 系统设计的过程 ………………………………………………… 108
　　5.1.3 系统总体结构设计 ……………………………………………… 109
　　5.1.4 系统的功能结构图设计 ………………………………………… 110
　　5.1.5 系统设计说明书 ………………………………………………… 114
5.2 总体设计阶段的图形工具 ……………………………………………… 114
　　5.2.1 层次图 …………………………………………………………… 114
　　5.2.2 HIPO 图 ………………………………………………………… 115
　　5.2.3 结构图 …………………………………………………………… 116
5.3 结构化设计（SD 方法） ………………………………………………… 119
　　5.3.1 软件结构的标准形式 …………………………………………… 119
　　5.3.2 SD 设计步骤 …………………………………………………… 120
5.4 信息系统详细设计 ……………………………………………………… 121
　　5.4.1 系统物理配置方案设计 ………………………………………… 121
　　5.4.2 处理流程图设计 ………………………………………………… 122
5.5 代码设计和数据库设计 ………………………………………………… 126
　　5.5.1 代码设计 ………………………………………………………… 126
　　5.5.2 数据文件和数据库设计 ………………………………………… 130
5.6 人—机界面设计 ………………………………………………………… 131
　　5.6.1 输出设计 ………………………………………………………… 131
　　5.6.2 输入设计 ………………………………………………………… 133
　　5.6.3 输入输出的界面设计 …………………………………………… 133
5.7 系统安全与数据完整性设计 …………………………………………… 134
　　5.7.1 计算机安全 ……………………………………………………… 134
　　5.7.2 网络安全 ………………………………………………………… 135
　　5.7.3 数据库安全 ……………………………………………………… 136
　　5.7.4 数据完整性 ……………………………………………………… 136
本章小结 …………………………………………………………………… 137
思考与练习 ………………………………………………………………… 137

第 6 章 信息系统实施 ……………………………………………………… 138

学习目标 …………………………………………………………………… 138
引例 ………………………………………………………………………… 138
6.1 系统实施阶段的任务与步骤 …………………………………………… 140
　　6.1.1 自主开发 ………………………………………………………… 140
　　6.1.2 外包开发 ………………………………………………………… 141

        6.1.3 合作开发 …………………………………………………… 143
        6.1.4 购置软件包开发 …………………………………………… 143
        6.1.5 二次开发 …………………………………………………… 144
    6.2 系统的实施步骤 …………………………………………………… 145
        6.2.1 系统实施一般步骤 …………………………………………… 146
        6.2.2 程序设计 …………………………………………………… 146
        6.2.3 系统测试(system testing) …………………………………… 148
    6.3 试运行和系统切换 ………………………………………………… 151
        6.3.1 系统转换 …………………………………………………… 151
        6.3.2 人员培训 …………………………………………………… 152
    6.4 系统测试与确认 …………………………………………………… 152
    6.5 用户培训与系统使用 ……………………………………………… 154
        6.5.1 系统维护人员培训 …………………………………………… 154
        6.5.2 系统使用人员培训 …………………………………………… 154
    本章小结 ………………………………………………………………… 155
    思考与练习 ……………………………………………………………… 155

第7章 信息系统运行管理 …………………………………………… 156

    学习目标 ………………………………………………………………… 156
    引例 ……………………………………………………………………… 156
    7.1 质量保障和项目验收 ……………………………………………… 158
        7.1.1 信息系统质量保障体系 ……………………………………… 158
        7.1.2 质量属性的内容 ……………………………………………… 159
        7.1.3 提高软件质量的基本方法 …………………………………… 161
    7.2 项目验收 …………………………………………………………… 162
    7.3 信息系统的运行管理 ……………………………………………… 164
        7.3.1 运行环境和测试环境 ………………………………………… 164
        7.3.2 用户培训与系统使用 ………………………………………… 165
        7.3.3 数据转换 …………………………………………………… 166
        7.3.4 维护活动 …………………………………………………… 166
    7.4 信息技术管理 ……………………………………………………… 169
        7.4.1 制定信息系统运行战略 ……………………………………… 169
        7.4.2 制订信息技术规划 …………………………………………… 170
        7.4.3 衡量和管理计算机容量 ……………………………………… 171
        7.4.4 系统运行计划和控制 ………………………………………… 172
        7.4.5 结果控制 …………………………………………………… 173
    7.5 信息系统组织管理 ………………………………………………… 174
        7.5.1 信息系统部门在组织中的定位 ……………………………… 175

7.5.2 信息系统组织的人员管理 …… 177
7.5.3 信息系统人员素质要求 …… 178
7.5.4 信息系统的不同职位 …… 178
本章小结 …… 183
思考与练习 …… 183

管理信息系统应用篇

第 8 章 企业资源计划 …… 187

学习目标 …… 187
引例 …… 187
8.1 ERP 概念 …… 188
 8.1.1 ERP 产生的背景 …… 189
 8.1.2 ERP 的概念 …… 189
 8.1.3 ERP 的特点 …… 191
 8.1.4 ERP 系统的作用 …… 192
8.2 ERP 的发展历程 …… 193
 8.2.1 订货点法阶段 …… 193
 8.2.2 MRP 阶段 …… 194
 8.2.3 闭环式 MRP 阶段 …… 195
 8.2.4 MRP II 阶段 …… 195
 8.2.5 ERP 阶段 …… 197
8.3 典型的 ERP 系统 …… 197
 8.3.1 SAP 公司的 R/3 系统 …… 198
 8.3.2 用友公司的 U8 系统 …… 199
 8.3.3 金蝶公司的金蝶 K/3 ERP 系统 …… 199
本章小结 …… 200
思考与练习 …… 201

第 9 章 决策支持与商务智能 …… 202

学习目标 …… 202
引例 …… 202
9.1 决策问题的概述 …… 204
 9.1.1 提高决策水平的商业价值 …… 205
 9.1.2 决策问题的层次 …… 205
9.2 决策支持系统概述 …… 207
 9.2.1 决策支持系统的概念 …… 207

　　　　9.2.2　决策支持系统的特征 ·· 207
　　　　9.2.3　决策支持系统的功能 ·· 208
　　　　9.2.4　DSS 与 MIS 的关系 ··· 209
　　　　9.2.5　新一代 DSS ··· 209
　　9.3　决策制定与信息系统支持 ··· 213
　　　　9.3.1　决策支持系统的概念模式 ·· 214
　　　　9.3.2　人机界面和基于知识的 DSS ··· 215
　　　　9.3.3　多库结构 ·· 217
　　　　9.3.4　DSS 的技术层次 ··· 222
　　本章小结 ··· 224
　　思考与练习 ··· 225

第 10 章　电子商务 ··· 226

　　学习目标 ··· 226
　　引例 ··· 226
　　10.1　电子商务的概念 ·· 227
　　　　10.1.1　电子商务的起源与发展历程 ·· 227
　　　　10.1.2　电子商务的定义与内涵 ·· 229
　　　　10.1.3　电子商务的特点与功能 ·· 232
　　　　10.1.4　电子商务的影响与效益 ·· 235
　　10.2　电子商务的分类 ·· 238
　　　　10.2.1　按交易涉及的对象分类 ·· 238
　　　　10.2.2　按交易涉及的商品性质分类 ·· 239
　　　　10.2.3　按电子商务使用的网络类型分类 ···································· 240
　　10.3　电子商务商业模式 ·· 240
　　　　10.3.1　商业模式概述 ··· 240
　　　　10.3.2　电子商务商业模式的分类 ·· 242
　　　　10.3.3　电子商务商业模式的应用 ·· 243
　　10.4　电子商务现状及发展趋势 ·· 249
　　　　10.4.1　中国电子商务的发展现状 ·· 249
　　　　10.4.2　电子商务的未来发展趋势 ·· 251
　　10.5　电子商务典型应用 ·· 253
　　　　10.5.1　企业电子商务应用 ·· 253
　　　　10.5.2　金融电子商务 ··· 258
　　　　10.5.3　电子政务 ··· 260
　　本章小结 ··· 263
　　思考与练习 ··· 263

参考文献 ·· 264

管理信息系统知识篇

普通植物急养液论文汇编

第1章 信息系统与现代企业管理

随着计算机技术、网络通信技术及互联网技术的飞速发展,信息逐步成为当今社会发展的重要部分,渗透到了社会的各行各业,成为经济和社会发展的重要动力。

在信息时代,由于互联技术的发展,人们逐步意识到信息对其自身的重要性。在客户需求瞬息万变、产品生命周期不断缩短、市场竞争日趋激烈、全球一体化逐步成型等背景下,信息成为企业在市场中立于不败之地的关键要素。

本章主要对管理信息系统相关的基本知识进行介绍,包括数据和信息、企业的信息管理、信息系统与现代化管理的关系以及信息系统如何对决策进行支持。

学习目标

1. 了解基本概念,如数据、信息、知识。
2. 掌握企业信息管理的相关内容。
3. 掌握信息系统对现代化管理支持的相关知识。
4. 理解决策的基本概念,并了解信息系统对决策支持的相关知识。

引例

青岛啤酒集团信息化建设

1. 青岛啤酒集团的信息化介绍

青岛啤酒集团的信息化建设基本上是从20世纪90年代初开始的。

在计算机硬件设备上,采用PC服务器结构。现拥有计算机300多台,PC服务器20台左右,主要应用在文件服务、打印服务、Internet和Intranet、邮件服务等方面。青啤集团是一个酒类生产厂,不像机械、电子类企业有大量的设计工作,因此,工作站应用不太多,只有一台Sun工作站管理内部交换机、集线器、划分虚拟网等。

青岛啤酒集团网络建设的构架是:几个骨干厂已基本建成了局域网,并以DDN方式接入Internet。1997年,公司本部选用3COM的网络产品,建成了青岛地区最早的ATM网络,并选用3COM的网管软件,实现了网络的智能化管理;一厂于1998年建成了100M以太网;二厂网络由于建成较早(10BASE2网络),网络速度较慢,已不能满足企业现代化管理的需要,现在正在进行网络改造。

操作系统采用Novell和NT混合结构。Novell主要用于文件及打印服务,最近,通过Novell公司的Z.E.N WORKS管理软件,实现了对客户端的资源管理、远程监控、自动分发应用软件等功能,大大降低了计算机总体维护成本。Windows NT主要作为应用服务器,如生产、人力资源、文书、档案管理的后台数据库服务。另外,NT系统还应用在

Internet 接入及 mail 服务等方面。公司的应用软件以合作开发为主,主要应用在生产管理、财务管理、人力资源管理、档案管理等方面,减轻了员工的劳动强度,规范了公司的业务流程,为今后的发展提供了大量可靠的数据。

2. 青岛啤酒信息化应用体会

在硬件设备的采购方面,服务器及网络设备是关系到网络正常运行的关键设备,在选购时,应该更多地考虑系统的性能和稳定性,其次才是价格。青岛啤酒购买的 PC 服务器及网络设备大多是国外大公司的知名品牌,如 PC 服务器选购的是 Compaq 及 HP 的产品,网络设备主要是 3COM 及 Cisco 的产品,这些产品在公司内部从未出现过问题。对于 PC,更多考虑的是性能价格比,IBM、HP 等品牌的产品质量及售后服务较好,但相对国产品牌价格较高,联想作为中国市场占有率最高的 PC 品牌,质量稳定、性能较高、售后服务也较好,自 1997 年至今,是青岛啤酒采购的主要品牌。

企业管理软件是把一种管理思想通过程序代码反映出来的软件系统。选购企业管理软件的指导思想是:软件系统要灵活,能够适应企业多变的环境;软件功能要强大,能够满足现有管理体制的需要,在不全盘推翻现有管理体制的前提下提供新的管理思想。现在有一些咨询公司,喜欢全盘照搬国外企业管理软件的管理思想,对国企进行全面西化的改造。可是中国有自己的国情,每个企业有各自的特性,千篇一律地照搬别人的思想是不符合实际的。而且国外的企业管理软件,虽然思想先进、功能强大,但投资较大、实施周期长、对企业人员素质要求高,所以实施风险较大。国内的企业管理软件,投资少,实施较为简单,但功能相对较弱,更适合中小企业,对于像青岛啤酒这样的大型企业集团就可能有一些欠缺。所以,青岛啤酒下一步有可能在局部范围内选用国内较优秀的管理软件,至于整个集团的企业管理软件的选择,则要进行整体规划,规范业务流程,强化管理,计划采取招标的方式,选择国际先进的企业管理软件,统一管理公司的日常业务。

计算机管理系统能够给企业带来新的管理模式,提高整个企业的管理水平,规范业务流程,加速资金、物资、信息在集团内部的运转,并为集团今后的发展提供可靠的分析数据。同时,计算机管理系统又是一个非常复杂的系统,它与企业管理紧密相关。为了降低实施计算机管理系统的风险,应该分步、分块地实施,如在管理比较规范或手工管理无法满足需要的部门首先实施。

以集团财务部门为例。它们的管理比较规范,从 1995 年就开始实施基于 DOS 平台的万能财务软件,应用该系统,提高了企业的办事效率,摆脱了大量的手工汇表工作,领导们能及时掌握资金流向,给企业决策层提供了大量可靠的数据,避免了一些手工管理的漏洞。但是这个系统现在已不能满足集团化财务管理的需要,必须采用功能更加强大的软件系统。所以,集团财务部已经开始会同计算机中心的技术人员进行软件系统的选型。

又如集团的销售公司。由于它的机构横跨全国,销售环节复杂,手工很难管理好,容易在一些环节出现失控现象。为了实现货物流向的有效控制,减少区域间冲货,统筹安排库存,加快资金周转,堵塞漏洞,避免财务风险,实现管理规范化,降低管理费用,提高新鲜度管理,经过一段时间酝酿,集团销售公司的"销售公司物流管理系统"开始进入一期的实施。如果实施成功,二期工程马上可以在全国范围拓展开来。目前,集团正在以这两个项目为突破口,逐步实施信息管理系统。将来,集团将在管理更加规范的前提下,实现整体的信息化管理。

近年来，随着 Internet 的迅猛发展，Internet 已成为企业自我宣传、获取信息、降低通信费用的重要手段。青岛啤酒集团已经建有自己的网站（www.tsingtao.com.cn），可以提供专线入网和 E-mail 服务。集团还在不断更新网站内容，使其成为宣传企业的一个窗口，让青岛啤酒这个品牌更加贴近客户，保持这个品牌在全国乃至世界范围的影响。将来，随着外部市场及内部管理的规范及集团内部信息系统的健全，再借助 Internet 开展电子商务，集团的供应链及销售链会更加迅速快捷、稳固。

问题
1. 青岛啤酒集团的信息化是如何构建的？
2. 青岛啤酒集团的信息化的效果如何？

1.1 数据与信息

在现实生活中，人们通常将数据和信息混淆在一起，但是，在实际的应用中，数据和信息存在一定的区别。网络的发展使得数据爆棚，数据量爆炸式增长，而这些数据并不能全部被称为信息。因此，本书将对数据、信息和知识分别进行探讨。

1.1.1 数据、信息、知识

1. 数据

所谓数据，是指由原始事实组成的，对事实未加解释的原始表示。它可以是数字、文字、音像等，如学生的学号、姓名、班级、籍贯，学生的课程、学习成绩、专业等。数据是企业在进行决策时的基础，也是进行进一步分析的源头。按照数据的表现形式，数据可分为数字数据和模拟数据两种类型。

① 数字数据。如各种统计或测量数据，是某个区间内的离散的值。

② 模拟数据。由连续的函数组成，是连续变化的物理量，又可以分为图形数据（如点、线、面）、符号数据、文字数据和图像数据等，如声音的大小和温度的变化等。

2. 信息

1）信息的含义

近年来，学术界一直对信息进行积极的研究和探讨，并从不同角度对信息的含义进行了阐述和解释，具体如表 1-1 所示。

表 1-1 信息的含义

学者	含义
Shannon	信息是使信宿对信源发出何种消息的不确定性减少或消除的东西
Brooks	信息是使人原有的知识结构发生变化的那部分知识
Wierner	信息是人们在适应外部世界，并使这种适应反作用于外部世界的过程中，同外部世界进行互相交换的内容和名称
Horton	信息是为了满足用户决策的需要而经过加工处理的数据
钟义信	信息是事物存在方式或运动状态，以这种方式或状态直接或间接的表述

由以上各学者对信息的解释可以看出,信息是指经过加工处理后的数据,能够在接受者的决策中起到重要作用和具有价值的内容。

2)信息的特点

信息具有以下特点。

① 整体性。零散的信息没有任何价值,而且可能对接受者的决策产生误导,甚至造成不利的影响,只有当信息处于一个系统中,作为系统的一个组成部分或一个环节而存在时,才能发挥信息的作用,产生成倍的增值。

② 层次性。系统、决策、管理、控制等都存在层次的问题,各层次的管理有各层次的需求,只有合理地确定信息的层次,才能正确确定信息需求的范围、信息的处理方法,建立既相互区别又相互联系、具有不同结构与功能的信息系统,完成相应的工作。

③ 动态性。信息在时刻不断地更新,只有把握最新的信息,才能够获得最佳的价值。因此,信息要时刻地更新,保持信息的时效性,延长信息的寿命,避免过时的信息影响企业管理的效率,造成更大的危害。

④ 可加工性。信息是可以加工和处理的,根据企业不同的需求,将信息进行形式的转变或内容的更新。在信息的加工过程中,应注重对信息的分析和综合、扩充和浓缩。

⑤ 共享性。信息是可以在不同的拥有者之间进行共享的。由于信息能够通过网络或者其他途径进行传播,因此,信息可以被共同占用,共同获取。在企业管理中,信息可以在不同的部门之间进行共享,以此获得更多的决策支持,保证决策的一致性。

3)信息的分类

信息在使用的过程中,根据不同的标准,可以分为不同的种类。不同种类的信息在内容和表现形式上也各有不同,如表1-2所示。

表1-2 信息的分类

分类标准	类 别	举 例
加工深度	一次信息	政府的调查评论、新闻报道与广播、公共信息、市场调查等
	二次信息	文摘、门户网站的信息
	三次信息	综述、专题报告、词典、年鉴等
表现形式	文献型信息	研究报告、论文、资料、刊物、书籍等
	档案型信息	行政、技术、财务、人事等
	统计型信息	年鉴、金融信息等
	图像型信息	照片、电影、电视、遥感图像等
	动态型信息	行情、商情、战况等
应用领域	经济信息	企业信息、技术信息、国家政策信息等
	管理信息	人事、工资、计划、财务等
	科技信息	科学研究、科学技术成果等
	政务信息	方针政策、法律法规、社会状况等
	军事信息	国防、战争等信息
	文教信息	教育、体育、文学、艺术等

(1) 按照信息的加工深度划分类别

一次信息是指对客观事件的第一次记录,一次信息充分尊重了信息的客观性,是信息的直接引用。一次信息的来源较多,如政府发布的公告、某次谈话的记录、采访的现场拍照等。一次信息客观性比较强,但是信息量非常大,而且是分散的、无规则,因此,会在分析、存储和应用等方面存在诸多困难,需要进一步加工。

二次信息是指对一次信息的初步处理,将一次信息变为有序的、有规律的特征,如文摘、索引、简报等。一次信息变为二次信息之后,信息易于存储,在检索和传递过程中也更为方便,较一次信息有更高的使用价值。

三次信息是指对一次信息和二次信息进行进一步的分析、提炼,甚至重新组织所得到的。三次信息融入了人们深入研究的结晶,能够为决策者提供直接的资源,包括综述、词典、年鉴等。

(2) 按照信息的表现形式划分类别

① 文献型信息。文献型信息主要包括前人的研究成果,如论文、专著、刊物、汇编等,以及与之相关的文摘、目录、索引、综述等。文献型信息主要以文字为主,通常以专业领域作为划分的标准,可以进一步进行加工和应用。

② 档案型信息。档案型信息主要的特点在于滞后性,通常将已经发生过的事件或已经产生的数据或信息进行整理、归档,形成有序的、完整的信息,并具有较长的生命周期,能够持续使用。

③ 统计型信息。统计型信息以数据和图表为主,通过大量的客观现象和规律,为决策者提供诸如发展趋势、未来情况的推测,是信息管理工作者接触到的最重要的一类信息。

④ 图像型信息。图像型信息包括图片、影片、遥感图像、录像等。图像型信息较文字信息来说,更为形象、直观,因此,所传达的信息量远大于文字信息。随着技术的发展,图像型信息的生成和传递更为便利,也更为迅速,逐渐成为信息管理者所能够应用的重要资源。

⑤ 动态型信息。动态型信息的主要特点在于时效性强、生命周期短。分析人员需要具有丰富的知识和强大的分析能力,才能从动态型信息中寻找到有助于决策的重要线索。动态型信息主要包括行情、商情、战况等。

(3) 按照信息的应用领域划分类别

① 经济信息。在经济生活中,通常伴随众多信息,如生产、销售、分配等,还包括货币或有价证券。经济能够在决策中提供来自企业内外的信息,如国家的政策法规、新技术的开发、劳动人事信息等。

② 管理信息。企业的内部管理信息是企业管理决策不可或缺的部分,企业的各个管理层在日常工作中会产生各类信息,涉及人事、工资、计划、财务、统计等,企业需要对自身内部的信息进行分析,明确了解企业的管理活动,根据自身条件进行进一步的决策。

③ 科技信息。科技的发展积累了众多的信息,而目前科技的发展在很大程度上决定了社会的发展方向。科技信息包括两个方面:一方面是科研成果和研究方法,如专利、理论、发明等;另一方面是科研活动的工作过程,如计划管理等。

④ 政务信息。政务信息主要是指政府部门工作过程中产生的信息,包括各级政府的方针政策、法规条例、政府决议、社会状况等。政务信息的传递方式较为单一,主要为政府文件。政务信息对企业管理有重要的影响,是不容忽视的部分。

⑤ 军事信息。军事信息包括战争和国防的信息,但军事信息通常涉及国家机密,是不容易获得的。企业可以通过网络、新闻、军事期刊等渠道,获取公开的信息,如军事科技、现代化管理、武器研发及部队管理等。

⑥ 文教信息。文化领域是社会广泛关注的领域,包括教育、体育、文学、艺术等。目前有众多的企业投身于文化产业,并从中获得了巨大的利益。此外,关注文化发展也是企业发展的重要部分,是经济发展的有生力量。

3. 知识

知识是人类社会实践经验的总结,是人的主观世界对客观世界的概括和如实反映。知识的定义在认识论中仍然是一个争论不休的问题,罗伯特·格兰特指出,尽管"什么是知识"这个问题激发了世界上众多伟大思想家的兴趣,但至今仍没有一个统一而明确的界定。一个经典的定义来自柏拉图:一条陈述能称得上是知识必须满足三个条件,它一定是被验证过的,正确的,而且被人们相信的,这也是科学与非科学的区分标准。

4. 数据、信息和知识的关系

尽管数据、信息和知识这三个名词相似,但是三者在层次和性质方面均存在一定的差别,三者的关系如图 1-1 所示。

图 1-1 数据、信息和知识的关系

当今社会,数据量庞大,数据爆棚,大数据的概念近年来发展迅猛,数据的价值越发明显。信息通过一定的科学方法和手段对数据实施一系列相关的操作,根据信息使用者的需求,得到预期的输出。信息是知识的原料,经过人类的接收、选择和处理,成为新的知识。

1.1.2 企业管理中的信息流

1. 信息流的含义

企业在活动中会涉及企业内外的信息,如商品、交易、物流等,这些信息在企业和企业之间、企业内部或企业与消费者之间的交换过程,就形成信息流。信息在流动的过程中会进行加工、存储、传播、利用并得到反馈,这些活动称为信息流的管理。

2. 信息流的特点

信息流在企业各角色之间流动,有其本身固有的特点。

① 主体性。信息流有特定的输入和输出,即特定的信源和信宿,信息通过信道往返于信源和信宿之间,因此,信息流的主体不能缺少。

② 方向性。信息流包括两个方面:一方面是信息的流量;另一方面是信息的流向。

信息的流向不能忽略,从信源到信宿,而从信宿到信源的反馈过程可以看成另一条信息流,即反馈信息。

③ 价值性。用户为消除对事物认识的不确定性,会通过各种渠道获取知识,形成有效的决策支持,而这些信息对用户认识和理解有益,具有一定的使用价值。

3. 企业信息流程

在现代信息化的企业中,信息流通过企业中各环节进行管理,将各业务流程整合到一起,形成了统一的企业信息化业务流程,如图1-2所示。

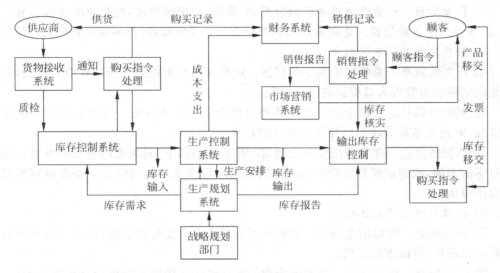

图1-2 企业信息流程

图1-2中各个信息系统分别代表企业信息的分布概况,同时表明了企业各个业务流程之间的联系,各企业根据自身的特点和业务的重点,在信息流的各个环节中有所侧重,使信息流在企业内外部的流通中有更大的针对性。

1.1.3 管理信息及其类型

1. 管理信息的含义

管理信息是专门为实现特定的管理目标和管理活动而收集或加工而成的信息,这种信息通常以文字、数据、图表、音像、视频等形式呈现,主要用以反映企业在管理活动中各环节的变化程度,其最终目标是为企业管理决策提供有力的数据和情报资料。

2. 管理信息的类型

管理信息是企业管理过程中的重要资源,为了能更好地利用管理信息,有必要对管理信息进行合理的分类。

1) 按管理信息的来源划分

① 内生信息。是指企业在其生产管理中所产生的信息,主要反映企业内部所拥有的各种资料,如生产信息、销售信息、采购信息等。

② 外生信息。是指和企业相关外部环境信息,包括原材料的供应信息、政府的法律

法规、消费者的需求变化、相关的技术改进等。

2）按管理层次的不同划分

① 计划信息。企业最高管理层进行企业发展计划所需要的信息，在企业制订发展规划、分配资源等活动中起到重要的作用。这类信息主要来源于组织外部环境，如对社会当前发展和未来发展的分析预测、对竞争对手的分析或国家政策法规的变化。

② 控制信息。企业为实现自身的经营目标而对生产经营中各环节进行监督、控制所需要的信息，通常来源于企业内部，且相对详细、具体。

③ 作业信息。作业信息是企业最为明确、具体、详细的信息，在企业的内部日常活动中，通常会产生各种信息。这种信息来源于企业的基层管理部门，供基层管理人员使用。

3）按产生的时间不同划分

① 历史性信息。是指过去发生的信息。这种信息在企业的管理过程中已经使用过，但是仍然能够为管理人员提供借鉴和启发。

② 实时性信息。反映企业内部和外部当前产生的各类信息。这类信息突出信息的时效性，对企业当前活动的指导具有重要的意义。

③ 预测性信息。在掌握历史信息和实时信息的前提下，对未来的企业内外部发展进行科学的预测，或根据经验对预先描述出的信息进行判断。这类信息对企业制订发展规划有所帮助。

4）按照管理的稳定性划分

① 固定信息。固定信息是在一定时期不会发生重大变化的信息，在某种情况下具有相对的稳定性，可以重复使用。

② 可变信息。可变信息是指随着企业的生产经营活动而不断地变化和更新的信息，如产品的库存、销售、生产进度、设备损耗等信息。

1.1.4 管理信息的重要作用

管理信息在企业管理中有着非常关键的作用。随着信息技术的发展，开发信息资源、提升信息在企业日常管理中的重要性显得十分必要。

1. 有助于了解企业的发展现状

管理信息涉及企业的生产、销售、人事、财务等多个方面，企业在日常的管理活动中，会产生大量的信息，这些信息对于企业管理人员了解企业发展现状、提高决策有效性具有重要的意义。

2. 能够提高企业员工的士气

管理信息反映了企业的各项发展状况，能及时恰当地向企业员工发布企业的信息，从而能够提升员工的士气，加强员工管理工作的正能量，有助于员工更加努力地完成组织的目标，甚至帮助组织走出困境。

3. 有利于企业进行预测

管理信息是企业对未来发展方向预测的基础。企业信息管理人员通过运用科学的方法，基于调查研究所得到的各种管理信息资料，对企业未来一定时期的发展方向做出判断和推测。

4. 管理信息的流动是进行管理控制的基本手段

在企业的生产经营活动中,物流、资金流和信息流的结合是贯穿整个管理活动最重要的三个部分,信息流伴随着物流,又反作用于物流,控制着物流的流动过程。管理者可以通过管理信息流从而控制物流,达到管理和控制生产活动的目标。

1.2 企业信息管理

企业信息管理是企业管理者为了实现企业的目标,对企业信息和企业信息活动进行管理的过程。大数据的概念发展至今,为企业信息管理提供了更为科学的技术,并使企业越来越重视信息管理的重要性,让企业通过信息了解自身发展状况以及企业外部发展现状,对企业的发展趋势进行战略规划。

1.2.1 企业信息管理的概念

所谓企业信息管理,是指为企业的经营、战略、管理、生产等服务而进行的有关信息的收集、加工、处理、传递、储存、交换、检索、利用、反馈等活动的总称。企业以先进的信息技术为手段,对信息进行采集、整理、加工、传播、存储和利用,对企业的信息活动过程进行战略规划,对信息活动中的要素进行计划、组织、领导和控制,力求资源有效配置、共享管理、协调运作,以最少的消耗创造最大的效益。

1.2.2 企业信息管理的内容

企业信息管理是企业为实现自身的发展目标,而对信息进行的各项操作,包括企业信息化建设、企业信息开发与保护及企业信息利用,如图 1-3 所示。

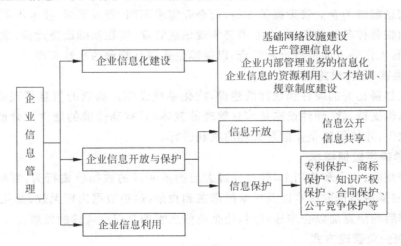

图 1-3 企业信息管理的内容

1. 企业信息化建设

企业信息化建设是企业实现信息管理的必要条件,最为基础的是进行企业的信息化建设,包括企业同合作伙伴之间的外部网络建设、企业内部各部门之间的内部网络建设以及企业面向消费者的互联网建设等;企业在生产活动中为达到更为科学的目标,需要建设生产制造管理系统,达到企业生产管理的信息化,如采用计算机辅助设计、计算机辅助制造等;企业的内部管理业务的信息化也极为重要,企业可以通过采用管理信息系统、决策支持系统、企业资源规划、客户关系管理系统、供应链管理及知识管理等,整合企业信息用于管理企业各项活动;企业内外信息资源的利用、企业信息化人才的培训、企业信息化规章制度的建立也是企业信息化建设的重要部分,是企业信息化建设的保障。

2. 企业信息开放与保护

企业信息开放包括两个方面:一方面是信息公开;另一方面是信息共享。企业信息公开的对象包括企业内部上下级、社会、上下游合作企业、消费者及投资者,企业可以选择企业网站、电子邮件、即时通信工具等渠道进行公开。而企业信息共享主要存在于企业内部各部门之间、员工之间以及企业各合作伙伴之间,企业将信息按照一定的规则和权限在各结点之间进行流动,实现众多结点向共同的目标努力,得到共同的利益。

企业信息保护有众多的手段,如专利保护、商标保护、知识产权保护、合同保护、公平竞争保护等。

3. 企业信息利用

企业信息能够反映企业内外部的发展现状,但是,要企业信息发挥作用,应将企业信息结合企业管理者的知识和经验,不断地开发和利用。企业能够加以利用的信息包括市场发展趋势、先进科技信息、企业产品生产信息、企业销售信息、政府政策信息、金融信息及法律法规的信息等。

1.2.3 企业信息管理有效实现的途径

企业信息能够为企业管理提供支持,而企业需求不同、资源不同、技术不同,使企业信息管理仍面临各种各样的问题,企业若要实现信息管理,应在基础设施建设、数据采集、管理方式、配套工作等方面进行重新整合,以保障企业信息管理的有效实现。

1. 加强软、硬件设施建设

企业应加强相关的硬件和软件的建设,优化基础设施。高效的信息管理离不开运算力强的计算机支持,软、硬件设施是信息管理的载体,只有高性能的硬件配合能够实现信息管理的软件,才能保障企业信息管理的顺利进行。

2. 科学确定数据样本

在数据获取、整合和使用上,要改变过去目的不明确的数据收集行为,要科学地确定数据样本,根据需要选取样本以及样本的形态和数量,避免数据出现无效、杂乱的现象,并将数据整理后的信息加以合理地利用,使企业信息管理获得可持续的发展。

3. 改变企业管理方式

企业应从高层次管理者出发,自上而下达成一致的观点,坚持运用信息化的管理进行整理、改造,运用更为先进的信息管理方法,并落实到每个员工。上至领导下到员工都应该加强认识,同时进行理论和时间的培训,所有人都应该认识到企业信息管理的重要性,共同完成企业的信息化建设。

4. 规范企业配套工作

企业以信息管理为核心做好配套工作,在人员工作制度、操作规范上进行设置,配合信息管理,并让企业的信息管理相关系统能够准确反馈企业的相关信息,同时保障企业的信息管理处于安全的环境下,这既需要数据的绝对安全,也需要操作人员的安全和软件的安全,避免企业因为信息泄露或信息被篡改,造成巨大的损失。

1.3 信息系统与现代管理

管理是维持企业日常经营、保障企业实现其规划目标的重要途径。管理的任务在于处理好企业的人力、物力、财力等资源之间的关系,并有效应用这些资源,实现企业的经营目标。企业在管理这些资源的同时,还需要管理好这些资源的相关信息,而管理信息就离不开信息系统的支持。信息系统对管理具有重要的辅助和支持作用,现代管理需要依靠信息系统来实现其管理思想、管理方法和管理职能。

1.3.1 企业管理环境的变化

近年来,企业管理环境在经济发展、技术发展、市场需求变化、企业内部管理方式的驱动下,面临巨大的挑战。

1. 经济发展全球化

国际货币基金组织在1997年把经济全球化概括为"通过贸易、资金流动、技术创新、信息网络和文化交流,使各国经济在世界范围高度融合,各国经济通过不断增长的各类商品和劳务的广泛输送,通过国际资金的流动,通过信息技术更快更广泛的传播,形成相互依赖关系"。

经济全球化的发展对企业管理的影响不言而喻。首先,市场资源在更大的范围内自由流动,各种贸易的壁垒降低,市场的作用范围日益变大;其次,全球市场构筑了一张网络,新兴的工业化国家不断扩张,企业的竞争范围扩大到全球范围,迫使企业必须提升自身的管理能力;最后,归根结底仍在于技术的进步和网络的商业化,经济成本不断下降使得企业需要进一步改进自身的管理方式和管理途径。

信息的无障碍传播,使经济的发展空间逐步变小,对经济活动的约束日益弱化,不断壮大的企业在全球各国建立销售网点,需要依靠信息系统来处理各结点的活动,实现各子公司或各部门的协调与管理,保持不间断的联系。

2. 现代技术不断更新

在信息化的时代,技术的平均生命周期不断缩短,技术的更新速度不断加快,信息化的环境使信息的流动、传播和吸收速度大大提高,新技术从研制到应用的时间大为缩短,尤其是计算机技术、生物技术等高科技体系更新的频率加快,产业化速度不断提高,这些使企业对技术的掌握要求越来越高,技术的更新与否决定着企业是否能够在各自的领域占得先机,立于不败之地。

现代技术不断更新的主要原因在于信息化的发展,信息的大量产生和无障碍传播,延伸了人类对知识的掌握和理解,人类对信息的组织、扩充和重塑,使技术的更新速度不断

第1章 信息系统与现代企业管理

提升。而信息化在不断发展和完善的过程中,使人类在生活中越来越依赖信息技术,从生活中的购物,到休闲娱乐,再到企业之间的交易,各组织之间的信息交流,对信息技术的依存程度越来越强。

3. 市场需求的多样性

随着互联网的发展和信息技术的提升,社会的消费水平也随之不断提升,社会市场从以产品为导向转变为以消费者为导向,新的市场经济使社会对产品的质量、品种、花色、规格等不断提出新的需求,尤其是在互联网环境下,消费者多样化的需求更容易得到满足,继而促进了市场需求的丰富程度。

在消费者的可支配收入不断提升的时代,消费者不再满足于同质化的产品,而是希望自身独特的需求得到满足,无论在产品和服务方面,消费者都希望体现出自身的特色。目前,各企业已经意识到消费者的个性化需求对企业发展的重要性,并不断开发个性化的产品供消费者定制,私人订制的网站层出不穷,这些都是消费者个性化需求的体现。

当今社会,再不是以价格致胜的时代,消费者对产品的品质要求也发生的变化,而产品的质量也不仅仅是产品生命周期长短的度量,更是消费者生活品质的体现。在信息化的时代,产品的质量主要体现在产品的功能和技术指标中,企业必须不断对产品质量精益求精、持续改进,满足消费者对企业产品质量的需求。

此外,消费者对产品之外的服务也十分关注,对时间的价值和重要性也日益珍视,因此,企业为消费者提供服务的质量和速度,逐步成为消费者关注的重点,也是消费者选择产品的重要原因。企业若想得到消费者青睐,除提升产品的质量和品类外,还应着重提升与产品相关的服务。

1.3.2 管理环境变化的影响

1. 管理环境变化对管理体制的影响

传统的管理体制多为人工分散处理,中间层次多,也不便于横向沟通,这种管理体制不利于信息的有效传递,消费者对产品更新、产品质量以及产品服务的需求均无法及时满足,不利于企业在激烈的市场竞争中存活下来。此外,在传统的管理体制中,企业对信息的管理能力也稍显不足,急需进一步有效地管理和综合利用。

2. 管理环境变化对管理者的影响

激烈的市场竞争要求管理人员拥有对当前发展现状足够的掌握和对未来发展趋势准确的判断,因此,一方面要求管理人员对人力、财务、资源和产品等各环节产生的信息有全面的、足够的掌握;另一方面要求管理者能够掌握数据分析数段和方法,根据企业的所有数据对企业的管理活动进行分析,制定能够改进工作效率、提高工作效果的措施,充分发挥信息在企业管理中的作用。

3. 管理环境变化对管理方式的影响

信息技术的发展以及经济的全球化使竞争愈发激烈,消费者需求的多样性、消费者对产品需求的迅捷化以及产品质量的高标准,推动着企业内部管理方式的变革,企业迫切需要一种新型的、动态的管理方式和组织形式。

虚拟组织是一种区别于传统组织的以信息技术为支撑的人机一体化组织。其特征以现代通信技术、信息存储技术、机器智能产品为依托,实现传统组织结构、职能及目标。在形式上,没有固定的地理空间,也没有时间限制。组织成员通过高度自律和高度的价值取向共同实现在团队共同目标。传统的组织方式在信息技术高速发展的今天,已无法满足各方需求,而此时,虚拟组织的出现,可以使企业在充分拥有信息的前提下,在众多的资源中选择最合适企业未来发展的合作伙伴,迅速组建成本领域内独特的优势,实现最大范围内的资源整合利用,以强大的结构成本优势和机动性完成单个企业难以完成的市场功能。

虚拟组织中的合作伙伴可以遍布世界各地,并不存在所有权上的关系,相互之间的合作是松散的、动态的。虚拟组织建立在网络环境下,以信息共享为基础,突破了原有组织之间的制度和管理方法,使各企业之间分享技术、分担成本、联合开发,形成互助互利的联盟体,是互联网环境下的高级商业模式。

4. 管理环境变化对管理基础设施的影响

管理环境的变化提升了信息在企业管理中的重要性,因此,信息的采集、存储、传递和分析在企业管理中能够起到关键性的作用,而信息的有效利用需要坚实的基础设施,如企业内外网的架设、企业管理信息系统的开发和利用、企业原始数据库的积累等。同时,企业之间的合作与信息的共享也是企业提升竞争力的关键,企业需要同合作伙伴之间建立良好的关系,并制定严格的信息共享制度和标准化的信息共享体系,以实现对信息的充分共享和合理利用。

1.3.3 信息系统对管理职能的支持

管理的主要职能在于计划、组织、领导和控制,信息系统在构建和使用的过程中,应注重对管理职能的支持,如图1-4所示。

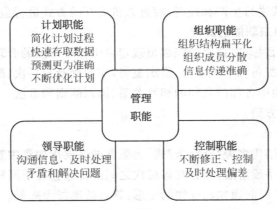

图1-4 信息系统对管理职能的支持

1. 信息系统对计划职能的支持

计划工作有广义和狭义之分。广义的计划工作是指制订计划、执行计划和检查计划三个阶段过程。狭义的计划工作是指制订计划,即根据组织内外部的实际情况,权衡客观的需要和主观的可能,通过科学的调查预测,提出在未来一定时期内组织所须达到的具体目标以及实现目标的方法。信息系统对企业管理计划职能的支持包括以下几个方面。

1）信息系统能够简化计划的过程

在计划的编制过程中，企业管理人员需要收集足够的历史数据和当前数据，通过科学的分析，根据数据变化的趋势对未来进行预测，同时要围绕企业发展的目标进行大量的计算，形成多种计划方案，管理者根据自身的经验从众多方案中选择最佳方案作为企业未来的计划。在计划的过程中，方案的形成和方案的选择都会随着某个数据的变化而变化，由此而形成的计算量巨大，并可能形成反复的计算。而在信息系统中，这些计算可以通过系统中设计好的程序自动完成，大大简化了管理者的工作量，也提高了预测的准确性。

2）信息系统能够快速存取数据

信息系统在应用的过程中，能够随着企业的生产经营活动，自动地收集产生的数据，并将所收集的数据存储到相应的数据库中，供计划工作使用。随着信息技术的不断发展，信息的采集和传递速度更快，准确率更高，从而使得企业的管理能力更强。

3）信息系统使预测更为准确

预测是指在掌握现有信息的基础上，依照一定的方法和规律对未来的事情进行测算，以预先了解事情发展的过程与结果。预测的准确程度决定了企业的发展方向以及企业能够在竞争中获得生存的机会。而预测需要采取科学的方法，如主观概率法、类推法、德尔菲法、因果关系分析法等，这些预测方法计算量大，使用复杂，人工计算出错率高，因此信息系统的应用能够提高预测的准确率，能够使预测不至于偏差，影响企业未来的发展。

4）信息系统能够不断优化计划

企业在编制计划的过程中，可以充分地考虑内外部的约束条件，建立数学模型进行规划，选择最优化的方式进行生产和经营，通过人机交互的方式进行最优化求解。

2. 信息系统对组织职能的支持

企业为实现组织目标，对每个组织成员规定在工作中形成的合理的分工协作关系，包括设计组织结构人员配备和组织运行、组织监督，如明确管理层次、配备人员、规定职责和权限，并明确组织机构中各部门之间的相互关系、协调原则和方法。信息系统对组织职能的支持包括以下几个方面。

1）组织结构扁平化

传统的企业组织结构多为"金字塔"式，为纵向的多层次的集中管理，各项职能之间的信息传递和信息反馈手段落后，信息在各层次之间的传递会有不同程度的损耗，导致信息传递的偏差越来越大，引起通知和反馈的变形，管理效率极大降低。

随着信息技术的发展，企业的组织结构由层级制逐渐扁平化，上下级之间的距离缩短，且管理的幅度也不再受传统的管理模式的限制，统一发布信息并在同样的平台上共享，大大减少了传递过程中的损耗，也加速了信息传递的速度。

2）组织成员分散

互联网的发展使企业的各个组织分布在全球各地，跨国公司的出现使企业能够在全球范围内选择合适的合作伙伴进行生产和经营，因此，组织的成员相对分散。而且，信息能够在整个系统中进行共享，工作人员工作的自由程度也比较高，没必要集中在同一地点统一工作，处理事务的成本也随之降低。

3) 信息传递准确

信息通过自动的收集，自动的传递，可以减少人员之间传递信息的失误率，提升信息在企业管理中的重要性。

3. 信息系统对领导职能的支持

管理者利用组织所赋予的权力去指挥、影响和激励组织成员为实现组织目标而努力工作，包括指挥职能、协调职能、激励职能。领导作为企业中信息汇合的中心和神经中枢，能够在企业中建立一张信息网络，以沟通信息，及时处理矛盾和解决问题。信息系统在企业管理的领导职能中能够发挥重要的作用。

4. 信息系统对控制职能的支持

信息系统对控制职能的控制是保证组织各部门各环节能按预定要求运作而实现组织目标的一项管理工作活动，企业管理控制的内容包括拟订标准、寻找偏差以及下达纠偏指令。企业管理活动在执行的过程中要不断地检测、控制，并将执行的结果与预测的目标相比较，发现实施过程中偏离计划的缺点和失误，得到必要的反馈信息，并进行及时的更正。但是传统管理中的控制往往是在偏差发生之后才能够进行更正，存在一定的滞后性。信息系统能够在管理活动中进行实时的交换信息，及时将反馈信息送达管理人员，从而达到支持和辅助管理控制的目的。

综上所述，信息系统能够对管理的各项职能提供重要的支持作用，是企业能够达到其经营管理目标，实现管理职能、思想和方法的重要途径。

1.3.4 信息系统在管理领域的发展

1. 信息系统的发展阶段

随着计算机技术、信息技术及管理科学的不断发展，信息系统经历了从简单到复杂、从单一的数据处理到丰富的业务综合管理、从单机版独立操作到人机交互协作、从事务层级的处理到企业层级的处理。目前，信息系统正逐步发展为跨国管理的集成应用系统。信息系统的整个发展过程经历了事务处理系统、管理信息系统、决策支持系统等阶段。

1) 事务处理系统

事务处理系统(transaction processing systems, TPS)，是指在数据(信息)发生处将它们记录下来，产生新的信息，将信息保存到数据库中供其他信息系统使用，提高事务处理效率并保证其正确性。

事务处理系统在信息的采集和存储过程中起到了重要的作用，也是提高数据处理效率、提升事务处理准确度的重要工具。事务处理系统能够记录、保存精确的数据，是财务部门不可缺少的工具，为数据的分类、检索、计算和汇总也提供了更多的便利。事务处理系统能够产生分析文件、管理报告及账单等，定期生成常规报表供检查和监督，也可以生成特别的报告。

事务处理系统是面向数据的，能够对日常往来的数据进行常规的处理，所处理的问题结构化程度高,步骤确定,计算机能够快速准确地解决大量复杂的运算,可以减轻工作人员的工作量,是基层工作人员的得力助手。

2) 管理信息系统

管理信息系统(management information system,MIS)是指以人为主导,利用计算机硬件、软件、网络通信设备及其他办公设备,进行信息的收集、传输、加工、储存、更新、拓展和维护。

管理信息系统可以在各层次、各部门的管理中提供辅助,集合企业各子系统的信息资源,综合实现企业管理的目标。相对于事务管理系统来说,管理信息系统有其自身的特点。

- 管理信息系统能够为各管理层提供信息。
- 管理信息系统能够在定期及时输出各类报表和报告。
- 管理信息系统综合各部门的信息,具有统筹的作用。
- 管理信息系统建立在企业内外部网络之上。

管理信息系统将企业信息的开发和利用提升到了一个更高的层次,使企业的信息管理和信息分析不再停留在简单的事务处理层面,且基于管理信息系统的开发,使管理者逐渐明白:简单的数据处理不能够满足企业支持决策的需求,而需要结合企业管理人员的更多知识和经验,因此,决策支持系统应运而生。

3) 决策支持系统

决策支持系统(decision support system,DSS),是指以管理科学、运筹学、控制论和行为科学为基础,以计算机技术、仿真技术和信息技术为手段,针对半结构化的决策问题,支持决策活动的具有智能作用的人机系统。该系统能够为决策者提供所需的数据、信息和背景资料,帮助明确决策目标和进行问题的识别,建立或修改决策模型,提供各种备选方案,并且对各种方案进行评价和优选,通过人机交互功能进行分析、比较和判断,为正确地决策提供必要的支持。

决策支持系统的输入信息来源于企业内部生产经营活动、企业外部的环境及人的知识。也就是说,决策支持系统是以知识为焦点,利用知识来进行分析和选择的。

决策支持系统与管理信息系统之间既存在联系,又存在区别,如表1-3所示。

表1-3 决策支持系统与管理信息系统的区别和联系

系统	决策支持系统	管理信息系统
区别	解决半结构化或非结构化问题	解决结构化问题
	解决一个特定的问题	解决多个决策问题
	使用数学模型和各种知识模型	只使用数学模型
联系	都需要大量的输入信息,决策支持系统的信息来源于事务处理系统、管理信息系统和外部环境	
	两个系统可以并存,分别用于解决不同的问题,不会相互冲突	

2. 信息系统的发展趋势

信息系统不仅仅是一个技术系统,随着时间的推移,信息系统将称为一个社会系统。自计算机引入管理领域以来,投入了大量的人力、物力、财力,涉及管理思想、管理制度、管理方法、权力结构和人们习惯的变化,而信息系统也逐渐将技术同环境与人的经验知识相结合,形成了新型的信息系统。

1) 信息系统向集成化发展

随着企业面临的市场环境越来越严峻,企业为了谋求生存和发展,必须具有快速响应市场变化的能力,要能及时提供适应市场需要的高质量、低价格、服务好的产品,需要企业结合大量的外部信息,因此,在计算机技术和网络技术的推动下,集成一体化的信息系统随之出现,如企业资源规划系统、计算机集成制造系统等。

企业资源计划(enterprise resource planning,ERP),由美国 Gartner Group 公司于1990年提出。企业资源计划是 MRP Ⅱ(企业制造资源计划)下一代的制造业系统和资源计划软件。除了 MRP Ⅱ 已有的生产资源计划、制造、财务、销售、采购等功能外,还有质量管理,实验室管理,业务流程管理,产品数据管理,存货、分销与运输管理,人力资源管理和定期报告系统。目前,在我国 ERP 所代表的含义已经被扩大,用于企业的各类软件,已经统统被纳入 ERP 的范畴。它跳出了传统企业边界,从供应链范围去优化企业的资源,是基于网络经济时代的新一代信息系统。它主要用于改善企业业务流程以提高企业核心竞争力。

计算机集成制造系统(computer integrated manufacturing system,CIMS)是随着计算机辅助设计与制造的发展而产生的。它是在信息技术自动化技术与制造的基础上,通过计算机技术把分散在产品设计制造过程中各种孤立的自动化子系统有机地集成起来,形成适用于多品种、小批量生产,实现整体效益的集成化和智能化制造系统。

2) 信息系统向平台化发展

以往的信息系统往往构建于企业内部网(intranet)或外部网(extranet)之上,供企业内部各部门之间或企业与合作伙伴之间的信息传递与信息整合。近些年,信息技术与信息安全程度的提升,信息系统能够更方便地构建于公共互联网之上,通过权限的设置,以平台化的方式供各组织进行信息传递,这种方式对于企业内部各组织之间共同决策、共享信息有重要的促进作用。

近年来发展迅猛的电子商务系统通过互联网及电子数据交换等技术,实现了订货、发货、运输、报关、保险、商检、银行结算为一体的商贸业务,极大地方便了商贸业务和进出口贸易,同时,供应链管理系统、客户关系管理系统和其他基于知识的信息系统也随之发展,成为支撑企业发展和技术进步的重要手段。

1.4 信息系统与决策支持

企业管理的成败离不开决策,而决策的正确与否决定了企业能否在激烈的竞争中立于不败之地。正确的方向能够使事情事半功倍,而错误的方向则会浪费人力、财力、物力,再好的管理也无济于事,因此,决策的质量是影响企业发展的关键因素。而决策的质量则取决于信息的质量,正确、及时、适量的信息是减少不确定因素的根本。

1.4.1 决策的概念

决策是自古以来就有的概念,上至国家政策,下至日常生活,均涉及不同程度的决策。综合来看,决策就是人们为了解决现实中出现的问题,或为了实现管理中的某个目标,在充分考虑利害关系,详细分析相关信息后,提出解决问题和实现目标的各种可行方案,并根据科学的方法和原则,从可行方案中选择一种方案或几种方案的组合实施,以解决问题或达到目标。也就是说,决策是发现问题、分析问题和解决问题的途径。

1. 决策的内涵

根据决策的概念可知,决策的内涵包含以下四个方面。

(1) 决策是为了解决问题或实现目标,且目标和问题必须明确,可以是一个问题,也可以是一组问题或目标和集合,并可以应用简洁的语言描述。

(2) 决策的过程能够得到多种可行的解决方案。以管理活动中能够收集到的信息为基础,可以得到若干种解决问题的方案,而这些方案是相互平行的,且能够通过定量的方式进行分析和取舍。

(3) 决策的结果是选取一种最优化的解决方案。在决策过程中,管理者需要对多种解决方案进行科学的分析、判断和评价,从中选择最优的方案实施。

(4) 决策所得的结果必须能够解决问题或实现目标。决策的好坏有不同的评价,会根据角度的不同而不同,因此,必须使用合理的、与目标相吻合的评判准则对选定的方案进行验证,才能保证有效的决策。

2. 决策的要素

决策活动中涉及决策的五个基本要素:决策者、决策对象、信息、决策理论与方法和决策结果,如图 1-5 所示。

决策者是决策系统主观能力的体现者,可以是个人,也可以是集体。决策对象一般是指可调控地具有明确边界的特定系统。信息既包括决策对象系统内部的信息,又包括决策系统外部所需的信息。决策理论与方法即要求决策者要运用正确的决策理论与方法进行决策。决策者对决策结果要进行分析和科学的检验。

图 1-5 决策的基本要素

1.4.2 决策的过程

决策是一个提出问题、分析问题、解决问题的过程。因此,决策的过程包括信息采集阶段、方案提出阶段、方案选择阶段、方案实施阶段及结果评价阶段,如图 1-6 所示。

图 1-6 决策的过程

1. 信息采集阶段

信息采集阶段主要的工作是找到需要解决的问题,即明确决策的目标,然后通过容易理解的语言,将问题描述出来,也就是说,该阶段是要决定对什么做决策。

2. 方案提出阶段

在决策的过程中,要采集来自企业内部生产经营活动的信息、企业外部合作伙伴信息及外部环境的信息,根据企业的各种约束条件(如原材料、销售量、订单量等),提出能够达到目标的所有方案。

3. 方案选择阶段

对各种方案进行评估,评估中应采用科学的方法,如头脑风暴法、德尔菲法、层次分析法及各种数学模型等,最终从各备选方案中选择最优化的方案作为决策的最终结果。

4. 方案实施阶段

将已经选择的方案实施。

5. 结果评价阶段

企业要对方案实施的结果进行评估,找到方案实施的可取之处和不足之处,积累经验,为今后的决策准备。

信息采集阶段:某企业需要生产一种产品,需要对产品的原材料的组合进行决策。

方案提出阶段:根据原材料数量的限制、时间的限制、成本的限制、人员的限制、订单的限制,提出多种解决方案。

方案选择阶段:采用科学的方法,从众多的解决方案中选择利润最高的方案作为最终的结果。

方案实施阶段:采用所确定的方案进行生产。

结果评价阶段:在生产活动进行一段时间后,对此方案进行总结,并结合环境的变化,寻找更优化的生产方案。

1.4.3 决策问题的类型

对一个组织来说,其管理活动是多种多样的,不同的管理活动需要不同的决策,因此,对决策进行科学的分类,有助于快速、准确地解决管理问题。按照不同的分类标准,决策问题可以分为不同的类别。

1. 根据决策问题的层次划分

在企业战略管理中,组织中的层次分为战略层、战术层和业务层,因此,决策问题也可以分为战略决策、战术决策及业务决策,如图1-7所示。

1)战略决策

战略决策,是指解决全局性、长远性、战略性的重大决策问题的决策。一般多由高层次决策者做出。战略决策是企业经营成败的关键,它关系到企业的生存和发展。战略决策是战略管理中极为重要的环节,其起到承前启后的枢纽作用。战略决策依据战略分析

图 1-7　决策类型

阶段所提供的决策信息,包括行业机会、竞争格局、企业能力等方面。战略决策要综合各项信息确定企业战略及相关方案。战略实施则是更详细地分解展开各项战略部署,实现战略决策意图和目标。

企业战略决策是关系到企业发展方向和发展前景的重要决策,包括企业经营方向和经营目标的确定、新产品的开发、企业上市和兼并、拓展新市场、合资经营、拓展生产能力等。

2) 战术决策

战术决策是指为了实现战略决策而对企业内部管理进行有效的组织、协调,使企业的生产技术经济活动正常进行的一种决策。其中包括劳动组织的调整、重要的人事调配、资金的运用、设备的选择、年底生产经营计划的制订、现代管理科学的方法等方面的决策。战术决策是组织中的中层管理者为了保证总体战略目标的实现而做出的、旨在解决组织局部重要问题的决策。战术决策旨在提高企业的管理效能,以实现企业内部各环节生产技术经济活动的高度协调及资源的合理配置与利用,如设备更新改造决策、中层干部任免、组织机构调整等决策,也称中层决策。

3) 业务决策

业务决策又称执行性决策,是日常工作中为提高生产效率、工作效率而做出的决策,牵涉范围较窄,只对组织产生局部影响。属于业务决策范畴的主要有工作安排的日常分配和检查、工作日程(生产进度)的安排和监督、岗位责任制的制定和执行、库存的控制及材料的采购等。

在企业中,不同的决策类型有不同层次的管理者所承担,高层管理者负责制定战略决策,中层管理者负责制定战术决策,基层管理者负责制定业务决策。各层次的决策虽然由不同的管理者来完成,但是,并不代表管理者之间没有沟通,没有关联,高层管理者在制定战略决策时,需要充分了解企业中层和基层的现状,制定能够符合企业发展现状和环境发展的战略决策,在战术决策和业务决策的制定过程中,需要以战略决策为指导,而高层管理者在战术决策和业务决策的制定过程中,应提出指导和辅助。高层管理者在制定战略决策之余,需要通过战略决策示范和引导战术决策和业务决策,从而保障战略决策的贯彻和实施。

2. 根据问题的复杂程度划分

根据问题的复杂程度不同,可将决策划分为三种类型:结构化决策、非结构化决策和半结构化决策。

1）结构化决策

结构化决策，是指对某一决策过程的环境及规则，能用确定的模型或语言描述，以适当的方法产生决策方案，并能从多种方案中选择最优的决策。通过计算机语言来编制相应的程序，就可以在计算机上面处理这些信息。结构化决策完全可以用计算机来代替。结构化决策问题相对比较简单、直接，其决策过程和决策方法有固定的规律可以遵循，能用明确的语言和模型加以描述，并可依据一定的通用模型和决策规则实现其决策过程的基本自动化。

在企业的管理活动中，很多问题都可以用结构化的方式来描述，如正常情况下的原材料采购、生产流程、销售计划、员工的工资、产品的单价、办公用品的采购等，这些问题均能够通过合理的算法进行自动化的解决。结构化的问题可以通过各类数学模型和各种算法、计算机仿真和数据分析与处理技术逐步解决，为决策提供有效的支持，技术手段的加强提升了结构化决策的科学性、准确性和及时性，提高了决策的效率。

2）非结构化决策

非结构化决策问题是指那些决策过程复杂，其决策过程和决策方法没有固定的规律可以遵循，没有固定的决策规则和通用模型可依，决策者的主观行为（学识、经验、直觉、判断力、洞察力、个人偏好和决策风格等）对各阶段的决策效果有相当影响。往往是决策者根据掌握的情况和数据临时做出决定。

非结构化决策通常不能够通过固定的方法、公式、规则和模型解决，需要决策者花费更多的时间和精力进行思考和讨论。在企业的管理经营中，企业发展方向的制定、开辟新的市场、开发新产品、经营地点的选择以及重大项目投资等，均属于非结构化决策。如新产品的开发，需要结合消费者的调查、企业目前产品的情况、企业现有的技术水平，以及企业在未来一段时间内的发展方向，如果这一决策有误，将影响企业的整体发展，使企业进退两难，陷入困境，无法控制，因此，这类的问题属于非结构化的决策。

3）半结构化决策

在决策过程中所涉及的数据不确定或不完整，虽有一定的决策准则，也可以建立适当的模型来产生决策方案，但决策准则因决策者的不同而不同，不能从这些决策方案中得到最优化的解，只能得到相对优化的解，这类决策称为半结构化决策。

半结构化决策通常是企业职能部门主管业务人员的计划控制等管理决策活动。它多属于短期的、局部的决策。介于结构化和非结构化之间的问题成为半结构化问题。

半结构化决策具有决策者期望达到的明确目标，但是半结构化决策存在不以决策者意志为转移的多种自然状态，这些自然状态均为不可控因素，由于多种自然状态的影响，会出现两个或两个以上的可行方案供决策者选择，而各方案的利弊是可以计算的，并能够通过主观判断或依据客观资料统计推断。

问题的结构化程度不是一成不变的，随着环境的变化和管理者的主观侧重程度，问题的结构化程度也会随之变化，通常管理中遇到的问题的结构化程度如图1-8所示。

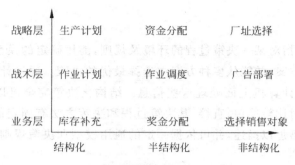

图 1-8 管理活动的结构化程度

1.4.4 决策科学化的要求

在决策的过程中,既需要大量信息的支持,也需要数据模型、计算机仿真、数据算法及各种现代的技术和方法,而市场环境、经济环境、消费者需求的变化需要企业管理者做出更为科学的决策。

在以往的决策中,往往是根据管理者的经验,凭感觉进行决策。例如,生产过程中原材料的补给,通常是根据以往的习惯,尽可能保证生产和销售的需求,而这样的决策经常会造成两种情况:一种是消费者需求降低时,原材料采购过多,造成库存的积压,流动资金不足;另一种是对消费者的购买能力预测不足,原材料采购不足,无法满足消费者的需求,造成客户的流失。因此,用科学化的决策代替凭感觉、靠经验的决策方式,是现代企业正确的决策途径。

1.4.5 信息系统对决策的支持

信息系统在决策过程中能够起到重要的作用,从决策的整个流程来看,信息系统对决策的支持能够渗透到决策的每一个环节。

1. 信息系统对信息采集阶段的支持

企业的信息系统能够自动采集来自企业生产经营过程中产生的大量数据,也能够相对完整地收集来自企业外部环境、企业合作伙伴所共享的信息,因此,在构建信息系统中所建设的企业各类数据库为企业信息的采集提供了重要的资源,让企业能够对所须解决的问题和所要达到的目标进行充分的了解,深刻的认识,并进行明确的描述,可以让决策者更为清晰地了解到需要决策的目标。

此外,信息系统数据库能够积累各类数据,形成有助于企业进行决策的数据库,大量的数据为企业的决策提供了强大的支持。

2. 信息系统对方案提出阶段的支持

决定的方案提出阶段需要尽可能提出足够多的备选方案,供决策者选择,而信息系统能够根据所收集到的信息及信息系统的固定算法,得到众多的方案。例如,在产品生产的决策过程中,产品的原材料选购、产品的单价、产品的工时等都是影响决策的重要因素,信息系统中所存储的原材料数据、市场数据、用工数据等,相对于传统的人工记录来说更为丰富，所产生的组合也更为丰富，因此，能够提出更多的生产方案，决策者的选择范围也更为宽广，得到最优方案的可能性也更大。

3. 信息系统对方案选择阶段的支持

方案选择需要结合众多的科学化方法，需要考虑环境的变化和环境的影响，也要结合决策者的经验，因此，方案选择的过程是复杂的，也是困难的。对各种方案的评价与预测，需要坚实的信息基础，需要及时得到当前的信息，也需要有较长时间的相关积累，才能从大量的数据中发现事物之间的关联和变化规律，为方案的选择提供重要的支持。而信息系统的另一个功能是通过建立恰当的数学模型，进行必要的优化与仿真，提出科学的参考依据。

4. 信息系统对方案实施阶段的支持

在方案实施阶段，信息系统将方案实施的全部过程中产生的信息进一步记录，作为后续决策的经验。

5. 信息系统对结果评价阶段的支持

信息系统在结果评价阶段，能够根据情况的变化，对决策的执行情况进行分析，记录决策的可取之处和不足之处，为今后的决策活动提供参考。

本 章 小 结

本章主要介绍了信息系统的相关基本知识，如数据、信息、知识等，并介绍了企业在管理活动中信息的重要性。管理信息是专门为实现特定的管理目标和管理活动而收集或加工而成的信息，这种信息通常以文字、数据、图表、音像、视频等形式呈现，主要用以反映企业在管理活动中各环节的变化程度，其最终目标是为企业管理决策提供有力的数据和情报资料。企业管理环境的变化要求企业重视对信息的管理，而信息系统对企业管理的支持也是毋庸置疑的。合理利用信息系统，能够帮助企业进行决策，有助于企业管理者从众多的方案中选择最优化的方案实施，使企业能够在正确的方向上持续发展。

思考与练习

1. 请简述信息、数据和知识之间的区别和联系。
2. 信息是如何分类的？
3. 信息系统是如何对企业管理职能进行支持的？
4. 请简述决策的类型。
5. 信息系统是如何发展的，现在的信息系统在企业管理中的地位如何？

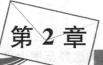

管理信息系统技术基础

本章主要介绍管理信息系统的概念与结构，从基础设施、网络、数据库技术和信息安全四个方面分别阐述管理信息系统的相关技术基础。

 学习目标

1. 理解管理信息系统的概念与结构。
2. 理解计算机硬件、软件及云计算的概念。
3. 了解计算机网络、通信基础和无线技术的发展。
4. 了解数据库的基本概念。
5. 了解管理信息系统安全的基本概念。

管理信息系统的应用

招商局漳州开发区位于中国东南沿海厦门湾南岸，创办于1992年12月28日。经福建省人民政府批准，招商局漳州开发区管委会行使地市一级的经济管理权限，统辖开发区的一切行政事务。根据招商局集团关于大力推进集团信息化建设的要求，招商局漳州开发区结合自身业务特点，积极推进信息化建设。分析发现，土地经营流程，从规划、征地、造地、售地都可以采用项目的方式进行管理并集合在同一系统内。因此，可利用项目管理信息系统将项目从规划到最终售地的全过程予以管理，且重点在于把握好过程的进度计划管理、工程项目过程管理。

工程项目管理涉及建设方、设计方、施工方、监理方等多方参与，需要处理和协调项目进度、投资、质量、材料、文档等多个方面。管理过程中，由于项目多、任务重、工期紧、专业多、交叉多、跨地域等，仅仅依靠传统的手工管理已很难实现预期的工程目标。当前，在工程项目管理中通过充分利用项目管理技术、计算机技术、网络通信技术、数据库技术等在内的现代科学方法对信息进行收集、存储、加工、处理以辅助决策，已成为提高管理水平、降低管理成本、提高管理效率的创新共识。

招商局漳州开发区项目管理信息系统建设项目自2010年11月中旬正式启动以来，历经需求调研与分析、功能开发与确认、培训与辅导、试运行等阶段，目前系统各模块功能已全部正式运行，并得到各部门的认可。

以上是管理信息系统在现实当中的应用案例，在信息化的过程中需要考虑的因素很多。接下来，我们就从基础设施、网络、数据库技术和信息安全四个方面分别阐述管理信息系统的相关技术基础。

2.1 管理信息系统的概念与结构

2.1.1 管理信息系统的概念

1. 管理信息系统的定义

不同时期的研究者对管理信息系统进行了研究,从计算机系统实现、支持决策和人机系统的角度出发,分别给出了不同的定义,其中最具代表性的定义如下。

① 管理信息系统是一个由人、计算机等组成的能进行管理信息收集、传递、储存、加工、维护和使用的系统。管理信息系统能实测企业的各种运行情况,利用过去的数据预测未来,从全局出发辅助企业进行决策,利用信息控制企业的行为,帮助企业实现其规划目标。

② 信息系统不仅仅是一个能对管理者提供帮助的基于计算机的人机系统,而且也是一个社会技术系统。因此,应将信息系统放在组织与社会这个大背景去考察,并把考察的重点,从科学理论转向社会实践,从技术方法转向使用这些技术的组织与人,从系统本身转向系统与组织、环境的交互作用。

③ 管理信息系统通过对整个供应链上组织内和多个组织间的信息流管理,实现业务的整体优化,提高企业运行控制和外部交易过程的效率。

前述第二个定义是人们在不断的实践中总结出来的,说明管理信息系统的应用不仅有赖于信息技术本身,而且更多地依赖于组织的内外部环境。这是对信息系统的社会技术系统属性的充分认识。

第三个定义则是近年来互联网技术的发展和电子商务深入应用的结果。管理信息系统已突破原有的界限,成为企业内部业务流程和外部商务流程集成的平台,即跨组织的信息交流平台。管理信息系统的应用范围也已经超出了一个组织或企业的边界。

由此可见,人们对管理信息系统的认识是一个不断提高和完善的过程。随着企业信息化的深入,其概念也在不断拓展和深化。

2. 管理信息系统的特点

由上述管理信息系统的定义,可以看出管理信息系统具有如下的特点。

1)它是一个为管理决策服务的信息系统

它必须能够根据管理的需要,及时提供信息,帮助决策者做出决策。

2)它是一个对组织乃至整个供需链进行全面管理的综合系统

一个组织在建设管理信息系统时,可根据需要逐步应用个别领域的子系统,然后进行综合,最终达到应用管理信息系统进行综合管理的目标。管理信息系统综合的意义在于产生更高层次的管理信息,为管理决策服务。

3)它是一个人机结合的系统

管理信息系统的目的在于辅助决策,而决策职能由人来做,因而它必然是一个人机结合的系统。在管理信息系统中,各级管理人员既是系统的使用者,又是系统的组成部分。因而,在管理信息系统的开发过程中,要根据这一特点,正确界定人和计算机在系统中的地位与作用,充分发挥人和计算机各自的长处,使系统整体优化。

4) 它是一个需要与先进的管理方法和手段相结合的信息系统

人们在管理信息系统应用的实践中发现,若只简单地采用计算机技术提高处理速度,而不采用先进的管理方法,管理信息系统的应用就仅仅是用计算机系统仿真原手工管理系统,充其量只是减轻了管理人员的劳动,其作用发挥得十分有限。管理信息系统若要发挥其在管理中的作用,就必须与先进的管理手段和方法结合起来,在开发管理信息系统时,融进现代化的管理思想和方法。

5) 它是多学科交叉形成的边缘学科

管理信息系统是一门新的学科,其理论体系尚处于发展和完善的过程中。早期的研究者从计算机科学、应用数学、管理理论、决策理论、运筹学等相关学科中抽取相应的理论,构建了管理信息系统的理论基础,从而形成一个具有鲜明特色的边缘科学。

2.1.2 管理信息系统的结构

管理信息系统是企业信息系统的核心,贯穿于企业管理的全过程,同时又覆盖了管理业务的各个层面,因而其也必然是一个包含各种子系统的广泛结构。以下着重从广义的概念上阐述管理信息系统的结构。

图 2-1 是管理信息系统的结构矩阵。纵向概括了基于管理任务的系统层次结构;横向概括了基于管理职能的系统结构。以下分别进行阐述。

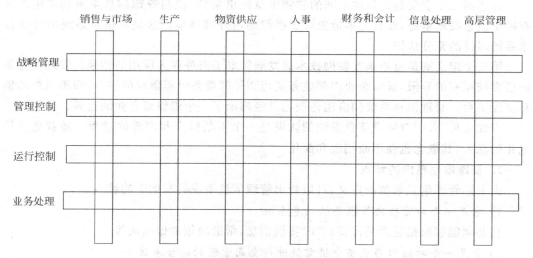

图 2-1 管理信息系统的结构矩阵

1. 基于管理任务的系统层次结构

管理任务具有层次结构。管理信息系统可以按照管理任务的层次进行分层(见表 2-1)。

战略管理涉及企业的长远计划,包括处理中、长期事件,如制定市场战略、确定产品品种等;管理控制(或战术管理)属于中期计划范围,包括资源的获取与组织、人员的招聘与训练、资金监控等方面;运行控制涉及作业的控制(如作业计划和调度等);业务处理是企业最基本的活动,它涉及企业的每一项生产经营和管理活动。其他组织的管理与企的管理一样,存在类似的层次关系。

表 2-1 管理任务的层次

层次	内容
战略管理	确定企业的目标、政策和总方针 企业的组织层次 决定企业的任务
管理控制(战术管理)	包括资源的获得与组织、人员的招聘与训练、资金的监控等
运行控制	有效地利用现有设备和资源,在预算限制内活动
业务处理	涉及企业的每一项生产经营和管理活动

在实际工作中,有时同一问题可以属于不同的管理层次,只是每个层次考虑问题的角度不同而已。例如,对于库存控制问题:运行控制层关心的是日常业务处理能否准确无误;管理控制层考虑的是如何根据运行控制数据,确定安全库存量和订货次数;而战略管理层关心的是如何根据运行控制和管理控制的结果及战略目标、竞争者行为等因素,做出正确的库存战略决策。

由此可见,不同的管理层次对信息的需求是不同的。战略管理层与运行控制层所需信息的特性有很大差别,而管理控制层所需信息则介于二者之间。表2-2描述了不同管理层次之间信息特性的差别。由这些差别可以看出,管理信息系统的不同层次具有不同的信息处理方法。

表 2-2 不同管理层次的信息特性

信息特性	运行控制	管理控制	战略管理
来源	系统内部	内部	外部
范围	确定	有一定确定性	很宽
概括性	详细	较概括	概括
时间性	历史	综合	未来
流通性	经常变化	定期变化	相对稳定
精确性要求	高	较高	低
使用频率	高	较高	低

从管理决策问题的性质来看,在运行控制层上的决策大多属结构化的问题,而在战略管理层的决策大多属非结构化问题。管理控制层所做决策问题的性质,介于结构化和非结构化之间。

战略管理层的决策内容,如确定和调整组织目标以及制定关于获取、使用各种资源的政策等,一般属于非结构化决策问题,决策者是企业或组织的最高管理层。管理控制层所做决策是对各种资源的获取和使用进行有效的计划和控制等方面的问题,它受战略管理层所制定的目标和策略的限制,一般属半结构化或结构化的决策,决策者为组织的中层领导。运行控制层的决策是为了保证有效地完成具体任务或操作,有一定的周期性,一般属于结构化决策问题,决策者通常是组织的基层管理人员。

从信息处理的工作量来看,信息处理所需资源的数量随管理任务的层次而变化。一一般业务处理的信息处理量较大,而在系统结构中所处层次越高,其所需信息量越小,呈金字塔形,如图2-2所示。金字塔的底部表示结构化的管理过程和决策,而顶部则为非结构化的管理过程和决策,中间则是介于结构化和非结构化之间的半结构化问题,其所处层次越高,结构化程度越低,反之亦然。

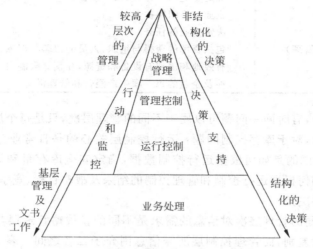

图 2-2　管理信息系统的金字塔形结构

图 2-3 是安东尼等人通过对欧美制造企业的长期研究提出的管理信息系统的金字塔形系统结构,称为安东尼金字塔模型。安东尼等人不仅考察了企业内部的业务流程和信息系统的基本结构,而且把企业放在整个经营环境中考察,把企业内外部环境结合起来,系统描述了企业内外信息流、资金流、物流的传递和接收过程,反映了包含整个供应链信息管理的全景。

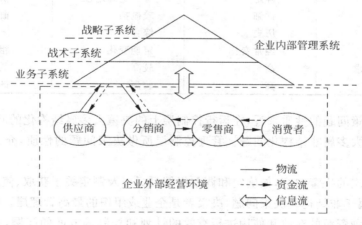

图 2-3　安东尼金字塔模型

安东尼金字塔模型描述了物流、资金流和信息流的双向流动及其基本规律。物流的流程一般体现在从采购部件到产品销售出去的整个过程之中,是自上游向下游方向流动,先从供应商流到企业,再到批发商、零售商和消费者,即企业需要经过零部件采购、调拨、生产加工、发送、销售等业务流程。资金流的流程与物流相反,是从下游向上游方向流动,即从消费者流到零售商及批发商,然后到企业(或直接到企业),再流到供应商。与物流、资金流等相比,信息流的流程要复杂得多。企业信息主要包括订货信息、发货信息、收支信息等,信息流在与物流、资金流互补的同时,又起着管理企业整体活动的作用。

2. 基于管理职能的管理信息系统结构

管理信息系统结构也可以按照使用信息的组织职能加以描述。系统所涉及的各职能部门都有着自己的特殊的信息需求,须专门设计相应的功能子系统,以支持其管理决策活动,同时各职能部门之间存在各种信息联系,从而使各个功能子系统构成一个有机结合的整体。管理信息系统正是完成信息处理的各功能子系统的综合。

例如,在制造企业中,管理信息系统可由以下所列主要的子系统构成。每一个功能子系统完成有关功能的全部信息处理,包括业务处理、运行控制、管理控制和战略管理。

1) 销售与市场子系统

销售与市场功能通常包括产品的销售、推销及售后服务的全部活动。其中业务处理有销售订单的处理、推销订单的处理。运行控制活动包括雇用和培训销售人员,编制销售计划和按区域、产品、顾客的销售量定期分析。管理控制涉及总的成果与市场计划的比较,它要用到有关客户、竞争者、竞争产品和销售力量等方面的数据。在战略管理方面包括新市场的开拓和新市场的战略,它使用的信息有顾客分析、竞争者分析、顾客调查信息、收入预测和技术预测等。

2) 生产子系统

生产子系统的功能包括产品的设计与制造、生产设备计划、作业调度、生产工人录用与培训、质量控制等。在生产子系统中,典型的业务处理有下生产指令、装配单、处理成品单和工时单等。运行控制要求把实际进度和计划比较,找出"瓶颈"环节。管理控制需要概括性的报告,反映进度、成本、所用工时等绩效变动情况。战略管理包括制造方法及各种自动化方案的选择。

3) 物资供应子系统

物资供应子系统包括采购、收货、库存控制、发放等管理活动。业务处理数据涉及购货申请、购货订单、收货报告、库存票、提货单等。运行控制要求把物资供应情况与计划进行比较,产生库存水平、采购成本和库存等分析报告。管理控制信息包括计划库存与实际库存的比较、外购项目的成本、缺货情况及库存周转率等。战略管理主要涉及新的物资供应战略、对供应商的新政策及自制与外购的比较分析等,此外,可能还有新供应方案等信息。

4) 财务和会计子系统

财务和会计虽然有着不同的目标和工作内容,但它们之间也有密切的联系。财务的职责是在尽可能低的成本下,保障企业的资金运转,包括托收管理、现金管理和资金筹措等。会计则包括对财务工作进行分类、汇制标准财务报表、制定预算及对成本数据进行分析。对管理控制报告来说,预算和成本是输入数据,也就是说,会计是为管理控制各种功能提供输入信息。与财务有关的业务处理包括收账凭证、支付凭证、分类账和股份转让等。运行控制使用例外情况报告、延误处理记录、未处理事项报告等。管理控制利用财务资源成本、会计数据处理成本及差错率等信息。战略管理包括确保资金充足的长期战略计划和预算系统计划等。

5) 人事子系统

人事子系统包括人员的录用、培训、考核记录、工资和终止聘用等,其业务处理内容涉及人员基本情况数据、工资变化等。运行控制要完成聘用、培训、改变工资等。管理控制主要对实际情况与计划进行比较、产生各种报告和分析结果,用以说明在岗工人的数量、招工费用、技术专长的构成等是否符合政府就业政策等。人事战略计划主要由战略管理层来制定,它包括对招工、工资、培训、福利等以及各种策略方案的评价,这些策略将确保企业能获得完成战略目标所需的人力资源。战略管理还包括对就业制度、教育情况、地区工资率的变化及对聘用和留用人员的分析。

6) 高层管理子系统

每个组织都有一个最高领导层,如由公司总经理和各职能领域的副总经理组成的委员会。高层管理子系统为高层领导服务,它的业务处理活动主要是信息的查询和决策的支持,处理的文件常常是信函、备忘录和高层领导向各职能部门发送的指示等。运行控制主要负责会议安排、信函管理和会晤记录文档。管理控制要求各功能子系统执行计划的当前综合报告。战略管理活动包括组织的经营方针和必要的资源计划等,它要综合外部和内部的信息。这里的外部信息包括竞争者信息、区域经济指数、顾客偏好、提供服务的质量等。

7) 信息处理子系统

信息处理子系统的作用是确保各职能部门获得必要的信息资源和信息处理服务。该子系统典型的业务处理工作包括工作请求、采集数据的请求、改变数据的请求、软硬件情况的报告及设计方面的建议。信息处理的运行控制包括日常任务的调度、差错率和设备故障信息等。对于新项目的开发,还包括程序员的工作进展情况和调试时间的安排。管理控制主要是对计划情况和实际情况进行比较,如对设备费用、程序员的能力、项目开发的实施计划等情况的比较。战略管理则主要关心功能的组织,如采用集中式还是分散式管理、制订信息系统的总体规划、确定硬件和软件的总体结构等。

管理信息系统的应用离不开办公自动化技术,该技术的主要作用是支持知识工作和文书工作,如字符处理、电子信件的收发、电子文件的制作等,办公自动化可以看作与信息处理系统合一的子系统,也可以作为一个独立的子系统而存在。

3. 管理信息系统结构的综合

以上从管理任务和组织职能两方面对管理信息系统的结构进行了描述。由上述系统的组成和决策支持的要求,可以综合出管理信息系统的概念结构。综合的形式如下。

1) 横向综合

横向综合就是把同一管理层次的各种职能综合在一起,如运行控制层的人事、工资等子系统可以综合在一起,使基层的业务处理一体化。横向综合正向着资源综合的方向发展,如按人把人员的信息综合到一个系统,按物把采购、进货、库存控制等综合到一起。

2) 纵向综合

纵向综合就是把不同层次的管理业务按职能综合起来。这种综合沟通了上下级之间的关系,便于决策者掌握情况,进行正确分析,如把各部门和总公司的各级财务系统综合起来,构成综合财务子系统。

3) 纵横综合

纵横综合也可以称为总的综合,它使一个完全一体化的系统得以形成,能够做到信息集中统一管理,程序模块共享,各子系统功能无缝集成。

通过对管理信息系统进行综合可知,管理信息系统是由各功能子系统组成的,每一个子系统又可以分为四个主要信息处理部分,即业务处理、运行控制、管理控制(战术管理)和战略管理。信息系统的每个功能子系统都有自己的文件,还有由为各子系统公用的数据组成的数据库,由数据库系统进行管理。在系统中,除了有为每个子系统专门设计的应用程序外,还有为多个职能部门服务的公用程序,有关的子系统都与这些公用程序连接。此外,还有为多个应用程序公用的分析和决策模型,这些公用软件构成了信息系统的模型库。

图 2-4 为综合形成的管理信息系统概念结构框架。人们可以用它来描述有关现有的或进化中的管理信息系统,它也是一个确定管理信息系统的实施方法的物理结构。

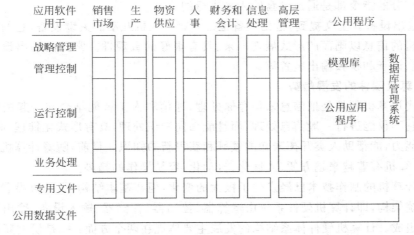

图 2-4 管理信息系统概念结构框架

2.2 企业信息系统的基础设施

2.2.1 计算机硬件及发展趋势

1. 计算机硬件的含义

计算机硬件是一个统称,具体包括计算机系统中的多类电子、机械和光电元件。这些元件组成一个有机的整体,可以为计算机软件运行提供物质基础。

计算机硬件是计算机的重要组成部分,其中包含了五个重要的组成部分:运算器、控制器、存储器、输入设备、输出设备。

(1) 运算器。计算机硬件中的运算器主要功能是对数据和信息运行运算与加工。运算器包括以下几个部分：通用计算器、状态寄存器、累加器和关键的算术逻辑单元。运算器可以进行算术计算（加减乘除）和逻辑运算（与或非）。

（2）控制器。控制器和运算器共同组成了中央处理器（CPU）。控制器可以看作计算机的大脑和指挥中心，它通过整合分析相关的数据和信息，可以让计算机的各个组成部分有序地完成指令。

（3）存储器。顾名思义，存储器就是计算机的记忆系统，是计算机系统中的记事本。而和记事本不同的是，存储器不仅可以保存信息，还可以接受计算机系统内不同的信息并对保存的信息进行读取。存储器由主存和辅存组成，主存就是通常所说的内存，分为RAM和ROM两个部分。辅存即外存，但是计算机在处理主存的信息时，必须首先经过内外存之间的信息交换才能够进行。

（4）输入设备。输入设备和输出设备都是进行人机互动的关键设备。鼠标、键盘等输入设备的出现，给计算机带来了天翻地覆的变化。现有的鼠标主要有两类：光电鼠标和机械式鼠标。通过鼠标，我们可以很方便地在计算机屏幕上进行坐标的定位，可以很好地操作图形和软件处理，为人类提供了很大的便捷。键盘也是一类非常重要的输入设备，计算机大部分的指令都是通过键盘输入来进行的。

（5）输出设备。上文提到，输出设备也是计算机人机互动的关键设备，它的特点是可以将计算机的信息以画面的形式展现出来、具有很好的直观性。常见的输出设备有显示器、打印机、语音和视频输出装置等。

2．计算机硬件的发展趋势

新一代计算机硬件是把信息采集存储处理、通信和人工智能结合在一起的智能计算机系统。它不仅能进行一般信息处理，而且能面向知识处理，具有形式化推理、联想、学习和解释的能力，能帮助人类开拓未知的领域和获得新的知识。目前，随着计算机技术的不断发展，计算机有着越来越方便、人性化、自动化、容易操作的趋势。

虽然计算机的制作技术已经发生了极大的变化，但在基本结构上，一直沿袭着冯·诺依曼的传统架构，即计算机硬件系统由运算器、控制器、存储器、输入设备、输出设备五大基本构件组成。计算机硬件体系结构的发展主要体现在两个方面：一是研制新型的计算机体系结构，提高并行计算和处理能力；二是以硬件或固件为发展主线的大规模集成电路的研制和开发。

（1）软、硬件的功能分配是计算机系统结构的主要任务，而软件和硬件在逻辑功能上又是等效的。从原理上讲，软件的功能可以用硬件或固件完成，而硬件的功能也可以由软件模拟实现。提高硬件功能的比例可提高解题速度，减少程序所需存储空间，但会增加硬件成本；提高软件功能的比例可减低硬件成本，提高系统的灵活性，但解题速度会下降，而且软件设计费用和所需的存储器用量也要增加。计算机硬件成本不断下降，软件成本的不断上升，计算机的硬件越来越便宜，软件越来越昂贵，因此，计算机系统朝着硬件比例越来越大的趋势发展。

（2）硬件的发展就是在不断的追求体积更小巧、集成度更高、性能更好、生产更快速、价格更低廉的芯片。现在处理器的发展真可谓日新月异，CPU对于计算机对计算机性能的发挥起着至关重要的作用，所以不断地提高CPU的性能将对计算机的性能起到巨大的推动作用。计算机硬件的核心技术是微电子技术和光电子技术。从1995年以来,芯片制造工艺的发展十分迅速,新的生产工艺可以提高芯片的集成度。在不增加芯片面积的情况下,使用更精细的生产工艺可以比老工艺大大增加晶体管的数量,并可以扩展新的功能。采用最新制造工艺后,相同晶体管会占据更小的面积,使一块晶元能够切割出更多处理器,使整体处理器成本降低,直接结果就是单颗处理器售价降低。同时,速度越来越快,功耗越来越小。纳米技术的运用也使这些电器产品更加智能化,功能更多。整合性的东西越来越多,如声卡、显卡、网卡都整合到主板上,这样可以使计算机的价格更加便宜。

随着信息时代的到来,各层次的计算机用户对电脑的性能提出了更高的要求。在市场需求上看,无论是企业用户,还是个人用户,多任务、多线程的应用越来越广泛,传统的单核处理器在同时处理多个线程的时候显得力不从心,提升处理器多任务处理能力是迫切需要解决的问题。双核和多核处理器能大幅度提高了PC的工作效率。这也就表明双核和多核也是未来科技发展的必然需要。

(3) 存储器的发展也具有容量大、体积小、价格低的趋势。随着信息量的不断增加,对数据的存储需求提出了更高的要求。存储器的发展将更多的关注速度和可靠性的提高,要具有更好的扩展性。借助于先进的工艺优势,存储芯片的封装尺寸更小,也决定了存储器的低电压特性,更促进了便携式产品的发展。

(4) 随着微电子技术的飞速发展,计算机的体积越来越小,速度越来越高,容量越来越大,功耗越来越低,可靠性越来越好,输入输出设备也朝着高性能、多样化、智能化和多媒体方向发展。同时,随着计算机输入、输出设备的发展,人机界面越来越友好。一方面,外围设备中也已越来越多地嵌入微处理器和软件进行控制以达到智能化和高性能的目标;另一方面,也常常将原属于外围设备或外围设备控制器的部分功能直接设计进CPU,以便降低成本和改善性能。

迅猛发展的计算机硬件技术,为计算机软件的不断更新创造了良好的平台。未来计算机的发展,应更进一步缩短高级语言与机器语言、操作系统与系统结构,程序设计环境域系统结构之间的语义差距,这些差距是用软件来填补的,语义差距的大小实质上取决于软、硬件功能的分配,差距小了,系统结构对软件的支持就加强了。软件跟上硬件的发展步伐还需要时间。目前,随着数字模拟融合、微机电融合、电路板硅片融合、硬软件设计融合的趋势,新一代集成电路技术的发展势在必行,嵌入式整机的开发工作也从传统的硬件为主变为软件为主,嵌入式软件的发展将成为主流,会有超长的生命周期。

2.2.2 计算机软件及发展趋势

1. 计算机软件概述

在现代社会中,计算机的应用范围十分广泛,既涵盖金融、制造,又渗透于服务、建筑、水利,同时在航空航天、国防等领域也有深入的应用。而且,随着网络的普及,计算机、智能手机中的各种通用软件成为人们日常生活中必不可少的一部分,人们的社会生活越来越离不开计算机的应用。不仅如此,如网络购票、卫星导航等专用计算机软件也得到了大范围应用。可以说,计算机软件的应用范围非常广泛。

随着信息全球化发展,信息产业建设引起了国家的高度重视。在《十二五发展纲要》

中进一步明确了现代工业化发展要以信息化建设为基础。从中可以看出，计算机软件在今后的发展中将拥有更广阔的应用前景，在工业、农业、金融等各行各业都将得到更深入的应用。

随着科技的进步，社会发展对智能化的要求越来越高，为了满足社会发展需要，必须继续加强对计算机软件的研究，通过不断创新和引进先进技术，推动我国智能化发展进程。据相关统计数据显示，我国软件行业的发展在2010—2015年这五年间达到了每年30%的增幅，而且软件销售总额仅仅在2011年这一年就突破了12 000亿元，极大地推动了国民经济的发展。而且，在今后的发展中，随着计算机软件在各个行业中的深入应用，整个软件市场的销售总量必将迎来新一轮突破。

2. 计算机软件发展趋势

（1）软件开放化发展趋势。软件产业开放性发展的实现，既包括源代码的开放，也包括软件产品的开放。这种开放对于降低技术和知识产权成本具有积极的意义，必然会促进软件产业的更大提升。而且，软件技术开放化发展也可以促进行业人员之间的技术交流，有助于彼此获得更大进步，对于提升软件技术和质量、推动软件行业发展也具有不可忽视的作用。

（2）网络开放化发展趋势。随着信息技术全球化发展，世界已经进入了互联网时代。在新的发展形势下，计算机软件发展也将紧随时代发展潮流，与网络紧密结合，以资源共享等优势推动技术改革。因此，网络化将成为计算机软件发展的必然趋势。在未来的计算机发展中，必将利用网络化发展优势，更大范围地应用计算机核心技术和关键信息资源，为计算机软件发展提供更大助力。

（3）专注服务化发展趋势。在市场竞争中，客户对计算机软件的选择必将以技术和设计理念为主，追求更加完善的软件功能和令人更加满意的软件服务，这对软件市场发展也提出了新的要求。因此，在市场竞争模式下，软件市场发展必将更加专注于服务化，加强技术人员服务知识的完善以及服务态度的提升，为提升客户满意度和服务体验而努力。

（4）高端智能化发展趋势。随着科学技术的大力发展，人工智能正在得到更大范围的应用，而计算机软件发展也加强了对人工智能的研究。智能化发展不仅能促进资源利用率有效提升，获得最优化的资源配置，而且能提升系统的自动化水平，对于开拓意识思维具有重要意义。因此，在未来的计算机软件发展中，必将把智能化作为重要的发展方向，为人们的便捷化生活提供更好的服务。

2.2.3　云计算的发展

1. 云计算概述

自2007年IBM正式提出云计算的概念以来，许多专家、研究组织及相关厂家从不同的研究视角给出了云计算的定义。目前关于云计算的定义已有上百种。而维基百科对云计算的定义也在不断更新，前后版本的差别非常大。据2011年给出的定义："云计算是一种能够将动态易扩展的虚拟化资源软件和数据通过互联网提供给用户的计算方式，如同电网用电一样，用户不需要知道云内部的细节，也不必具有管理那些支持云计算的基础设施。"

伯克利云计算白皮书的定义：云计算包括互联网上各种服务形式的应用以及在数据中心提供这些服务的软硬件设施。应用服务即 SaaS(software as a service,软件即服务),而数据中心的软硬件设施即所谓的云。通过量入为出的方式提供给公众的云称为公共云,如 Amazon S3(simple storage service)、Google App Engine 和 Microsoft Azure 等,而不对公众开放的组织内部数据中心的云称为私有云。

美国标准化技术机构 NIST 定义：云计算是一种资源利用模式,它能以方便、友好、按需访问的方式通过网络访问可配置的计算机资源池(如网络、服务器、存储、应用程序和服务),在这种模式中,可以快速供应并以最小的管理代价提供服务。

Sun 公司认为,云的类型有很多种,而且有很多不同的应用程序可以使用云来构建。由于云计算有助于提高应用程序部署速度,加快创新步伐,因而云计算可能还会出现我们现在无法想象到的形式。作为创造"网络就是计算机"(the network is the computer,TM)这一短语的公司,Sun 公司认为云计算就是下一代的网络计算。

云计算是一种方便的使用方式和服务模式,通过互联网按需访问资源池模型(如网络、服务器、存储、应用程序和服务),以快速和最少的管理工作为用户提供服务。云计算是并行计算(parallel computing)、分布式计算(distributed computing)和网格计算(grid computing)等技术的发展。云计算又是虚拟化(virtualization)、效用计算(utility computing)的商业计算模型,它由三种服务模式、四种部署模式和五点基本特征组成。

2. 云计算的三种交付模式

云计算的服务层次可分为将基础设施作为服务层、将平台作为服务层及将软件作为服务层。目前越来越多厂商可以提供不同层次的云计算服务,部分厂商还可以同时提供设备、平台、软件等多层次的云计算服务。图 2-5 为云计算服务类型。

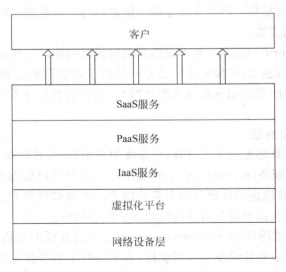

图 2-5 云计算服务类型

(1) 基础设施即服务(Infrastructure as a Service,IaaS)。通过网络作为标准化服务提供按需付费的弹性基础设施服务,其核心技术是虚拟化。可以通过廉价计算机达到昂贵高性能计算机的大规模集群运算能力。典型代表如亚马逊云计算 AWS(Amazon Web Services)的弹性计算云 EC2 和简单存储服务 S3、IBM 蓝云等。

（2）平台即服务(Platform as a Service,PaaS)。提供给客户的是将客户用供应商提供的开发语言和工具(如 Java、python、.Net)创建的应用程序部署到云计算基础设施上去。其核心技术是分布式并行计算。PasS 实际上是指将软件研发的平台作为一种服务，以 SaaS 的模式提交给用户。典型代表如 Google App Engine(GAE)只允许使用 Python 和 Java 语言，基于称为 Django 的 Web 应用框架调用 GAE 来开发在线应用服务。

（3）软件即服务(Software as a Service,SaaS)。它是一种通过 Internet 提供软件的模式，用户无须购买软件，而是租用服务商运行在云计算基础设施上的应用程序，客户不需要管理或控制底层的云计算基础设施，包括网络、服务器、操作系统、存储，甚至单个应用程序的功能。该软件系统各个模块可以由每个客户自己定制、配置、组装来得到满足自身需求的软件系统。典型代表如 Salesforce 公司提供的在线客户关系管理 CRM(client relationship management)服务、Zoho Office、Webex，常见的还有 E-mail 等。

3. 云计算的四种部署模式

（1）私有云(private cloud)。云基础设施是为一个客户单独使用而构建的，因而提供对数据、安全性和服务质量的最有效控制。私有云可部署在企业数据中心，也可部署在一个主机托管场所，被一个单一的组织拥有或租用。

（2）社区云(community cloud)。基础设施被一些组织共享，并为一个有共同关注点的社区服务(如任务、安全要求、政策和遵守的考虑)。

（3）公共云(public cloud)。基础设施是被一个销售云计算服务的组织所拥有，该组织将云计算服务销售给一般大众或广泛的工业群体，公共云通常在远离客户建筑物的地方托管，而且它们通过提供一种像企业基础设施进行的灵活甚至临时的扩展，提供一种降低客户风险和成本的方法。

（4）混合云(hybrid cloud)。基础设施是由两种或两种以上的云(私有、社区或公共)组成，每种云仍然保持独立，但用标准的或专有的技术将它们组合起来，具有数据和应用程序的可移植性(例如，可以用来处理突发负载)。混合云有助于提供按需和外部供应方面的扩展。

4. 云计算的五个特征

无论是广义云计算还是狭义云计算，对最终用户而言，均具有如下特征。

（1）按需自助式服务(on-demand self-service)。用户可以根据自身实际需求扩展和使用云计算资源，具有快速提供资源和服务的能力。能通过网络方便地进行计算能力的申请、配置和调用，服务商可以及时进行资源的分配和回收。

（2）广泛的网络访问(broad network access)。通过互联网提供自助式服务，使用者不需要部署相关的复杂硬件设施和应用软件，也不需要了解所使用资源的物理位置和配置等信息，可以直接通过互联网或企业内部网透明访问即可获取云中的计算资源。高性能计算能力可以通过网络访问。

（3）资源池(resource pooling)。供应商的计算资源汇集在一起，通过使用多租户模式将不同的物理和虚拟资源动态分配多个消费者，并根据消费者的需求重新分配资源。

各个客户分配有专门独立的资源,客户通常不需要任何控制或知道所提供资源的确切位置,就可以使用一个更高级别抽象的云计算资源。

(4) 快速弹性使用(rapid elasticity)。快速部署资源或获得服务。服务商的计算能力根据用户需求变化能够快速而弹性地实现资源供应。云计算平台可以按客户需求快速部署和提供资源。通常情况下资源和服务可以是无限的,可以在任何时候购买数量。云计算业务使用则按资源的使用量计费。

(5) 可度量的服务(measured service)。云服务系统可以根据服务类型提供相应的计量方式,云自动控制系统通过利用一些适当的抽象服务(如存储、处理、带宽和活动用户账户)的计量能力来优化资源利用率,还可以监测、控制和管理资源使用过程。同时,能为供应者和服务消费者之间提供透明服务。

2.3 计算机网络

2.3.1 通信与网络

1. 计算机网络的定义

计算机网络的定义可以简明地概括为:一些互连的、自治的计算机的集合。所谓自治,就如目前的个人计算机一样,是本身具有独立的处理、存储、输入、输出等功能的计算机。集合则意味着至少有两台计算机互连,而且意味着软件和硬件的集成。

更具体地说,计算机网络的定义是:将不同地理位置上的独立的计算机,用传输介质和连网设备连接起来进行通信,用完善的软件系统进行管理,以实现资源共享为目的的系统。连网设备包括各种传输接口和交换设备。传输介质可以是有线的也可以是无线的。有线介质如同轴电缆、双绞线和光缆等,无线介质如红外短波、微波和超短波卫星等。软件系统就是网络操作系统和网络的体系结构,网络的体系结构也就是分层的网络通信协议的集合。资源共享既包括数据资源,也包括软、硬件资源的共享。

总的来说,计算机网络基本上包括计算机、网络操作系统、传输介质及相应的应用软件四部分。

2. 计算机网络的功能

计算机网络的功能主要体现在三个方面:信息交换、资源共享和分布式处理。

(1) 信息交换。计算机网络最基本的功能是信息交换,用户可以利用计算机网络中各个结点之间的通信系统,传送电子邮件,发布新闻消息,进行电子购物、电子贸易、远程教育等。

(2) 资源共享。所谓的资源,是指构成系统的所有的软、硬件,如计算处理能力、大容量磁盘、高速打印机、绘图仪、通信线路、数据库、文件和其他计算机上的有关信息。单个的用户不可能拥有自己需要的所有资源,而网络上的计算机既可以使用自身的资源,也可以共享网络上的资源,因而大大增强了网络上计算机的处理能力,也提高了计算机软硬件的利用率。

(3) 分布式处理。一项复杂的任务可以划分成许多部分,由网络内分布在不同地理位置的计算机分别协作并行完成有关部分,使整个系统的性能大为增强。

3. 计算机网络的分类

网络的分类有多种方法。按传输介质区分可以分为有线网络和无线网络。根据网络的所有者和经营者可分为专用网和公用网。按照传统网络的服务类型来划分,则可以分为电信网、有线电视网、计算机网,如今通过三网融合,其提供的服务已经无法区分了。

计算机网络的分类方法主要有按地理范围划分、按拓扑结构划分和按资源共享方式划分。以下分别予以介绍。

1) 按地理位置划分

这种方法可以把各种网络类型划分为局域网、城域网、广域网和因特网(见本书 2.3.2 节)四种。应当说明的是,地理范围的意义并不十分严格,也很难用准确的距离大小来定义,只能是一个定性的概念。以下简要介绍这几种计算机网络。

(1) 局域网(Local Area Network,LAN)

局域网是应用最广的一种网络。几乎每个单位都有自己的局域网,有的家庭也有自己的小型局域网。目前经常提到的企业网、校园网、园区网、社区网等都属于局域网的范畴。所谓局域网,就是在局部地区范围内的网络,它所覆盖的地区范围,可以是几米至10公里以内。局域网在工作站(计算机)数量上没有固定限制,少则只有两台,多则如在企业网或校园网中,工作站的数量在几十到几百台不等。在地理距离上的特点是一般位于一个建筑物或一个单位内。这种网络的特点就是:网络设备的归属权一般归本单位或个人所有。它运行物理层和数据链路层协议,不包括网络层,不存在"寻由"问题。连接范围有限、用户数少、配置容易、传输速率高。

局域网在办公自动化、企业管理、计算机辅助教学等方面得到广泛的使用。为了在计算机之间进行信息交流、共享数据资源和某些昂贵的硬件(如高速打印机等)资源,将多台计算机连成一个网络系统,既实现分布式处理,又能互相通信。由于地域范围小,一般不须租用电话线路而直接建立专用通信线路,因此数据传输速率高于广域网。

典型的局域网络由一台或多台服务器和若干个工作站组成。早期的计算机网络服务器是一台大型计算机,现代的计算机局域网络则使用一台高性能的计算机作为服务器,工作站可以使用各档次的计算机。工作站一方面为用户提供本地服务,相当于单机使用;另一方面可通过工作站向网络系统请求服务和访问资源,实现资源共享。

美国电气与电子工程师学会(Institute of Electrical and Electronic Engineers,IEEE)的 802 标准委员会定义了多种局域网标准,主要包括以太网(Ethernet)、令牌环网(Token Ring)、光纤分布式数据接口网络(Fiber Distributed Data Interface,FDDI)、异步传输模式网(Asynchronous Transfer Mode,ATM),以及无线局域网(Wireless LAN,WLAN)。

(2) 城域网(Metropolitan Area Network,MAN)

这种网络一般来说是在一个城市内,在地理范围上可以说是 LAN 网络的延伸。与 LAN 相比,MAN 扩展的距离更长,连接的计算机数量更多。一个 MAN 网络通常连接着多个 LAN 网。如连接公安、税务等政府机构的 LAN,多个医院的 LAN,电信的 LAN,公司企业的 LAN 等。由于光纤连接的引入,使 MAN 中高速 LAN 的互联成为可能。其连接距离可以在 10~100 公里,它采用的是 IEEE 802.6 标准。

表 2-3 为局域网和城域网的比较。

表 2-3　局域网和城域网的比较

特　征　项	局　域　网	城　域　网
覆盖距离	小于几公里，一个办公室、一座楼、一个企业、学校或社区	10～100 公里，延伸到一个城市
归属权	为一个科室、企业、学校所私有	为一个部门所有
作用功能	有自己的网站和服务器，为一定业务提供软、硬件资源，实现资源共享，使用相同的网络协议	为相同的业务提供软、硬件资源共享，可以提供多媒体业务，不同园区可以有不同的网络协议
联网设备	相同的传输媒质，PC、Hub 或交换机	不同园区可以有不同的传输媒质，不同园区互连需要路由器
数据传输率	10/100Mb，园区网可达 1 000Mb	比局域网/园区网更高，目前 10Gb 以太网已能建立半径为 40 公里的城域网

(3) 广域网(Wide Area Network,WAN)

广域网是利用计算机通信网组成的计算机网络，但不是计算机通信网，二者不可混为一谈。广域网是指在一个很大地理范围的、由许多局域网组成的网络。比如，一家大型公司在全国各地有多个分公司，由各分公司的内部网互联而组成的网络；再如，国家专业部门与各省市的对应专业部门之间通过租用专线连接起来的网络。

广域网的特点以及与计算机通信网的区别如下。

① 广域网一般是将不同城市之间的 LAN 或者 MAN 利用计算机通信网进行互连，所覆盖地理范围可从几百公里到几千公里，可以说广域网是 LAN 或者 MAN 的延伸。

② 广域网与局域网的重大区别是广域网必须运行网络层协议解决寻由问题。

③ 广域网提供数据资源、软件资源、计算机资源共享，计算机通信网不提供这些资源共享，只为广域网提供通信资源共享。

④ 广域网的产权属于建造者本身，计算机通信网的产权属于通信网公司，前者通过付费的方式利用后者的通信资源。

⑤ 计算机通信网由于距离远，造价昂贵，在我国都是由国家或跨区域的大电信公司出资营造，产权属于营造者，如中国联通、中国电信、中国移动等。

⑥ 在技术上，广域网通过路由器连接计算机网络，计算机通信网由多个节点交换机(程控交换机)和长距离的光缆组成，为了提供多条转发链路而保证网络的可靠性，节点交换机之间都是网状型的点对点连接，通过节点交换机对分组进行存储转发。

⑦ 计算机通信网的连接节点交换机的链路必须都是高速链路，提供足够的带宽以支持爆炸式增长的网络通信量。

图 2-6 所示为利用计算机通信网将局域网连接起来的广域网。

2) 按拓扑结构划分

网络中各节点相互连接的方法和形式称为网络拓扑结构。不同的拓扑结构的信道访问技术、网络性能、设备开销等各不相同，分别适用于不同场合。网络的拓扑结构主要有总线型、星型、环型、树型和网状型，分别介绍如下。

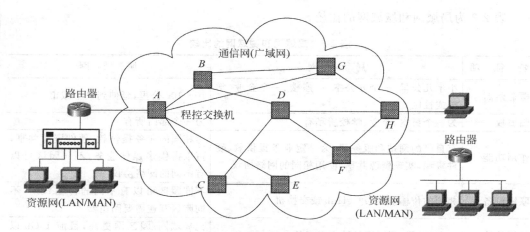

图 2-6　利用计算机通信网将局域网连接起来的广域网

（1）总线型网络

总线型网络采用单一信道作为传输介质，所有工作站通过专门的连接器连到这个公共信道（总线）上，任何一个工作站发送的信号都沿着介质传输到总线上其他工作站，但只有目标地址符合的工作站才进行接收。这就像你在大庭广众的场合呼叫一位朋友的名字，大家都听到了你的呼声，但只有你的朋友才会答应一样。总线型网络是一种广播网。广播型局域网技术中的以太网是总线型网络的典型实例。图 2-7 所示为总线型网络结构。

（2）星型网络

星型网络是由多个工作站通过点到点链路连接到中央节点而组成的，工作站间的通信必须通过中央节点进行。中央节点采用集中式通信控制策略，因此比较复杂，而其他各站点的通信处理负担都很小。图 2-8 所示为星型网络结构。

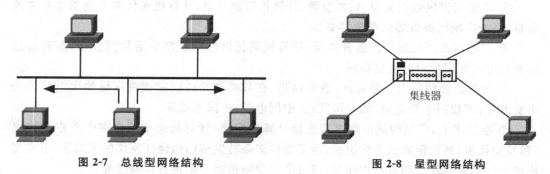

图 2-7　总线型网络结构　　　　　　图 2-8　星型网络结构

（3）环型网络

环型网络是由多个工作站和连接工作站的点对点链路组成的一个闭合环，每个工作站从一条链路上接收数据，然后以同样的速率发送出去。链路是单方向的，即数据在环上只沿一个方向传输。局域网技术中的令牌环网是环型网的实例。图 2-9 所示为环型网络结构。

（4）树型网络

树型网络是星型网络的一种变体。像星型网络一样，网络节点都连接到控制网络的中央节点上。但并不是所有的设备都直接接入中央节点,绝大多数节点是先连接到次级中央节点上再连到中央节点上。图2-10所示为树型网络结构。

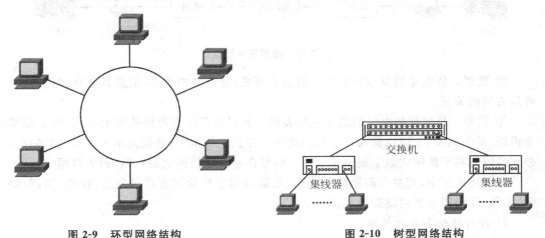

图 2-9　环型网络结构　　　　　图 2-10　树型网络结构

(5) 网状型网络

网状型网络的每一个节点都与其他节点有一条专线相连。网状型拓扑广泛用于广域网中。图2-11所示为网状型网络结构。网络中的数据流向是根据各节点的动态情况进行选择的,其路径选择和流量控制最为复杂。

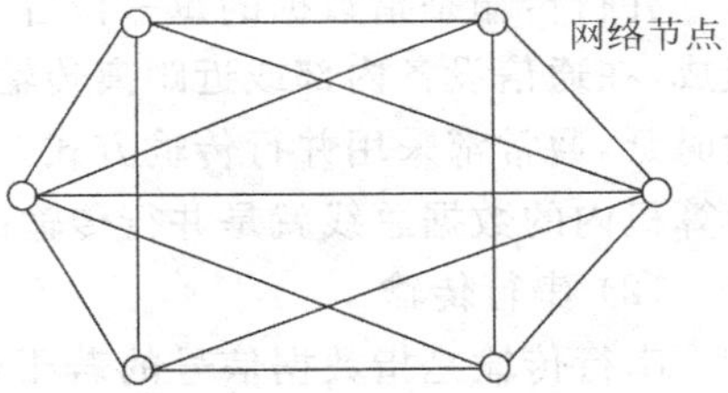

图 2-11　网状型网络结构

3) 按资源共享方式划分

(1) 对等网

在计算机网络中,倘若每台计算机的地位平等,都可以平等地使用其他计算机内部的资源,每台计算机磁盘上的存储空间和文件都可以彼此共享,这种网络就称为对等网。对等网适合于小型的、任务轻的局域网。例如,在普通办公室、家庭、游戏厅和学生宿舍内经常建立对等局域网。

(2) 客户/服务器网络

如果网络所连接的计算机较多,如高校的教务处有10台以上的计算机,需要共享学生名单、教师名单、教室名单、部处信息和教学计划等大量共享资源时,就需要专门设立一台计算机来存储和管理大量共享的资源,这台计算机被称为文件服务器,其他的计算机称为工作站,工作站存储的个人资源不必与他人共享。如果想与某人共享一份文件,就必须先把文件从工作站复制到文件服务器上,或者一开始就把文件安装在服务器上,这样其他工作站上的用户才能访问到这份文件。这种网络称为客户/服务器(Client/Server)网络。

4. 通信基础

1) 数据通信模型

数据通信是把信息从源主机传输到目标主机的过程,数据通信模型如图2-12所示。

① 信息。是能被人感知的关于客观事物的反映。

第 2 章　管理信息系统技术基础　　43

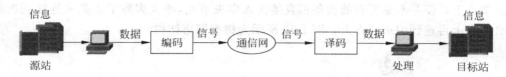

图 2-12 数据通信模型

② 数据。数据是信息在计算机中的表示形式,是信息的载体,信息是数据的内容,二者是表里的关系。

③ 信号。是数据的电气的或电磁的表现。其目的是改变数据传输的形式,使数据易于识别、易于同步,又可以提高抗干扰的能力。在长途传输中,数据是不可以直接传输的,必须编码为利于传输的数字或模拟信号。信号在通过通信网之后,又译码为数据。

在上述模型中,把复杂问题简单化了,数据与信号转化需要经过发送/接收、调制/解调、编码/译码等一系列复杂过程。

2)并行传输和串行传输

(1)并行传输

并行传输是指数据的每一位各占一条信号线同时进行传输。数据代码一般由若干位组成,在通信设备内部或近距离传输(数米之内)时,为了获得高的数据传输速率,减少传输时延,通常都采用并行传输方式。根据实际需要,并行信道的宽度不是一成不变的,如计算机内的数据总线就是并行传输的例子,有 8 位、16 位、32 位和 64 位等。

(2)串行传输

串行传输是指数据信号的若干位顺序按位串行排列成数据流,在一条信道上传输。如图 2-13 所示,数据源(源主机)向数据宿(目标主机)发出了"01001101"的串行数据,由于代码采取了串行传输方式,其传输速度与并行传输相比要低得多。从图 2-13 可以看出,数据的所有的位都占用同一条信号线,在硬件信号的连接上节省了信道,利于远程传输,所以串行传输广泛用于远程数据传输中,通信网和计算机网络中的数据传输都是以串行方式进行的。

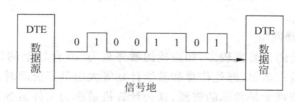

图 2-13 串行传输方式

3)同步传输和异步传输

为了正确识别和恢复代码,传输网必须解决三个问题:一是位同步,即正确区分和识别每个比特(位);二是字符同步,区分出每个字符(如 ASCII 字符)的各位的位序;三是帧同步,区分出完整的报文数据块(数据帧)的开始和结束位,如一段有序有意义字符串的起始和结束。解决上述问题的办法有两种,即同步传输方式和异步传输方式。这两种方式的区别在于发送和接收设备的时钟是异步的,还是同步的。

(1) 同步传输

① 位同步。要求传输数据的收发双方的时钟频率严格保持一致,即称收发双方的时钟是同步的。就像全球都遵守格林尼治时间一样,否则,就会出现判决错误。例如,设信号数据传输速率为 100kb,则传输 1 位的时间为 $10\mu s$,接收方总是在信号脉冲的中间读取,若双方的时钟频率相差 1%,那么每接收 1 位就会偏离中心 $0.1\mu s$,接收 50 位之后,判决的位置必然偏离到本位之外而发生判决错误。

要想在网络中做到严格的同步,就要采用一个精确度达到 $\pm 1.0 \times 10^{-11}$ 的极精确的时钟来负责全网的同步,但这样做技术复杂、价格昂贵。因此过去长期采用独立的称为准同步的时钟源,其频率具有允许范围内的误差,接收端可以在收到的信号中提取发送端的时钟信息,再进行处理而达到同步。

接收端在接收到数据流后为了能区分出每一位,即进行位同步,首先必须收到发送端的同步时钟。在近距离传输时,可附加一条时钟信号线,用发送方的时钟驱动接收设备以完成位同步;在远距离传输时,则不允许另设时钟信号线,必须在发送的数据流中附加同步时钟信号,由接收端提取同步时钟信号,以完成位同步。

② 帧同步。"帧"是数据链路层传输的数据单元,其长度并没有硬性规定。由图 2-14 可见,实际上数据是按"帧"进行收、发的,在开始发送一帧数据前须发送固定长度的帧同步字符,然后发送数据字符,发送完数据后再发送帧终止字符,这样就实现了帧同步,之后连续发送空白字符,直到发送下一帧时重复上述过程,帧与帧之间的间隔是不规则的。

图 2-14 帧同步传输

(2) 异步传输

异步传输以字符为单位进行传输,如图 2-15 所示,每个字符前加起始位,字符后加上结束位。起始位为"0",结束位为"1",结束位的长度可以为 1 位、1.5 位或 2 位,所以一个字符长度为 10~12 位。起始位和结束位的作用是实现字符同步,在两个字符之间可以有任意的空白时间。但在发送字符里的每一位占用的时间长度都是双方约定好的,且保持各位都恒定不变。这样收发双方的发收速率按编程约定而基本保持一致来实现位同步,又通过起始位和结束位而实现字符同步。帧同步靠传送特殊控制字符来实现。在异步传输方式中,由于不需要发送和接收设备之间另外传输定时信号,因而实现起来比较简单。但是应当注意,异步传输虽然对收发双方的时钟频率没有特别要求,但频率差别如果超过 5%,则在判决结束位时也会出现错误。异步传输的缺点是:由于每个字符都要加上起始位和结束位,因而传输效率较低;另外,由于发收双方时钟的差异(异步)使得传输速率不宜过高,因而传输效率低,常用于低速数据传输中。

图 2-15 异步传输

4）传输方式

数据传输是有方向的，这是由传输电路的能力和特点所决定的。按传输的方向性，可分为以下三种基本工作方式。

(1) 单工通信

两通信终端间只能由一方将数据传输给另一方，即一方只能为发送端，另一方只能为接收端。

(2) 半双工通信

两通信终端可以互传信息，即都可以发送或接收数据，但任一方都不能在同一时间既发送又接收，只能在同一时间一方发送另一方接收。

(3) 全双工通信

即两通信终端可以在两个方向上同时进行数据的收、发传输。

在一般情况下，在一条物理线路上，只能进行单工数字通信或半双工数字通信，要进行全双工数字通信，一般需要两条物理线路。由于电信号在有线传输时要求形成回路方可传输信号，所以一条传输线路通常由两条电线组成，称为二线制线路。则双工传输就需要四条线组成两条物理线路，称为四线制线路。

5）模拟传输和数字传输

(1) 模拟传输

模拟传输(analog transmission)是指信道中传输的都是模拟信号，即连续变化的信号。传统的公用交换电话网(PSTN)过去都是采用模拟传输技术，利用双绞线为载体，双绞线中传送的是模拟信号，模拟信号用本身的频率、幅值、相角或复合特性来表示。但模拟信号传输距离短，抗干扰性能差，经过一定距离必须中继放大，而干扰信号也会同时被放大。目前的 PSTN 的线路在全国已经更新为光缆，正逐步实现光纤到户。

(2) 数字传输

数字传输(digital transmission)是指信道中传输的是数字序列。数字或模拟信号都可以编码为数字信号，用不同电平的电信号序列来表示。数字信号与模拟信号的区别是：模拟信号波形中的电压、频率或相位都代表一定的信息，而数字信号的单个波形没有实际意义，一定的波形序列才能代表一定的信息。与模拟传输比较，数字传输具有以下优点。

① 传输质量高，时延短，通信速率可按用户需求选择。

② 支持多媒体业务。

③ 可以利用 VLSI 器件，体积小，成本低，质量高。

④ 虽然需要中继放大，但干扰信号不会同时被放大，特别适合高保真的远程传输。

⑤ 可以利用数据压缩与解压技术大大减少存储空间和传输流量。

⑥ 可以利用查错纠错技术保障通信质量。
⑦ 能够利用加密与解密技术保障通信安全。

2.3.2 因特网

因特网是典型的广域网，又称互联网，或直接用"Internet"，人们也常称为"Web""WWW"和"万维网"等。

Internet 的前身是美国军用计算机网络 ARPANET。20 世纪 60 年代的美国，当时正处于美苏"冷战"时代，根据当时的国际局势，考虑到当代战争的特点，美国国防部 DOD（Department of Defence）所属的高级研究规划署 ARPA（The Advanced Research Projects Agency）开始致力于计算机网络和通信技术的研究。它们设计一套用于网络互连的协议软件（TCP/IP）并建立了实验性军用计算机网络 ARPANET，ARPA 网的成功使得很多机构都希望连入 ARPANET，但由于 ARPANET 是一个军用网络无法满足他们的要求。

美国国家科学基金会 NSF（National Science Foundation）认识到 Internet 的发展对社会的推动作用，同时，为了使美国在未来的信息社会中保持优势地位，于 1986 年资助建立了 NSFNET 网，从此 Internet 在美国迅速发展并获得巨大成功。之后连入 Internet 的用户飞速增长，形成了一个全世界范围的庞大网络。所以，Internet 就是将世界各个地方已有的各种广域网和局域网连接起来，形成一个跨越国界范围的庞大的互联网络。这个网络还在不断地扩大，最终将覆盖全世界各个角落。连接各行各业甚至每家每户，使得彼此不论在何时何地均可以进行各种信息的共享。

因特网的特点如下：

① 无论从地理范围还是从网络规模来讲，因特网都是最大的一种网络。从地理范围来说，它是跨越全球的计算机网络的互连。也可以说，因特网就是一个巨大的广域网。

② 因特网的最大的特点是不确定性，整个网络的计算机时刻随着人们是否接入网络在不断地变化。当你连接因特网时，你的计算机可以算是因特网的一部分，一旦你断开因特网的连接，你的计算机就不属于因特网了。

③ 因特网是世界上最为开放的系统，既不受地域的局限，也不受民族、宗教和思想意识的束缚，无论你身处何地，只要接入因特网，就可以对任何感兴趣的问题发表自己的观点。同时你也可以用自己感兴趣的方式，共享因特网上的各种多媒体信息和因特网服务提供商（Internet Services Provider，ISP）的服务。

④ 因特网应用 TCP/IP 协议簇，传输层运行的是 TCP，网络层运行的是 IP。其底层协议沿用了传统的物理层协议。

⑤ 任何计算机或局域网都可以接入因特网，其接入方法已成为一种专门技术，需要使用专门的接入设备，有的书籍称为"接入网"，但它是一种技术而不是一种网络。

⑥ 随着计算机的普及和信息技术的发展，因特网应用趋于多元化。不仅电子商务、电子政务都以因特网为依托，人们的上网用途也进一步向多元化发展。用户关注的信息也不再是单一的新闻，用户在网上经常查询的信息中，教育信息占 29.3%，汽车信息占 13.8%，求职招聘信息占 24.2%。在因特网服务业务方面：电子邮件、搜索引擎、网上银

行、在线交易、网络广告、网络新闻和网络游戏等服务业务仍然快速地发展着。

2.3.3 无线技术与移动商务

伴随着网络技术的发展，有线网络已经得到了全面的普及和应用，但是随着技术水平的不断提高，无线网络也慢慢地发展壮大起来。与有线网相比，无线网更加快捷、方便。计算机网络中无线技术的应用已经成为未来网络前进改革的重要选择。无线网络技术属于当前科技发展的一种综合性的技术，无线网络技术产生之后给人们带来了更加便捷的条件，使得用户使用更加方便，成功解决了传统有线计算机局域网的布线限制，以及远程教学网络速度限制等问题。

移动商务是无线技术和电子商务相结合的产物。在互联网电子商务已经广泛被广大网民接受，如火如荼发展的同时，互联网本身也在悄然变化。这其中最重要的变化之一便是互联网接入和使用方式的变化。越来越多的人希望可以借助更小巧、易于携带的终端随时随地炒股、聊天、查阅资讯、订购商品。于是，伴随着无线技术和移动终端的普及，移动商务成为拉动网络购物用户增长的重要力量。

1. 无线技术分类

1）无线城域网

无线城域网即在某以城区内不同场所的无线连接网络，较之于城区电缆与光缆技术，其消耗的成本相对较少，施工也更加方便。同时，它还是有线网络的有益补充，可以解决有线网络故障中的网络使用问题。

2）无线局域网

无线局域网是指使用无线技术，通过一种无线的方式进行信息的传播，在一个比较特殊的环境中创建一个高效的网络模式，保障用户在某特定区域范围内的网络连接。

3）无线广域网

无线广域网是指借助无线技术，把那些实际距离比较散乱的具有很强局限性的网络进行连接的通信方式。其特点是连接范围广阔，其结构包括两大部分，即：末端系统与通信系统。

2. IEEE802.11 标准与无线网络结构介绍

当前，我国国内使用的所有无线网络技术都使用的是 IEEE802.11 标准，并分别公布了 IEEE802.11a 与 IEEE802.11b，后者最大数据传输速率可达 108Mb，在使用时开放 2.4GHz 序列扩频数额，可按照不同的信号频率以及不同的情况进行速度的调整和变换。当前我国无线网络不断发展，其最大的覆盖范围能够达到 300 米，若室内有障碍阻碍，其可以覆盖的最长的物理距离有 100 米。因此，IEEE802.11b 是现如今我国使用最为广泛的无线网络。

不同的网络背景以及不同的使用者对无线网络的要求是不一样的，因此无线网络会根据不同的环境进行科学的调整。在通常情况下，无线网络的结构可以分为以下四种。

1）网桥连接式

如果因为物理原因不能与有线网络进行连接，那么不管是何种类型的网络互联过程，都可以通过无线网络路桥方式进行二者的点对点连接。它既可以为两个网络进行数据以及信息的连接,也可以进行网络协议的变换,以及相应的调整设备的数据等。

2) 从基站接入的方式

如果使用移动蜂窝的移动通信网络和无线网络进行相通,在这种情况下,每一个站点需要通过基站这个环节进行信息以及相关数据的传播,最终达到一种相互贯通的效果。从各移动站点的角度来看,它既可以达到网络的组合,也可以构建一个更加广阔的网络环境。

3) HUB 接入式

借助于无线网络 HUB 可以建设无线局域网,其结构为星型结构,其优势与有线HUB 局域无异,它能够与相互转换的以太网进行实际的运转。因此,HUB 需要具有网内转换的能力,只有这样才能够保证结果的合理。

4) 无中心结构接入的方式

这种一般运用的是公用广播渠道,而 MAC 层采用 CSMA 协议模式,在网络的环境中选择随意不同的两个站点就能够进行数据的传播。根据目前网络发展的趋势来说,能够通过以往网络环境的优点,将无线 HUB 等进行网络连接,达到网络互通的目的,可是现如今应用最多的还是使用无线上网卡的方式。

3. 无线技术使用模式

1) 对等连接模式

对等连接模式运用的是 Net BEUI 协议,在运行中无须单独接入 AP,不支持 TCP/IP,其网络覆盖下的各个基站全都能够进行对等通信。对待连接模式能够把基站自动设为初始站,同时还可以对无线网络进行最开始的处理,然后使得环境能够统一,网络能够正常地运行,并同时进行信息发送,彼此之间不受任何干扰。对等连接模式在安装与拆卸方面的优势,决定了它的适用对象为临时性网络用户。

2) 多网段互联模式

一是点对点型。主要是指两个联网位置在日常运行的过程中,为无线网提供相应的传输方式。其特点是传输距离远,传输速率快,甚至可以在运行中避免遭受外界干扰,所以得到了大众的认可与广泛应用。二是点对多点型。主要是指应用于一个中心点、多个远端点的情况,其优势在于消耗成本相对较少,且维修简单,其缺点是由于采用了扩散式的设计模式,网络传输效率较慢,基本上不能保障网络的稳定性。

3) 多个端口同时接进的方式

一是移动办公模式。它将接入点 AP 视作整个网络的中心,以星形拓扑模式为基础而建立,在互联网运行中,就算是每一个传输信息的基站不同也应该通过 AP 进行接收和转换。二是运用有线技术进行范围的扩大和延伸,也就是把无线网络的端口与有线网络相互连通,在这种方式下能够达到无线网络的高质量使用。

4. 移动商务的定义

移动商务是指移动中的商务或者是商务的移动化,移动是手段,商务是目的。移动商务是指通过连接公共和专用网络,使用移动终端来实现各种活动,包括经营、管理、交易、娱乐等。按照最终用户的类型,移动商务又分为企业移动商务和个人移动商务。移动商务就是给消费者更多方便的商业体验。对企业用户来说,移动商务可以为它们提供快速、便捷的信息服务,应用于内部办公、外部服务、信息发及定向宣传等。目前移动商务主要是指在娱乐或是短信群发的层面等的商务活动,人们可以使用手机等移动通信设备,随时随地上网,查询信息,购买产品,预订服务,既方便快捷,又节省时间。

从技术角度来看,移动商务既是技术的创新,也是一种企业管理模式的创新。手机、传呼机、个人数字助理(PDA)和笔记本电脑等移动通信设备与企业后台连接,通过无线通信技术进行网上商务活动,使移动通信网和因特网有效结合,突破了互联网的局限,更加高效、直接地进行信息互动,扩张电子商务领域,节省人力成本,使企业及时把握市场动态和动向。移动商务充分运用其移动性消除了时间和地域的限制,为电子商务活动提供便捷,使随时随地的信息传输和商业交易成为可能。因此,移动商务是利用各种移动设备和移动通信技术,随时随地存储、传输和交流各种商业信息,进行商业活动的创新业务模式。

从商务角度来看,移动商务是指对通过移动通信网络进行数据传输,并利用手机、PDA等移动终端开展各种商业经营活动的一种新电子商务模式。移动商务是与商务活动参与主体最贴近的一类电子商务模式,其商务活动中以应用移动通信技术使用移动终端为特性。由于用户与移动终端的对应关系,通过与移动终端的通信可以在第一时间准确地与对象进行沟通,使用户更多脱离设备网络环境的束缚最大限度地驰骋于自由的商务空间。那些满世界飞来飞去的销售人员和高级经理们,都可以通过无线掌上电脑,与企业ERP系统和OA系统随时随地地无线连接;在掌上电脑小小的屏幕上,他们可查看客户的付款和信用状况,将自己的日程安排告诉整个工作小组的其他成员,或是通过无线EMAIL为大客户申请特别的价格优惠和信用额度,在到达纽约或上海的办公室后,通过一张无线上网的网卡,他们就可以接入当地公司的宽带,叫醒远在新加坡的工程师,开一个网上的电视会议。

5. 移动商务的特点

移动商务是能够为人们生活带来变革的业务,它主要特点表现在以下几方面。

1) 无所不在

移动交易不受时间和地点的限制。在无线网络技术不断发展与推广下,基础建设亦日趋完善。任何人仅须拥有移动上网装置如笔记本电脑、PDA、手机等,在任何时间、地点不但可享有无线网络的相关应用,还可即时获得所需要的资讯内容。对企业移动工作者而言,随时携带庞大资料出入的时代已成为过去,透过移动装置、无线网络与企业内部资源系统的整合,将可实现即时查询企业内部资讯功能,并通过此管道,回传资讯或进行交易。

2) 即时价值

移动商务可以随时响应工作,提高效率,大大节省客户交易的时间。通过移动商务,用户可随时随地获取所需的服务、应用、信息和娱乐。他们可以在自己方便的时候,使用智能电话或PDA查找、选择及购买商品和各种服务。采购可以即时完成,商业决策也可以马上实施。服务付费可以通过多种方式进行,可直接转入银行、用户电话账单或者实时在专用预付账户借记,以满足不同需求。

3）个人化服务

使用者在任何地点与时间所传递的资讯,经过如数据挖掘等技术分析后,将可形成最具价值的资讯,同时也可作为企业针对个人或整体服务的参考依据。移动商务能完全根据消费者的个性化需求和喜好定制,设备的选择以及提供服务与信息的方式完全由用户自己控制。

4）位置响应

位置定位和跟踪是移动商务无线技术基础最具特色的功能,主要如 GPRS 定位系统的应用,移动商务还可以提供与位置相关的交易服务。

2.4 数据库技术

2.4.1 数据库管理概述

数据管理是指对数据进行收集、整理、组织、存储、检索、维护和传送等操作处理。它是数据处理的中心问题,而数据的处理是指对各种数据进行收集、管理、加工和传播等一系列活动的总和。随着数据处理量的增长,数据管理技术应运而生。在应用需求的不断推动下、在计算机软硬件发展的基础上,数据管理技术得到不断地发展。

以下详细介绍数据管理技术的三个发展阶段。

1. 人工管理阶段

人工管理阶段是指在 20 世纪 50 年代中期以前。这个时期计算机应用范围较窄,主要用于科学计算。计算机的软硬件发展水平低下,硬件上外部存储器只有卡片、纸带、磁带,没有能直接读取的存储设备(如磁盘等);软件上只有汇编语言编写的计算软件,还没有操作系统软件,更没有专门管理数据的软件。数据处理的方式基本上是批处理,所有数据完全由人工进行管理。图 2-16 描述了数据与应用程序之间的对应关系。可见,人工管理阶段数据管理具有如下特点。

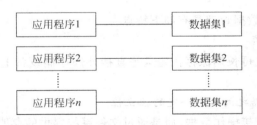

图 2-16 数据与应用程序之间的关系

1）数据不保存

当时计算机主要用于科学计算,一般不需要将数据长期保存在计算机内。在进行计算时,系统将应用程序与数据一起装入,运行结束后就释放它们占用的程序空间和数据空间。不只对用户数据如此处理,对系统软件有时也是这样的。

2）没有专用的数据管理软件

没有专用的软件对数据进行管理,一组数据对应一个应用程序,应用程序与其处理的数据结合成一个整体。程序员不仅需要规定数据的逻辑结构,还要在程序中设计好数据的物理结构,如存储结构、存取方法、输入输出方式等。因此程序员负担很重。

3) 数据不能共享

数据是面向具体应用程序的,一组数据只能对应一个程序。当两个应用程序涉及某些相同的数据时,必须在各自程序中定义自己的数据存储和存取方式,不能共享相同的数据定义,程序之间存在大量的冗余数据。

4) 数据不具有独立性

应用程序对数据结构存在依赖性。数据的逻辑结构或物理结构发生变化后,应用程序必须做出相应的修改,否则程序就不能正确运行。因此,数据不具有独立性,加大了程序员的工作负担。

2. 文件系统阶段

文件系统阶段是指20世纪50年代后期至60年代中期。这个时期计算机的应用范围逐渐扩大,计算机不仅用于科学计算,而且还大量用于信息处理。计算机在软硬件上均取得了一定的发展。硬件上出现了磁盘、磁鼓等直接外部存储设备;在软件上高级语言和操作系统已经有了比较完善的产品,操作系统中有了专门的数据管理软件,称为文件系统。数据处理的方式不仅有批处理,而且能够联机实时处理。文件与应用程序之间的关系如图2-17所示。

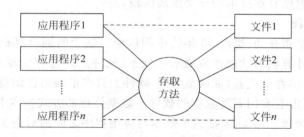

图 2-17 文件与应用程序之间的关系

在文件系统阶段,数据管理具有如下特点。

1) 数据可长期保存

数据以文件的形式可长期保存在磁盘等直接外部存储设备上,并可以多次进行存取操作。

2) 应用程序和数据之间具有一定的独立性

应用程序一般不直接操作数据,而是通过文件系统提供的存取方法对数据进行处理,因此应用程序和数据之间具有"设备独立性",即应用程序访问数据只需知道文件名即可,而不必关心数据的物理位置。

3) 文件组织形式多样

为了提高应用程序的处理效率,文件结构通常面向具体应用进行设计。文件组织形式呈多样化,有索引文件、链接文件和直接存取文件等,既可以满足批处理应用,又能有效地实现随机存取记录。

利用文件系统管理数据较人工管理数据无疑是一个巨大的进步,但仍存在如下缺点。

① 数据联系弱。在文件系统中，文件之间相互独立、缺乏联系，不能反映现实世界事物之间的内在联系，人力制造"信息孤岛"。如果要实现数据之间的联系，只能用应用程序去构造，这样不但增加了应用程序编写的工作量和复杂度，且也难以保证其正确性。

② 数据共享性差，冗余度大。尽管从理论上讲不同应用程序可以实现不同文件的共享，但由于文件结构在设计时仍然是面向具体应用的，一个（或一组）文件基本上对应于一个应用程序，文件之间缺乏联系，因此，不同的应用程序即使有部分相同的数据，共享起来也相当困难，各应用程序的数据在组织存储时通常需要建立各自的文件（或文件组），这样就导致了大量数据冗余。

文件系统阶段是数据管理技术发展过程中的一个重要阶段。在这一阶段中，文件技术、数据结构和算法有了充分发展。但由于文件系统的数据管理能力简单，且它只能附属操作系统而不能成为独立部分，目前一般将其看成数据库系统的雏形，而不是真正的数据库系统。

3. 数据库系统阶段

自 20 世纪 60 年代后期以来，随着计算机应用领域的日益拓展，计算机用于数据管理的规模越来越大，基于文件系统的数据管理技术由于自身缺陷已无法满足实际应用的需要。这一时期，计算机的硬件技术得到了飞速发展，大容量、快速存取的磁盘存储设备陆续进入市场，硬件价格不断下降；软件则价格上升，为编制和维护系统软件和应用程序的成本相对增加。为了解决多用户、多应用程序共享数据的需求，使数据为尽可能多的应用服务，众多厂家、学者竞相投入新一代数据管理技术的研究与开发中，数据库技术在这一背景下应运而生，出现了统一管理数据的专门软件系统——DBMS。

数据管理技术进入数据库系统阶段的标志是 20 世纪 60 年代末期和 70 年代初期数据管理技术领域发生的三件大事：一是 1968 年美国 IBM 公司推出基于层次数据模型的 IMS(information management system)数据管理系统；二是 1969 年美国 CODASYL (Conference On Data System Language)组织发布了 DBTG(Data Base Task Group)报告，提出了网状模型；三是 1970 年美国 IBM 公司研究人员 E. F. Codd 发表了论文《大型共享数据库数据的关系模型》，提出了关系模型，为关系数据库技术奠定了理论基础。

数据库系统克服了文件系统在数据管理上的缺陷，对数据提供更高级、更有效的管理。应用程序和数据之间的对应关系如图 2-18 所示。概括起来，数据库系统阶段的数据管理具有如下特点。

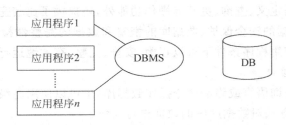

图 2-18 应用程序和数据之间的对应关系

1）数据结构化

数据库系统实现了整体数据的结构化，这是数据库系统的主要特征之一，也是数据库系统与文件系统的本质区别。在数据库系统中，数据在组织时不再仅仅针对某一个具体应用，而是面向整个信息系统的全部应用程序将各种数据按照某种数据模型组织到一个结构化的数据库中，由 DBMS 统一管理和存取；不仅各具体应用的数据内部是结构化的，而且各具体应用的数据之间是具有联系的，整体上也是结构化的；数据的存取方式也很灵活，可以存取数据库中的某一个数据项、一组数据项、一个记录或一组记录。

例如，在高校信息管理系统中，不仅需要对学生的成绩、学籍、选课进行管理，还需要对学生的学费收缴、食宿消费、图书借阅等信息进行管理。如果采用文件系统对这些数据进行管理，相应数据将会根据各具体职能部门管理的实际需要分别组织存放在相互独立的文件中，这些有客观联系的数据被人为地割裂开。如果采用数据库系统对这些数据进行管理，则是面向所有职能部门从全局上对这些数据进行组织和描述，不仅描述数据本身，还将描述数据之间的联系。

2）数据共享性高、冗余度低、易扩充

数据库系统从整体角度看待和描述数据，数据不再面向某个具体应用而是面向整个信息系统，因此数据可以被多个用户、多个应用共享使用。数据共享大大减少了数据冗余，节约了存储空间，同时也避免了数据之间的不相容性与不一致性。数据面向整个信息系统结构化组织，大大提高了信息系统的可扩展性和可维护性。当信息系统的应用需求改变或增加时，只要重新选取不同的子集或加上一部分数据，便可以满足新的需求。

3）数据独立性高

数据独立性是指应用程序与数据库的数据结构之间相互独立。数据独立性包括数据的物理独立性和数据的逻辑独立性两方面。物理独立性是指应用程序在使用数据时无须考虑数据的实际物理存储，即不须关心实际数据究竟存储在磁盘什么位置、采用何种方式存储等问题。当数据的物理存储改变时，程序不用改变。逻辑独立性是指应用程序在编写时只需考虑其所使用数据子集的逻辑结构即可，无须考虑数据库中数据的整体逻辑结构。如果整体逻辑结构改变不影响应用程序所使用到的局部逻辑结构，应用程序就无须改变。

4）统一的数据管理和控制

在数据库系统中，数据由专门的软件系统——DBMS 进行统一管理和控制。DBMS 除了提供统一的数据定义、查询、更新等操作功能外，还提供了比较完备的数据控制功能：数据的并发控制、数据的安全保护、数据库的恢复和数据的完整性检查，使得数据库中的数据在多用户和多应用程序条件下可以正确、安全、完整、有效地运行。

5）方便的用户接口

用户可以使用查询语言或终端命令操作数据库，也可以使用高级语言（如 Java、C++、C 等语言）采用程序方式对数据库中的数据进行操作。

从文件系统发展到数据库系统是数据管理技术的一次重大革命。在文件系统阶段，人们关注的问题是信息系统功能的设计，应用程序处于主导地位，数据以"私有"形式从属于应用程序。在数据库系统阶段，数据在数据库系统中占主导地位，应用程序退居到附属地位,用户通过 DBMS 对数据库系统中的数据统一管理,提高了数据的利用率和相容性,也有利于应用程序的研制和维护。

2.4.2 数据模型

模型是对现实世界客观事物某些特征的模拟和抽象。模型可分为实物模型和抽象模型。例如:建筑模型、汽车模型等都是实物模型,它们通常是客观事物的某些外观特征或者内在功能的模拟与刻画;人口增长模型、身高预测模型等都是抽象模型,它们通常揭示客观事物某些本质的固有特征。

数据模型是一种抽象模型,是对现实世界客观事物及其联系的数据特征的抽象。由于计算机不能直接处理现实世界中的客观事物,所以必须按照一定方法将它们的某些特征抽象成计算机能够处理的数据格式,这种数据格式就是数据模型。在数据库系统中普遍采用数据模型作为基本工具来表示和处理客观事物及其联系的数据特征,数据模型为数据库系统的信息表示、组织和操作提供了必需的抽象框架,是数据库技术的核心和基础。

在数据库系统中,要将现实世界的客观事物抽象成 DBMS 能够进行管理的数据一般要经历两个层次的抽象,如图 2-19 所示,即从现实世界到信息世界的抽象,再从信息世界到机器世界的抽象。现实世界是存在于人脑之外的客观世界,是指客观存在的各种事物、事物之间的相互联系以及事物的发生、发展和变化过程等;信息世界是现实世界在人脑中的抽象反映,是指现实世界中的客观事物及其联系经过认知、选择、命名、分类等综合分析抽象形成的各种概念;机器世界也称计算机世界、数据世界,是指信息世界中的信息经过一定的组织、转换形成的能被计算机处理的各种数据。在对现

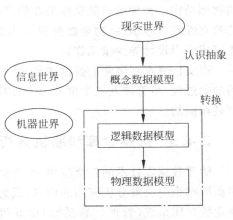

图 2-19 数据抽象过程

实世界进行数据抽象过程中,第一层次的抽象采用概念数据模型来模拟和描述;第二层次的抽象采用逻辑数据模型、物理数据模型分别对数据在计算机中的逻辑组织结构和物理存储结构进行描述。

1. 概念数据模型

概念数据模型也称信息模型,是对现实世界的第一层次抽象,是面向现实世界、面向用户的数据模型。其基本特征是按用户的观点对现实世界客观事物及其联系的数据特征进行建模,是数据库设计人员和用户交流的工具,与具体的计算机和 DBMS 无关。概念数据模型的作用与意义在于描述现实世界的概念化结构,使数据库设计人员在设计的初始阶段能够摆脱计算机系统和 DBMS 的具体技术问题束缚,集中精力分析数据之间的联系,充分有效地与用户进行交流与沟通,使设计能真实反映现实世界的实际情况。

2. 逻辑数据模型

逻辑数据模型也称结构数据模型,是对现实世界的第二层次抽象,是一种面向数据库逻辑结构的数据模型。其基本特征是按计算机系统的观点对概念数据模型抽象而来的信息进行建模,与具体的计算机系统和 DBMS 相关。这类模型具有严格的形式化定义,以便在 DBMS 中实现。逻辑数据模型通常有一组严格定义的无二义性语法和语义的数据库语言,可以通过这种语言来定义、操作数据库中的数据。逻辑数据模型可由概念数据模型转换得到,转换工作可以由数据库设计人员完成,也可以由数据库设计工具协助数据库设计人员完成。

逻辑数据模型是数据库技术中最重要的概念之一,任何一个 DBMS 都以某一个逻辑数据模型为基础,或者说支持某一个逻辑数据模型。在许多数据库专业书籍中,为了叙述方便,常将逻辑数据模型简称为数据模型。

3. 物理数据模型

物理数据模型是对数据最低层的抽象,是一种面向计算机系统内物理数据表示的数据模型,与具体的计算机系统和 DBMS 相关。物理数据模型给出了数据在计算机中存储的物理结构。每种逻辑数据模型在实现时都要有其对应的物理数据模型。为了保证数据的独立性和可移植性,物理数据模型的实现一般由 DBMS 自动完成,数据库设计人员只需完成索引设计等少量工作。

现实世界客观事物的数据抽象是一个由客观到认识、再由认识到使用不断循序渐进的抽象过程,尽管涉及三个世界,采用的数据模型有所不同,但所反映或代表的事物本质却是相同的。

2.4.3 数据仓库和联机分析处理

随着数据库技术的广泛应用,企业信息系统产生了大量的数据,如何从这些海量数据中提取对企业决策分析有用的信息,成为企业决策管理人员所面临的重要难题。传统的企业数据库系统(管理信息系统)即联机事务处理系统(On-line transaction processing,OLTP)作为数据管理手段,主要用于事务处理,但它对分析处理的支持一直不能令人满意。因此,人们逐渐尝试对 OLTP 数据库中的数据进行再加工,形成一个综合的、面向分析的、更好地支持决策制定的决策支持系统(decision support system,DSS)。

企业目前的信息系统的数据一般由 DBMS 管理,但决策数据库和运行操作数据库在数据来源、数据内容、数据模式、服务对象、访问方式、事务管理乃至存储等方面都有不同的特点和要求,因此直接在运行操作的数据库上建立 DSS 是不合适的。

数据仓库(data warehouse)技术就是在这样的背景下发展起来的。构建数据仓库就是根据预先设计好的逻辑模式,从分布在企业内部各处的 OLTP 数据库中提取数据,并经过必要的变换最终形成全企业统一模式数据的过程。当前数据仓库的核心仍是 RDBMS 管理下的一个数据库系统。数据仓库中数据量巨大,为了提高性能,RDBMS 一般也采取一些提高效率的措施:采用并行处理结构、新的数据组织、查询策略、索引技术等。

包括联机分析处理(On-line analytical processing,OLAP)在内的诸多应用促使牵引、驱动了数据仓库技术的出现和发展;而数据仓库技术反过来又促进了 OLAP 技术的发展。联机分析处理的概念最早由关系数据库之父 E.F.Codd 于 1993 年提出。Codd 认为,联机事务处理 OLTP 已不能满足终端用户对数据库查询分析的要求,SQL 对大数据库的简单查询也不能满足用户分析的需求,用户的决策分析需要对关系数据库进行大量计算才能得到结果,而查询的结果并不能满足决策者提出的需求。因此,Codd 提出了多维数据库和多维分析的概念即 OLAP。

OLAP(联机分析处理)是针对特定问题的联机数据访问和分析。通过对信息(维数据)的多种可能的观察形式进行快速、稳定一致和交互性的存取,允许管理决策人员对数据进行深入观察。OLAP 委员会对联机分析处理的定义为:使分析人员、管理人员或执行人员能够从多种角度对从原始数据中转化出来的、能够真正为用户所理解并真实反映企业维特性的信息,进行快速、稳定、一致、交互的存取,从而获得对数据更深入了解的一类软件技术。

OLAP 分析和数据仓库的关系十分紧密,数据仓库的建立解决了依据主题进行数据存储的问题,提高了数据的存取速度;而 OLAP 分析构成了数据仓库的表现层,将数据仓库中的数据通过不同的维和指标,灵活地展现出来,提高了数据的展现能力,进而提高了数据的分析能力。OLAP 对数据仓库具有很强的依赖性。没有数据仓库,OLAP 将很难实现;同样,在数据仓库选择主题时,也要参考 OLAP 分析的维度、指标,才能更好地为信息展示服务,为决策者进行业务分析提供依据。

数据仓库与 OLAP 的关系是互补的,现代 OLAP 系统一般以数据仓库作为基础,即从数据仓库中抽取详细数据的一个子集并经过必要的聚集,存储到 OLAP 存储器中供前端分析工具读取。在数据仓库应用中,OLAP 应用一般是数据仓库应用的前端工具,同时 OLAP 工具还可以同数据挖掘工具、统计分析工具配合使用,增强决策分析功能。典型的 OLAP 系统体系结构如图 2-20 所示。

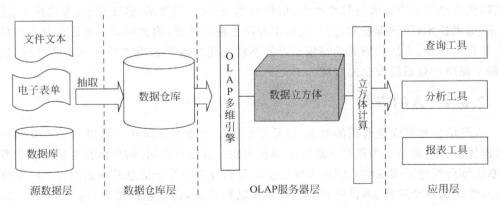

图 2-20 典型的 OLAP 系统体系结构

整个 OLAP 系统可采用 B/S 模式,大致分为四层:第一层是源数据层,存储了企业的业务细节数据;第二层是 OLAP 数据仓库层,数据抽取程序将源数据按主题进行归纳整理,存入 OLAP 数据库中,提供适合 OLAP 分析的详细、集成、准确的客户基础数据;第三层是 OLAP 服务器层,保存了分析所需的客户聚集数据和相关的元数据,代理用户的分析请求,获取分析数据并返回给用户;第四层是应用层,让用户根据模型信息,提交分析请求,然后将获得的数据按用户需要的方式展现。

2.5 信息系统安全

信息系统的安全之所以重要,是因为以下几方面。

① 信息系统的重要应用成为受威胁和攻击的目标。因为信息系统存储和处理事关国家安全的政治、经济、军事情况及一些部门、组织的机密信息或个人的敏感信息,因此成为国外敌对国家情报部门和一些组织或个人威胁与攻击的目标。

② 信息系统本身的脆弱性成为不安全的内在因素。信息系统本身的脆弱性以及硬件和软件的开放性,加之缺乏完善的安全措施,容易给犯罪分子以可乘之机。

③ 随着计算机功能的日益完善和运行速度的不断提高,系统组织越来越复杂,其本身存在的隐患就成为不安全因素。另外,随着计算机网络的快速发展,规模也越来越庞大,更增加了隐患和被攻击的区域及环节。

④ 随着应用的需要,计算机使用的场所逐渐从条件优越的机房转向工业、野外、海上、天空、宇宙、核辐射环境,其气候、力学、电磁和辐射等应力都比机房恶劣,恶劣的环境条件会导致计算机出错概率和故障的增加,其可靠性和安全性便受到影响。

⑤ 随着信息系统的广泛应用,应用人员队伍不断扩大,各层次的应用人员增多,人为的某些因素,如操作失误的概率增加,会威胁信息系统的安全。

⑥ 安全是针对某些威胁而言的,对信息系统来说,许多威胁和攻击是隐蔽的,防范对象是广泛的、难以明确的、即潜在的。

⑦ 信息系统安全涉及许多学科,既包含自然科学与技术,又包含社会科学。就技术而言,信息系统安全涉及计算机技术、通信技术、存取控制技术、验证技术、容错技术、诊断技术、加密技术、防病毒技术、抗干扰技术和防泄漏技术等,因此它是一个综合性很强的问题,并且其技术、方法和措施还要根据外界不断变化的威胁和攻击情况下不断变化,这就增加了保障信息系统安全的难度。

2.5.1 人的安全

人是信息系统安全管理的对象,更是系统安全的动力。人并不是以一个孤立的个体(或群体)出现,而是作为信息系统安全管理中的一员而存在,任何个体行为都是在它所处的系统综合管理下实现的。信息系统安全人员管理应贯穿于信息系统规划、设计、实施和运行、维护的各个阶段,不仅是对人的行为限制和约束,还是包括教育、疏导和培养、保护信息系统参与者实施规范允许的行为,为他们充分地参与信息活动提供保障。

1. 信息安全管理目标

必须明确信息安全管理的目标是提高与网络信息系统有关人员的安全技术素质,增强信息安全道德、伦理与法制观念,减少人员失误,确保信息系统的可靠性、完整性和可用性。

2. 信息安全意识教育

信息安全易被人忽视，90％信息安全问题是由于缺少安全意识引起的。网络安全意识可以通过多种多样、多姿多彩、集实效性、知识性、群众性为一体的信息安全文化活动，宣传信息安全观念与知识。对信息系统工作人员，如操作员、系统管理员、系统设计人员，由于他们对系统的功能、结构比较熟悉，对系统威胁很大，须进行全面的安全、保密教育，进行职业道德和法制教育；对从事国家机密、军事机密、财政金融或人事档案等重要信息系统工作的人员更应重视教育，并挑选素质好、品质可靠的人员担任。

3. 信息安全人才培养

信息安全是高科技、高知识、高智能和高智商的战争，需要一流的人才、一流的技术、一流的产品。我国信息安全人才短缺，加速信息安全人才的培养是当务之急。信息安全既是一项很重要的技术，又是一个专业面较窄、涉及的知识范围宽、对专业要求很高的专业。信息安全人才培养的方式应该以研究生或培训班为主，可在信息学科领域设置信息安全学科的硕士点或博士点。

2.5.2 技术的安全

技术的安全是信息系统安全的重要保障。实施安全技术，不仅涉及计算机和外部设备及其通信与网络等实体，还涉及数据安全、软件安全、网络安全、运行安全和防病毒以及结构与工艺技术。安全技术应贯彻于系统分析、设计、运行和维护及管理的各个阶段。

信息系统的安全技术，主要包括以下几个方面。

1. 实体安全

实体安全主要是指为保障计算机设备和通信线路及设施（建筑物等）的安全，预防地震、水灾、雷击、火灾，满足设备正常运行环境的要求（如供电、机房温度和湿度、灰尘要求、电磁屏蔽要求）而采用的技术和方法；为维护系统正常运行而采用的监测、报警维护等设备和技术；为防止电磁辐射泄漏而采取的低辐射产品、屏蔽或反辐射技术和各种设备的备份等。

2. 数据安全

数据安全主要是为保障信息系统中数据库（或数据文件）免遭破坏、修改、泄露和窃取等威胁和攻击而采用的技术方法，包括各种用户识别技术、口令验证技术、存取控制技术和数据加密技术，以及建立备份、异地存放、妥善保管等技术和方法。

3. 软件安全

软件安全主要是指为保障信息系统中的软件免遭破坏、非法破坏、非法使用而采用的技术和方法，包括各种口令的控制与鉴别技术、软件防复制和防动态跟踪技术等。

4. 网络安全

网络安全是指为保障网络及其结点安全而采用的技术和方法。它主要包括报文鉴别技术、数字签名技术、访问控制技术、数据加密技术、密钥管理技术；保障线路安全、传输安全而采用的安全传输介质；网络监测、跟踪及隔离技术；路由控制和流量分析控制技术等。

5. 运行安全

运行安全包括安全运行与管理技术、系统的使用与维护技术、随机故障维修技术、软件可靠性与可维护性保障技术、操作系统的故障分析与处理技术、机房环境的监测与维护技术、设备运行状态的记录及统计分析技术等,以便及时发现运行中的异常情况,及时报警,同时提示用户采取适当措施。

6. 防病毒

计算机病毒威胁信息系统安全,已成为一个重要问题。要保障系统安全运行,除了采取通常的安全运行与管理的技术措施之外,还要用各种病毒扫描和消除工作,定期地检测、诊断和消除系统中的病毒,并采取预防方法,防止病毒再入侵。

2.5.3 管理的安全

管理是依据系统的实践活动,为维护系统安全而建立和制定的规章制度与职能机构。这些制度主要有以下方面。

① 组织和人员制度。包括机构、人员的安全意识和技术培训及人员选择,严格的操作守则,严格的分工原则。严格区分系统管理员、终端管理员和系统设计人员等角色,不允许工作交叉。

② 运行维护和管理制度。包括设备维护制度、软件维护制度、用户管理制度、机房保卫制度、密钥管理制度、出入门管理、值班守则、操作规程、行政领导定期检查和监督等制度。

③ 计算机处理的控制与管理制度。包括编程控制、程序和数据的管理,复制及移植、存储介质的管理,文件的标准化及通信和网络的管理。重要计算机要专机专用,不允许兼作其他用机。终端操作员因事离开终端时必须将终端退回到登录界面,避免其他人员使用该终端进行非法操作。

④ 对各种资料要妥善保管,严格控制。各类人员所掌握的资料要与其身份相适应。例如,终端操作员只能阅读终端操作手册,系统管理员只能阅读和使用系统手册。

重要信息系统的安全组织机构包括安全审查机构、安全决策机构、安全管理机构和领导机构等。安全管理机构必须由安全、审计、保安、系统分析、软硬件技术人员、通信等有关方面的人员组成。其中安全管理、保安和系统管理人员的职责如下:

① 安全管理人员具体负责本系统区域内的安全策略的实现,保证安全策略的长期有效;负责安全设备安装维护、日常操作监视,应急条件下安全措施的恢复和风险分析等;以及对系统修改的授权,对特权和口令的授权,对违章报告、报警记录、控制台记录的审阅和安全人员的培训,遇到重大问题时及时向主管领导报告等。

② 保安人员主要负责非技术性的常规工作,如信息系统场地的警卫、办公室的安全、验证出入管理的手续和各项规章制度的落实。

③ 系统管理人员的主要任务是安装和升级系统,控制系统的操作、维护和管理,使系统处于可靠的运行状态。

本 章 小 结

本章介绍了管理信息系统的概念与结构,阐述了管理信息系统的定义和特点,分析了基于管理任务的系统层次结构、基于管理职能的管理信息系统结构以及两者的综合;介绍了企业信息系统的基础设施,分析了计算机硬件和软件的发展趋势,阐述了云计算的基本概念;介绍了计算机网络和通信的基本概念;介绍了数据库技术,分析了数据模型,解释了什么是数据仓库和联机分析处理;介绍了信息系统安全以及三道防线,分别从人的安全、技术的安全、管理的安全方面加以阐述。

思考与练习

1. 什么是管理信息系统,它有什么特点?
2. 计算机硬件由哪些组成?
3. 云计算的部署模式有哪些?
4. 按照地理位置划分,计算机网络分为几种类型,分别是什么?
5. 在计算机通信中,什么是并行传输,什么是同步传输?
6. 什么是数据仓库?
7. 为什么要保障信息系统安全,怎样确保人的安全?

管理信息系统建设篇

第 3 章 信息系统战略规划与开发

　　信息系统的战略规划是信息系统生命周期的起始阶段,主要明确信息系统的发展方向、系统的规模和开发的方式。信息系统的开发是在信息系统规划的基础上,根据规划的内容实现信息系统目标和功能的过程。

　　本章介绍信息系统战略规划的相关概念和战略规划的方法,并在规划的前提下,介绍信息系统开发的过程和方法。

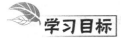

1. 掌握信息系统开发的方法。
2. 了解信息系统规划的目标、任务和步骤。
3. 能够利用合适的信息系统规划方法进行信息系统的规划。
4. 了解如何进行系统的可行性研究,并能够撰写可行性研究报告。

马鞍山钢铁公司管理信息系统开发案例

一、概述

　　马钢计算机管理信息系统(MGMIS)的建设可以追溯到 20 世纪 90 年代初。当时马钢公司的领导开始关注公司的信息化工作和管理现代化,成立了马鞍山钢铁公司信息管理现代化领导小组(1999 年 12 月将该领导小组更名为马钢股份有限公司信息化领导小组)。公司管理部门的领导大部分是领导小组成员,十年来,公司的历任领导都担任过该领导小组组长。马钢管理信息系统(MGMIS)就是在该领导小组的直接领导下,从分析、设计、开发、应用一步步走过来的。在"八五""九五"期间取得了令人瞩目的进展。

　　从 1991 年开始启动 MGMIS 建设,并抓住了改革开放和股份制改制的时机,投入一定量的资金,迅速构建了以马钢 FDDI 为主干网的覆盖全公司各部门、生产厂的网络系统;以 VAX7620、ALPHA2100 等中小型计算机为主服务器;采用关系型数据库管理系统 ORACLE 7 和第四代开发工具(CASE)完成了生产、财务、销售、材料、炉料等十余个计算机管理子系统的开发。基本完成了马钢管理信息系统的主框架。经过多年来的规划、建设,应用系统的不断深入,水平不断提高,马钢管理信息系统正逐步成为马钢的基本工作模式。

二、MGMIS 的目标

马钢管理信息系统（MGMIS）将收集、存储、传输和处理生产经营、物资保障、设备维修、人才等各方面的信息，为公司事务处理、决策、分析提供各种信息；加快信息反馈速度；代替人工完成诸如统计、汇总、比较分析等繁杂的工作；提高管理工作效率，从而获取最佳经济效益。

1. 近期目标

马钢把计算机应用和联网能力扩大到人事、劳资、经贸、基建、矿山、能源、环保、医疗卫生以及房地产管理和党政系统办公自动化，逐步实现马钢的计算机集成制造系统（MG-CIMS）。

2. 远期目标

① 建立一个一体化的集成系统，从马钢的全局出发，统一编码，统一名称，统一数据规范；实现计划、生产、财务、经销、质量、科技、安全以及原材物料、设备、备件、采购供应的计算机管理；坚持数据从数据发生地即时输入，避免重复输入。

② 建立共享的集中式的大型数据库和各部门专用的分布式、数据库系统。

③ 建立覆盖全公司的计算机主干网。

各个子系统均有自己的目标，这里不再赘述。

三、马钢管理信息系统开发的原则

马钢 MIS 系统建设的各个阶段，均得到公司各级领导的支持和指导。这是马钢 MIS 获得成功的重要保障。

① 公司总经理亲自主持召开了第九次经理办公会，讨论并通过了《马钢管理信息系统可行性研究与总体设计报告》，为了加快公司的 MIS 建设，决定成立马钢公司信息中心，这就为马钢 MIS 建设奠定了基础。

② 公司历届总经理亲自担任信息管理现代化领导小组（现更名为信息化领导小组）组长，领导马钢 MIS 系统的实施。在马钢 MIS 系统建设的各个关键时刻，领导小组都及时召集会议，参与决策做出指导，保证了 MIS 系统建设的顺利进行。

③ 公司明确由总工程师为马钢 MIS 系统的总负责人。

④ 公司明确规定各个部门的行政领导是该部门管理信息子系统的第一责任人，统一领导业务部门与开发人员组成的开发队，实施 MIS 工程。由于有了上述各点，使得马钢 MIS 一步一个脚印，扎扎实实地向前发展。

四、马钢信息系统开发的方式

在改革开放的环境下，人才流动是必然的，企业不必什么软件都自己开发。为了加快企业信息化步伐，应用系统可以自己做一点，可以买一点，也可以采取合作的方式进行开发。在国家经贸委和冶金局的帮助下，马钢 MIS 系统建设的第三阶段，东北大学信息学院，参加了"大型钢铁联合企业计算机管理系统示范工程"（马钢管理信息系统）的部分工作。在应用系统的总体设计和财务管理系统的开发方面，做了大量的卓有成效工作，并在设计方法、开发组织等方面，为马钢树立了很好的榜样。东北大学信息学院还利用在马钢做项目的机会，花了三年时间，组织培训班，讲授 IDEF0 设计，面向对象技术，培训马钢工程技术人员，为马钢培养了一批工程硕士，这对促进马钢 MIS 的建设起了很好的作用。

五、马钢信息系统的效益

马钢股份公司各子系统的成功应用,给公司带来了显著的经济效益。

1. 提高企业管理水平

通过计算机应用系统的开发,进一步规范了各管理部门的业务流程,按照现代企业制度,进行机构重组(部分);充分发挥计算机技术的优势,提高各部门业务的处理能力,加快信息反馈速度;提高管理信息的准确性、及时性,提高了企业对市场的敏感机制;实现少纸办公,提高了工作效率,节约了人力资源。

2. 降低库存

采用计算机、网络、数据库技术,开发了马钢材料、炉料、设备、备件管理子系统。对库存物资进行动态管理。按照零库存的管理思想,在保障生产的前提下,力争少库存,或变企业库存为社会库存。逐年减少企业库存、将库存资金降下来。材料库存降了近一亿元。其他物资库存也略有下降。

3. 比价采购、降低采购费用

计算机系统及时提供各种原料、物料的市场行情,开展货比三家、比价采购的策略,降低公司物资的采购费用,效益也十分明显,仅1999年材料公司就降低流动资金占用3 123万元。炉料公司也节约采购资金上百万元。

4. 加快资金周转、提高资金回笼率

由于计算机参与管理,加快产销运行节奏,加快资金周转(资金回笼周期缩短20天)、提高资金回笼率,适时调整销售策略,提高市场敏感机制、减少销售成本。经测算综合经济效益超过3 863.6万元。

5. 辅助生产调度、保证生产顺行、提高企业经济技指标,加强考核、降低制造成本,都起到了很好的作用。公司制造成本每年递减7%(约4亿元),已累计降低成本10亿元以上。

问题

1. 马钢信息系统建设成功的原因在哪些方面?
2. 马钢在信息系统建设项目初期中做了哪些工作?

信息系统在构建初期,应在全面考虑组织环境、组织自身能力、组织发展需求的前提下,制订信息系统的总体规划。一方面使整个系统在构建的过程中能够有依据可循;另一方面信息系统需要按照一定的过程进行开发。这是企业需要投入巨大的资源才能够完成的工作,因此,制订系统规划可以避免不必要的风险和人力、财力的浪费。

信息系统开发是指通过一定的思想、逻辑、途径以及工具的组合,实现信息系统规划时对信息系统功能的要求,是实现信息系统建设的过程。

3.1 信息系统的开发方法

信息系统在开发过程中会涉及众多的开发方法和开发方式。信息系统开发的方式方法是信息系统建设的重要环节,会直接影响未来整个项目的开发进程、资金的规划、组织的形式等多个方面。

信息系统的开发方法包括结构化生命周期法、原型法和面向对象开发方法。

3.1.1 结构化生命周期法

结构化生命周期法是一种自上向下分析和设计系统的方法,该方法认为系统是从产生、发展到淘汰的一个周期性的过程,在整个周期的每个环节都要求严格的管理,包括要完成的工作、使用过程中的记录及各项文档等均要求标准化的管理。由于结构化生命周期法以系统的角度来分析问题和解决问题,能够从整体的角度看待问题,因此,这种方法在 20 世纪七八十年代极为盛行,所开发的信息系统也取得了较好的效果。

1. 结构化生命周期法的含义

"结构化"一词来源于软件工程学和系统工程,在信息系统的开发过程中,将这种思想引入进来,以系统的思维,按照自上向下的原则,从最上层入手,逐层深入,结构化、模块化地对系统进行分析和设计,将整个系统开发的过程分为不同的阶段,分别针对不同的阶段,采用不同的方法进行开发。在系统实施和维护的过程中,采用自下向上的原则逐步实施,逐渐形成一个整体的系统。

2. 信息系统的生命周期

企业在发展的过程中,会随着外部环境、内部结构及企业自身发展需求,对信息系统产生不同的需求,需要不断地改进和更新,甚至淘汰原有信息系统,重新建设新的信息系统,并按照这样的规则循环往复,形成一个固定的生命周期。因此,信息系统的生命周期可以划分为五个阶段,如图 3-1 所示。

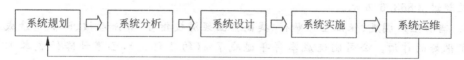

图 3-1 信息系统的生命周期

1)系统规划

系统规划的主要工作是通过对组织内外部环境的分析,确定组织信息系统需要实现的目标,在此基础上形成信息系统的总体框架方案,并安排信息系统开发的计划。

2)系统分析

系统分析的主要工作是整合现有的资源,根据系统规划对企业的相关业务和资源进行初步调查,并在初步调查的基础上进行系统的可行性分析,并提出可行性分析报告。对于可行的方案,应对现有企业信息系统进行研究,指出现行系统的业务流程和数据流程中所表现出的问题,提出新系统的解决方案,并提交分析说明书。

3)系统设计

系统设计的主要工作是在系统分析的基础上,设计信息系统的物理结构。系统设计阶段可以分为两个部分:一是总体设计,主要的任务是对系统的流程图设计、功能结构图设计和功能模块设计等;二是详细设计,主要的任务是选择合适的编码方案、硬件系统方案、数据存储方案、接口设计等。

4）系统实施

系统实施的主要工作是将系统设计的内容转化为实际的系统,使系统能够正常运行,并满足企业对信息系统的功能需求。该阶段的具体工作包括硬件设备的购买、安装和调试,程序的开发,相关人员的培训等。系统实施阶段的任务较为烦琐,并涉及各方面的协调,需要更为详细的设计和组织。

5）系统运维

在系统投入使用之后,需要相关的工作人员进行运行后的管理、维护工作,并在系统运行一段时间后进行评价,保证系统正常发挥作用。企业应制定相关的制度和规定,加强日常的管理和维护,尽可能延长系统的生命周期。

3.1.2 原型法

原型法抛弃了基于企业现有信息系统的调研,而是根据用户对其需求的描述,设计出一个系统的原型提供给用户,用户和开发人员在反复协商修改的基础上,得到最终的系统。

1. 原型法的含义

原型法是指在获取一组基本的需求定义后,利用高级软件工具可视化的开发环境,快速地建立一个目标系统的最初版本,并把它交给用户试用、补充和修改,再进行新的版本开发。反复进行这个过程,直到得出系统的"精确解",即用户满意为止的一种方法。

2. 原型法开发信息系统的过程

原型法对信息系统进行开发主要分为以下四个步骤。

① 用户提出基本需求。用户应提出对信息系统的基本需求,系统开发人员对用户提出的需求进行整合,并形成文档,供开发人员共同参考。

② 开发原型系统。系统开发者根据用户提出的需求,开发出一个能够实现全部功能的原型系统,并将原型系统及其使用文件提交给需求方。

③ 评价原型系统。用户通过对原型系统的试用,指出原型系统中存在的问题,以及希望系统实现哪些更多的需求。

④ 改进原型系统。系统开发者根据用户提出的需求和问题,对原型系统进行修改和完善,并再次提交给用户进行试用,重复②~④步,直到产生一个完整的、用户满意的系统为止。

原型法开发信息系统的过程如图 3-2 所示。

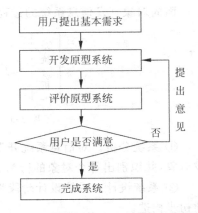

图 3-2 原型法开发信息系统的过程

3.1.3 面向对象开发方法

面向对象的信息系统开发方法来源于面向对象程序设计,并逐步发展到信息系统建设的全过程。面向对象的思想为信息系统的开发打开了全新的思路,是信息系统开发的重要方法之一。

1. 面向对象开发方法的基本思想

1）面向对象的基本概念

① 类。类是指具有相同的属性,并进行相同的行为的一组对象,如一个班级的学生,都有学号、姓名、年龄、生源地等,都要上课、考试、参加活动等。一个类可以分为多个子类,如学生类可以分为男生类和女生类,这些类可以继承其上一层父类的属性和行为,但同时有具有自己的特性。

② 对象。对象是指对现实生活中事物的描述,是对具体化实例的抽象,也是对具有相同属性、服从相同规则的一系列事物的抽象,如一个学生、一台电冰箱等,或一个想法、一个解决方案等。

③ 属性。面向对象中的属性用来描述对象,如一个学生的学号、姓名、性别等,都是该学生的属性。

④ 行为。行为是对象所做的活动,如某个学生上课、某辆汽车启动等,都是对象的活动。

⑤ 关系。关系是指不同对象之间的相互联系或相互作用,如老师和学生之间有讲授知识的关系、领导与员工有上下级的关系等。

2）面向对象的含义

面向对象的方法开发信息系统的主要特点是将现实世界中的事物作为一个整体来考虑,在信息系统的开发中,将信息系统所涉及的各部分都抽象成对象,以不同对象之间的相互作用代表系统中各子系统的关系,构造一个模块化的信息系统。以面向对象方法开发的系统具有较高的重用性,不受外界环境的影响,也不会被用户的需求干扰,同时也是开发费用较低的一种开发方法。

2. 面向对象开发信息系统的过程

面向对象开发信息系统的过程分为四个步骤,如图3-3所示。

图3-3 面向对象开发信息系统的步骤

① 系统分析。对信息系统开发的对象进行调查研究,将信息系统所涉及的事物抽象成对象,并识别出每个对象的行为、结构和属性。

② 系统设计。系统设计阶段将对系统分析的结果进行进一步的分析,得出信息系统的初步构造。

③ 系统实现。将设计阶段的系统初步构造进行实现,并运用面向对象的程序设计语言对各项功能进行实现,使系统可以投入使用。

④ 系统运维。对信息系统进行日常的管理、维护与评价。

3. 三种信息系统开发方法的比较

三种信息系统的开发方法各有优势,也各有不足。表3-1列出了三种方法的优劣势。

表 3-1　三种信息系统开发方法的优劣势

开发方法	优势	劣势
结构化生命周期法	思路清晰,整体性强; 阶段性强,利于管理; 能够对原系统进行分析,识别问题和缺陷	开发周期长; 不符合认识事物的规律; 工作量大、效率低、成本高
原型法	在认识事物上是一个循序渐进的过程; 效率高、成本低、开发进度快; 以用户为主导,用户满意度高	开发工具要求高; 维护困难; 不利于复杂系统的开发,系统开发规模有限制
面向对象法	接近现实世界; 软件工具丰富、开发时间短	可能会造成系统结构不合理的现象; 各部分关系失调

3.1.4　信息系统的开发方式

在信息系统开发初期,开发主体通常由技术体系相对完整的高校、研究机构等组织专门开发,企业只承担需求的提供。但是随着技术的普及、应用的成熟,不仅企业开始自行开发信息系统,而且出现了专门从事信息系统开发的企业,市面上还出现了一些专门面向企业信息系统的软件。因此,根据信息系统开发主体的不同,信息系统的开发方式可以分为自主开发、委托开发、合作开发及利用现有软件的方式。

1. 自主开发

企业或其他组织完全依靠自身的力量,由自己内部的员工和资源来开发信息系统。自主开发信息系统的组织通常拥有强大的技术团队、高级的技术人才、专业的开发团队及相当有实力的科技资源,如高校、科研院所、科技公司等。

自主开发的优势在于开发团队来源于组织内部,对组织内部的结构和需求更为熟悉,对当前应用的系统所呈现的问题也掌握得比较完全,而且便于信息系统运行后维护和保养,也有利于培养企业的系统开发人员。但是,企业自主开发信息系统,必然会将企业的一部分资源和注意力投入信息系统的开发中,不利于企业发展自身的核心业务,当信息系统开发周期较长时,容易影响组织成员的日常工作,也不利于保障信息系统的开发。

2. 委托开发

当组织自身不具备自主开发信息系统的能力时,便会选择将信息系统的开发工作交给其他组织进行开发,即委托开发。委托开发对系统需求方来说是一种省力的方式,系统的开发交给专业的系统开发团队,所开发的系统技术性和专业性更强。但委托开发也存在一定的问题,例如,系统开发方独立于企业之外,对企业的活动、流程、数据和资源了解的程度不够,容易造成系统开发后无法完全融入企业的日常活动中的情况,使系统所能够起到的作用大大降低;并且,委托开发的成本大多很高,一个小型的系统大概需要万元以上,开发一个大型的企业管理信息系统通常需要几十万元甚至上千万元。

因此,企业如果选择委托开发的方式进行信息系统的开发,一定要确保企业的高层管理人员或业务骨干参与系统的设计工作,保持与开发方的沟通,实时了解系统开发的状态,保证开发后的系统能够充分地应用到企业管理中。同时,企业应要求开发方在开发后针对系统的使用与维护对企业员工进行培训,使企业员工能够尽快地使用新的系统。

3. 合作开发

合作开发即信息系统的使用单位和专业的系统开发团队合作完成信息系统开发的方式,这种开发方式综合了自主开发和委托开发的优缺点。这种系统开发方法要求信息系统的使用企业具有一定的技术人员能够进行信息系统的设计、分析和编码,但专业性和技术性都无法完成独立开发一个信息系统的任务,需要借助专业团队的力量共同完成,并以此提高自身技术团队的能力,同时也有助于信息系统运行过程中的维护。但是合作开发有一个致命的问题,即在合作的过程中一旦出现沟通问题或者矛盾,容易产生合作关系的破裂,使整个项目搁浅,既无法得到所需的软件,又损失了前期投入。

4. 利用现有软件

目前市面上有相当丰富的企业管理软件,如用友软件公司的系列企业管理软件(ERP软件、CRM软件等),这些事先做好的软件都可以在市面上买到,有些软件可以实现某一功能,而有些软件将企业所需要的功能封装到一起,供使用者统一购买。购买现成的软件可以省下开发的时间和资源,也不用考虑技术的问题,但是也存在一定的缺点,就是适用性较差,也需要一定的技术人员进行后期的维护,因此,多数企业在购买现有软件的同时,会对软件进行进一步的开发,使其更好地适应企业的需求。

3.2 信息系统规划概述

随着信息技术的发展,越来越多的组织热衷于信息系统的建设,但大多数信息系统建设者通常过多地关注系统建设的过程,即怎样实现一个信息系统,却对总体防范与发展战略问题重视不足。信息系统的规划能够决定企业建设一个什么样的信息系统,即项目开发的大方向是什么,并通过战略规划指导后续的建设工作。

3.2.1 信息系统规划的目标与任务

完善的信息系统规划能够确保信息系统建设过程中资源的合理利用,并能够确保时间合理分配,为将来信息系统建设的成功提供一个总体框架。

1. 信息系统规划的目标

信息系统规划是信息系统生命周期的第一阶段。其主要目标是明确系统整个生命周期内的发展方向、系统规模和开发计划。信息系统规划要以企业总体目标为导向,通过对企业总体发展目标的理解,以高层管理为主、其他管理层为辅,信息系统规划要支持企业的总体目标,整体着眼于高层管理,兼顾各管理层的要求,面向企业过程,摆脱信息系统对组织结构的依从性,使系统结构有良好的整体性,从实际出发,使系统规划有利指导,便于实施。

2. 信息系统规划的任务

信息系统规划应在企业战略规划的指引下,制订信息系统开发的总体方案,分析该系统开发的可行性,并决定如何分配相关资源。因此,信息系统规划的任务如下。

① 制定发展战略。信息系统的发展战略应与企业的发展战略相一致,以企业的发展目标为指引,通过对企业发展目标和发展战略的调查,并对企业目前所处的环境、现有系统应用的情况以及企业为实现发展目标所提出的需求,确定企业信息系统所应承担的使命和责任,制定信息系统开发的整体战略和相关政策。

② 制订总体方案。对信息系统开发进行整体性的设计,根据企业的需求提出信息系统的总体方案,并确定信息系统开发的顺序和各模块所用的时间,以及信息系统的开发方式等。

③ 可行性分析。根据信息系统建设总体方案所提出的要求,从时间、技术、投资、费用、效益、人才等多个方面,对信息系统的建设能否顺利实施进行分析,确定信息系统建设的可行性。

④ 制订资源分配方案。信息系统的开发需要大量的硬件资源、软件资源、资金、服务等,信息系统规划中应对这些资源进行分配,提出信息系统建设的资源预算。

3.2.2 信息系统规划的步骤

信息系统在规划的过程中,应遵循一定的步骤,按顺序进行,如图 3-4 所示。

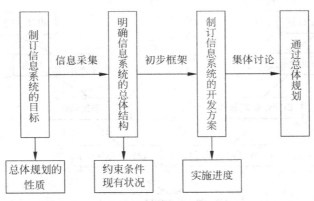

图 3-4 信息系统规划的步骤

1. 制订信息系统的目标

信息系统规划应首先根据组织的战略目标、组织的业务流程改革与组织创新的需求,确定信息系统的目标,并明确信息系统总体规划的年限及具体方法。

2. 明确信息系统的总体结构

根据企业现有信息系统的应用状况,并深入分析企业信息系统建设的约束条件,提出信息系统开发的总体框架,明确信息系统的各个功能框架及各功能框架之间的关系,并确定系统的类型。

3. 制订信息系统的开发方案

在明确系统总体结构的同时,制订信息系统的开发方案,并设计项目实施的进度。

4. 通过总体规划

将制订好的总体规划方案提交给企业高层领导人及相关部门负责人,进行深入的讨论,对总体规划提出修改的意见,最终通过总体规划。

3.3 信息系统规划方法

信息系统规划是信息系统建设项目的重要环节。目前,信息系统规划有多种方法,常用的包括企业系统规划法、关键成功因素法、战略目标集转化法等。三种方法各有优势,适用于不同的企业规划目标。

3.3.1 企业系统规划法

企业系统规划法(business system planning,BSP)是 IBM 在 20 世纪 70 年代提出的,这种方法能够对企业的管理信息系统进行整体的规划,是一种结构化的系统规划方法。

企业系统规划法根据企业的目标和组织结构、企业管理过程和经营方式,自上而下识别系统目标,收集信息系统需要管理的相关数据,并对数据进行分类,然后自下而上设计系统,以支持组织目标和信息系统目标的实现。企业系统规划法的基本思想和执行过程如图 3-5 所示。

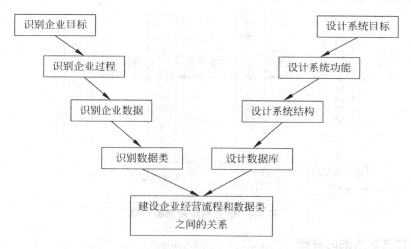

图 3-5 企业系统规划法的基本思想和执行过程

1. 企业系统规划法的特点

① 企业系统规划法把握了企业的总体目标,通过总体规划确定信息系统的总体结构,并通过识别出的企业经营流程,分析相关的数据类及数据类与企业流程之间的关系,确定企业信息系统的各个子系统的组成以及各子系统之间的先后顺序。

② 对企业杂乱无章的数据来说,企业系统规划法能够通过统一的数据控制,对数据进行规划和管理,掌握各功能子系统之间的数据需求以及数据的交换关系。总体控制数据的方法有利于保证信息的一致性。

③ 企业在发展的过程中,会面临由外界环境变化引起的组织结构或管理模式的变化,而企业系统规划法所设计的管理信息系统将独立于企业组织机构,即使环境变化也不会引起信息系统的改变,以保证信息系统具有一定的稳定性。

2. 企业系统规划法的步骤

企业系统规划法是把企业的目标转化为信息系统目标的过程,其工作步骤如图3-6所示。

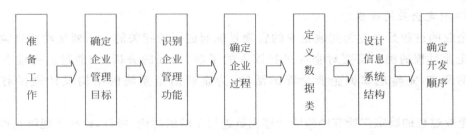

图 3-6　企业系统规划法的步骤

1) 准备工作

信息系统开发之前,要做好组织工作,自上至下做好动员工作,以便组织成员能够接受并支持企业管理信息系统的开发,在准备工作阶段,企业应该做好以下工作。

① 成立规划小组,该小组应该由企业具有实际权力的高层领导者主持,以保证在信息系统开发的过程中能够把握总体的发展方向和发展状态。

② 确定总体规划的范围,即信息系统的开发包括哪些组织成员或组织层次,通常在组织信息系统建设的过程中,都会延伸到高层管理。

③ 对企业数据进行收集和分析,在研究企业数据的基础上,了解企业相关决策的过程,并采集企业各职能部门的功能,尤其要发现组织中存在的主要问题。

④ 制订企业信息系统建设的计划,通过计划评审技术图或甘特图,确定信息系统的总体规划工作的流程和时间节点。

⑤ 针对管理信息系统建设,在整个组织范围内开展动员,保证信息系统的建设过程可以得到全体组织成员的支持。

2) 确定企业的管理目标

正确识别企业目标对确定企业信息系统建设的目标具有重要的指导作用,一个信息系统建设项目的成功与否不在于技术有多先进,也不在于设备有多精良,在于整个信息系统的目标是否同企业的管理目标相一致,如果二者目标相差甚远,甚至南辕北辙,那再完善的系统也无法发挥自身的作用,更可能影响企业的正常经营管理活动,因此,确定企业目标是企业信息系统开发的重要环节。

3) 识别企业管理功能

在企业信息系统建设之前,应事先对企业的管理活动进行分析。管理功能的识别并不是在企业现有的各职能部门日常活动基础上抽取出来的,而是独立于组织结构,通过分析组织的各项管理活动,从而总结出相关的组织活动,以此设计的信息系统在组织结构变动的情况下不会受结构方面的影响,即以功能为导向而非以现有组织结构为导向。

企业管理功能的识别方法有以下两种。

① 自下而上的归纳法。这种方法是从组织的基层开始,对组织中所有部门的职能进行整理、归纳,从而识别组织的管理功能。

② 自上而下的演绎法。从企业的管理目标出发,分析企业实现管理目标所需要的管理功能,由高到低来分析企业的管理功能。

4)确定企业的过程

企业的过程是企业为完成企业的管理目标而进行的相关的一系列活动或决策的总称。企业过程的确定需要对企业进行深入的了解、详细的分析,并通过对企业各部门工作的调查,完整地掌握企业全部的活动,为企业信息系统的结构设计提供有力的支持。

企业过程的确定需要有经验的管理人员进行不断的讨论、修订,这样才能够正确反映企业实现管理目标。企业过程的确定并不是在现有企业结构的基础上,将企业的各部门活动中进行简单的罗列,而是从企业管理目标出发,找到能够实现该目标的活动类型以及每个活动类型下的具体活动。

根据企业的职能或者企业业务的功能划分,企业的管理活动主要包括计划管理、生产管理、采购管理、销售管理、质量管理、仓库管理、财务管理、项目管理、人力资源管理、信息管理等。由于企业业务的不同,所包含的管理活动也应适当地做出调整,具体的企业管理过程分类如表 3-2 所示。

表 3-2 企业管理过程分类

过程类型	具体任务
计划管理	经济预测、组织计划、政策开发、预测管理、目标开发、产品线模型、预算、测量与评价、工作资金计划、雇员水平计划、产品预测、运营计划等
项目管理	项目可行性、项目规划、项目开发、项目收益支出、项目总结等
采购管理	材料需求、采购价格管理、供应商管理、渠道管理、技术管理等
生产管理	产品设计、产品说明、工程记录、产品调度、生产过程、生产能力计划等
质量管理	质量控制、质量监管、不符合质量要求的产品处理等
销售管理	市场研究、定价、渠道开发、区域管理、客户关系管理等
仓库管理	包装存储、产品入库管理、产品出库管理、库存条件管理、库存技术管理、运输管理等
财务管理	财政计划、资金的获取、经费的管理、成本效益管理等
人力管理	人才计划、招聘、培训、工资奖金设计、待遇设计、聘用与解聘等
信息管理	企业内部信息管理、企业外部信息管理等

5)定义数据类

类是现实世界或思维世界中的实体在计算机中的反映,它将数据及这些数据上的操作封装在一起。企业中的数据类是将企业经营活动中的一组逻辑上相关的数据及其对这些数据的操作封装在一起,作为未来信息系统操作的源泉。定义数据类的方法有两种:一种是实体法;另一种是过程法。

① 实体法。实体法是将企业管理过程中涉及的主体一一列出，然后将与该实体相关的活动找出，相似的活动作为同一个数据类进行处理，如表3-3所示。

表3-3 实体法定义数据类

实体 数据类	人力	设备	产品	资源	客户	资金
规划	人力安排规划	设备使用规划	产品规划	资源规划	市场计划	资金需求预算
统计	人力需求	设备需求	产品需求	资源需求	历史销售记录	资金分配
库存	现有人力资源	现有设备	产品、半成品	原材料、包装	客户信息	现有资金
动作	人员分工	设备利用情况	销售记录	原材料采购	销售	资金收入 资金支出

② 过程法。过程法是指按照企业的每个过程，分析该过程需要的数据，并分析出该过程将产生哪些数据，即数据输入企业的某个过程中，再进行输出的过程。过程法要求对企业过程的识别较为完整，并熟悉企业过程的相关数据。以仓库管理为例，过程法定义数据类的结果如图3-7所示。

图3-7 过程法定义数据类

6）设计信息系统结构

设计信息系统结构的主要工作是划分子系统，根据之前对企业过程的确定和对数据类的分析，可以通过设计过程/数据类矩阵的方式确定信息系统的各子系统结构。以生产企业为例，设计信息系统的步骤如下。

（1）建立过程/数据类矩阵

U/C矩阵的含义：根据企业的实际情况，在过程和数据类的交叉点上标U或者C，U代表某个过程使用某个数据类，即Use，C代表某个过程产生某个数据类，即Create。在U/C矩阵中，每个数据类都要有一个产生的过程，同样每个数据类都要至少有一个使用的过程，如果所建设的过程/数据类矩阵不符合这个要求，则需要重新建立。根据以上的分析，所建立的过程/数据类矩阵如表3-4所示。

表3-4 建立的过程/数据类矩阵

数据类 过程	客户	规划	库存	资源	产品	设备	人力	资金	订货	财务	成本	供应
组织计划		C					U	U	U	U		
产品预测	U				C	U					U	
项目规划	U	U		U							U	
材料需求			U	C	U			U	U			
供应商管理					U							C
产品调度	U		C		C	U		U				

续表

过程＼数据类	客户	规划	库存	资源	产品	设备	人力	资金	订货	财务	成本	供应
生产过程	U					C			U			
质量监管			U		C							
区域管理	C			U					U			
销售管理	C			U						C		
产品库存管理			C		U							
资金获取								C		U	U	
成本会计											C	
人才计划		U					C					
培训							U					

（2）调整过程/数据类矩阵

通过对表 3-4 列的调整，使矩阵中 C 尽可能地靠近主对角线，同时，在不违反正常逻辑的前提下，适当调整表 3-4 的行，使 U 也尽可能靠近对角线，调整后的过程/数据类矩阵如表 3-5 所示。

表 3-5 调整后的过程/数据类矩阵

过程＼数据类	规划	财务	产品	库存	设备	资源	供应	客户	订货	资金	成本	人力
组织计划	C	U									U	U
项目规划	C				U			U		U	U	U
产品预测			C		U				U			U
产品调度			C	C					U	U		
生产过程					C				U	U		
产品库存管理			U	C								
质量监管			C	U								
材料需求			U	U		C			U	U		
供应商管理						U	C					
区域管理				U				C	U			
销售管理				U				C	C			
资金获取		U								C	U	
成本会计											C	
人才计划	U											C
培训												U

（3）确定子系统

根据 U 和 C 的位置画出方块，并结合相应的过程，形成各个子系统，如表 3-6 所示。

表 3-6 确定子系统

过程	数据类	规划	财务	产品	库存	设备	资源	供应	客户	订货	资金	成本	人力
计划	组织计划	C	U								U	U	
计划	项目规划	C					U		U		U	U	U
生产管理	产品预测			C		U			U				
生产管理	产品调度			C	C	U			U				
生产管理	生产过程					C			U				
生产管理	产品库存管理			U	C								
生产管理	质量监管			C	U								
供应	材料需求			U	U		C			U			
供应	供应商管理						U	C					
销售	区域管理			U					C	U			
销售	销售管理			U					C	C			
资金	资金获取										C	U	
资金	成本会计											C	
人力	人才计划	U											C
人力	培训												U

（4）确定数据流

将各子系统之外的 U 同各子系统连接起来，表示数据流的走向，如表 3-7 所示。

表 3-7 子系统之间的数据流

过程	数据类	规划	财务	产品	库存	设备	资源	供应	客户	订货	资金	成本	人力
计划	组织计划	C	U								U—U	U	
计划	项目规划	C					U		U		U—U	U	U
生产管理	产品预测			C		U			U				
生产管理	产品调度			C	C	U			U—U				
生产管理	生产过程					C			U—U				
生产管理	产品库存管理			U	C								
生产管理	质量监管			C	U								
供应	材料需求			U—U			C			U—U			
供应	供应商管理						U	C					
销售	区域管理			U					C	U			
销售	销售管理			U					C	C			
资金	资金获取		U								C	U	
资金	成本会计											C	
人力	人才计划	U											C
人力	培训												U

7) 确定开发顺序

根据系统的需求程度、开发的难易程度、企业的目标及开发的技术和资金等约束条件,确定各子系统的开发顺序。

3.3.2 关键成功因素法

关键成功因素法(critical success factors,CSF)是指通过对企业经营管理目标的识别,找出影响企业目标实现的关键因素,再围绕这些关键因素来确定企业各活动的需求,最后进行系统的规划。CSF法主要的特点和规划成功的重点在于关键成功因素的识别,只有正确地识别关键成功因素,才能使信息系统顺利地完成企业的各项功能,进而实现企业的最终目标。

1. 关键成功因素法的步骤

关键成功因素法首先要识别并深入理解企业的战略目标,其次要找到影响企业战略目标达成的关键因素,再次要识别出评价关键因素的指标和标准,最后定义数据字典,如图3-8所示。

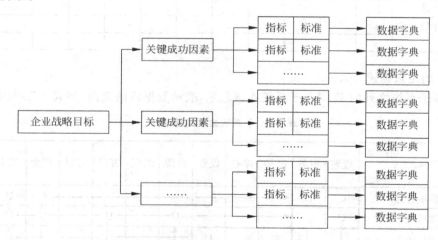

图3-8 关键成功因素法的步骤

2. 识别关键成功因素的方法

识别关键成功因素有多种方法,各方法的主要工作和特点如表3-8所示。

表3-8 识别关键成功因素的方法

方法	解释
环境分析法	从影响企业发展的外部环境出发,识别经济、政治、社会等环境因素,重视外部环境对企业的影响
产业结构法	应用波特五力模型进行分析,从现有竞争者、潜在竞争者、替代品、供应商和购买者五个方面出发,分析企业的关键成功因素
专家法	向产业的专家、企业专家和具有丰富经验的行业专家请教,获取专家的知识,并结合客观数据分析
竞争分析法	根据公司面临的竞争环境和竞争态势,集中各方面的资料识别关键成功因素

续表

方法	解释
厂商分析法	对整个产业中的领导厂商的行为模式进行分析,得到重要的信息来源
本体分析法	将企业的特性分成不同的层面,如优劣势、资源、能力等,通过对各种特性的确定得出关键成功因素
突发因素法	对企业可能发生的特殊状况或者突发状况进行分析,找到影响企业发展的关键成功因素
市场策略法	以战略与绩效分析报告的结果为基础进行分析

3. 关键成功因素法的树枝因果图

关键成功因素法的主要目的在于根据企业的目标,通过识别和分析,得到影响企业目标实现的主要因素,并将这些因素形成数据类及关系。其主要应用的工具为树枝因果图。

例如,一个企业要改进其营销效果,就可以构建如图3-9的树枝因果图。

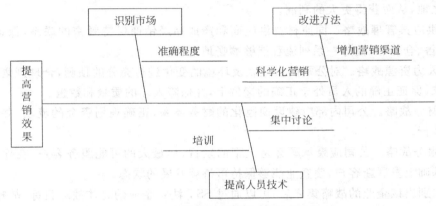

图3-9 提高营销效果的树枝因果图

从图3-9可知,影响"提高营销效果"这个目标的关键因素有"识别市场""改进方法"和"提高人员技术"三个,而每个关键因素又包括众多下一级的因素,企业高层管理人员可根据上述方法,对关键成功因素进行识别和选择。

3.3.3 战略目标集转化法

战略目标集转化法(strategy set transformation,SST)是信息系统规划的常用方法,企业的战略目标可以看作一个"信息集合",该集合由四部分组成:企业的使命、企业的战略目标、企业的战略以及其他变量。信息系统规划的过程中需要把企业的战略目标转化为信息系统的战略目标,如图3-10所示。

图3-10 战略目标集转化法

1. 战略目标集转化法的步骤

战略目标集转化法的重要环节在于识别企业的战略集并将其转化为信息系统的战略。首先,企业应先识别出企业的组织结构,在此基础上识别出各组织结构的目标,并整合成企业的使命及战略;其次,为企业每个元素找出对应的信息系统战略约束,从而提出信息系统的结构。在信息系统结构成型以后,企业应将结果提交到相关领导处审阅修改,经过必要的迭代过程后形成最终的系统结构。

2. 战略目标集转化法应用

某企业有意打造成为行业的领跑者,因此,确定其总体战略为"培养企业核心竞争力"。这一战略能够分解为提升品牌知名度、完善供应链管理、优化人力资源管理、规范财务管理及强化服务能力五个目标。

① 品牌战略。提高企业品牌的价值,保证企业的品牌能够在同行业市场的竞争中立于不败之地,从而获得更大的利润。

② 供应链管理战略。同原材料供应商和产成品经销商保持紧密的联系,保证采购、生产、销售、仓储、运输等一系列流程能够顺畅地进行。

③ 人力资源战略。对公司的发展以及环境的变化进行充分的预测,合理规划人力资源的需求,保证正确的人员处于正确的岗位上,并保障人才的质量和数量。

④ 财务战略。公司内部应建设规范化的财务体系,正确规划资金的流动,并能够按照规划执行。

⑤ 服务战略。公司应秉承顾客是上帝的宗旨,尽最大的可能服务客户,在保留原有客户的基础上发展新客户,使企业能够保持可持续发展的状态。

在识别出该企业的战略集之后,可以通过 SST 法将企业的总体战略目标、战略集合、实施策略与公司的信息化战略关联起来,如图 3-11 所示。

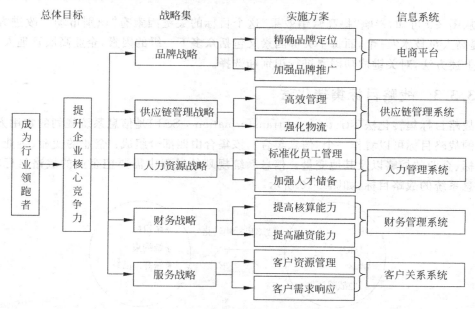

图 3-11 SST 法进行企业信息系统规划

企业的信息化战略必须支持企业战略目标,结合企业现有信息系统的应用状况,设定企业信息化目标为建设一个能够实现企业总体战略目标的企业级/跨企业级信息管理系统,该系统能够实现信息管理的完善,从细节上运用于企业日常生产应用中。

3.3.4 三种系统规划方法的比较

以上三种方法各有特点,各有利弊,具体的比较如表3-9所示。

表3-9 三种系统规划法的比较

系统规划法方法	优 势	劣 势
关键成功因素法	抓住主要矛盾,突出重点; 决策者较为熟悉	主观性强
战略目标集转化法	反映各类管理者的需求; 目标全面	突出重点方面比较薄弱
企业系统规划法	数据结构规划功能强大; 全面展示组织状况、系统或数据应用情况及其差距; 容易形成一致性的意见	数据收集成本高; 时间效率和费用效率低; 数据分析难度大

企业在进行系统规划时也可以将这三种方法结合在一起使用,相互取长补短,补充单个方法的不足。但是,整个规划过程将变得冗长复杂,不利于工作的灵活性。

3.4 系统的初步调查与可行性研究

系统分析是系统开发的第一个阶段,是解决系统做什么的关键步骤,而系统分析的重要环节在于系统的初步调查及系统的可行性研究。

3.4.1 系统的初步调查

系统初步调查是系统分析的首要步骤和重要步骤,系统在开发前期应对企业的情况、环境的情况等进行分析,得出企业信息系统开发的目标和所需资源,并对系统能否实现进行粗略的估计。

1. 系统初步调查的目标

① 论证系统开发的必要性。根据企业现有的资源情况及企业外部的环境,确定信息系统是否需要开发,开发信息系统会给企业带来哪些利益,不开发信息系统会给企业造成哪些发展上的障碍。

② 明确系统开发要解决的主要问题和目标。在确定需要开发信息系统的基础上,明确信息系统要解决的问题,明确信息系统开发的目标。

③ 阐述信息系统开发的可能性。根据企业目前的技术、经济、社会等方面的资源,深入阐述信息系统是否具备开发的条件。

2. 系统初步调查的内容

系统初步调查需要收集相关的资料,了解相关的情况,并掌握组织现在存在的内容,通过调查和分析,为即将开发的系统提供依据。

① 系统的相关调查。系统的相关调查主要需要对企业现有的信息系统进行调查,发现现有信息系统的具体情况以及所存在的问题,并对未来建设的系统的业务范围进行调查,以便确定系统的界限,并识别系统与外部环境之间的接口。

② 组织的发展现状调查。主要对目前组织的相关业务进行调查,并确认负责具体业务的相关部门、部门之间的领导关系,具体人员的分工等,了解现有企业业务系统的构成。此外,应了解企业业务的流程,包括业务相关数据的输入和输出等。

③ 约束条件的调查。企业在信息系统建设的过程中,需要耗费大量的人力、物力、财力,并花费大量的时间,因此,对企业现有的人力资源、设备资源及资金进行调查是非常必要的。

3. 系统初步调查的方法

企业在系统初步调查阶段,可以采取访谈法、现场调研法、跟随法、调查问卷法、德尔菲法等,或结合多种相关方法,从多个角度进行调查,获取尽可能丰富的信息,为今后的系统建设做出贡献。

3.4.2 可行性研究

可行性研究是指对企业是否有条件完成符合需求的信息系统建设进行的研究,如技术是否能够实现、相关技术人才是否可得、当前的社会是否能够接受企业的信息系统以及系统的投入产出比是否合理。可行性研究的最终目标是使系统开发的过程以最小的代价、最短的时间,达到最优质的效果。

1. 可行性研究的具体内容

系统可行性研究的具体内容如表 3-10 所示。

表 3-10　系统可行性研究的具体内容

研究内容		详细内容
技术可行性	硬件	包括相关硬件设备的性能、速度、效率、可靠性、通信设备质量等,相关的硬件包括个人电脑、网线、端口、服务器等
	软件 系统软件	包括操作系统的性能、数据库的性能、编程语言的能力及网络软件的性能等
	软件 应用软件	企业是否已经在使用相关的应用软件,使用的程度如何,是否能够在新的信息系统中应用
人员可行性	数量	企业能够拥有或可以聘用、发展足够数量的信息系统建设人员
	水平	企业进行信息系统建设的人员是否具备相应的能力
经济可行性	资金	估计整个信息系统建设所需要的成本(初始建设费用+后续日常维护),然后对企业的资金状况进行调研,分析企业是否能够具备足够的资金开发信息系统
	经济合理	说明经济的合理性,即信息系统开发的成本和收益的比例,其中,收益包括货币收益和社会利益两个部分,在此基础上分析该项目的投资回收期,分析企业是否值得开发信息系统

续表

	研究内容	详 细 内 容
社会可行性	组织内部	信息系统的开发和利用不可避免地会影响企业现有的组织机构和制度,需要对企业内部进行分析,确定信息系统是否能够在企业中持续生存
	组织外部	社会环境是否具备接受企业新的信息系统的条件,主要应从企业的利益相关者着手分析

企业通过以上四个方面进行可行性的分析,判断系统开发的主客观条件,从而得到可行性研究的结论,进一步编制可行性研究报告。

2. 可行性研究报告

可行性研究报告主要包括以下几个方面。

① 引言。说明项目开发的背景,信息系统的名称及信息系统需要实现的目标。

② 系统建设的必要性和意义。说明信息系统建设对企业未来的发展所起到的重要作用,即信息系统在企业发展中承担的角色。

③ 拟订信息系统的候选方案。在调查和分析的基础上,提出不少于两种的信息系统开发方案。

④ 信息系统开发的可行性分析。从技术、人员、经济和社会四个方面对系统可行性进行分析。

⑤ 选定建设方案。对研究结果进行总结,并选定信息系统建设的方案。

本 章 小 结

本章主要介绍了信息系统开发和规划的相关知识。信息系统的开发可以选择结构化生命周期法、原型法、面向对象的开发方法,根据企业的具体情况,以及各方法的优缺点,选择合适的方法进行信息系统的开发。

信息系统的规划是信息系统开发的关键环节,信息系统应以实现组织总体目标为主要任务,并在此基础上制定企业信息系统的发展战略、总体方案,进行可行性分析以及资源的分配。

企业在信息系统规划中可以选择企业系统规划法、关键成功因素法或战略目标集转化法,三种方法各有利弊,企业应权衡自身的资源,并结合企业管理者的决策的习惯,选择合适的方法进行信息系统的规划。

在信息系统正式开始投入设计之前,应对企业内部的具体情况及企业现有信息系统的使用情况进行初步调查,并在调查的基础上,从技术、人员、经济和社会四个方面对信息系统的可行性进行分析,得到可行性分析报告。

思考与练习

1. 信息系统开发的方法有哪些？各种方法有哪些优势？又有哪些劣势？
2. 信息系统规划的任务有哪些？要遵循怎样的步骤？
3. 简述关键成功因素法的内容。
4. 如何进行战略目标机的转化？
5. 信息系统的可行性研究包括哪些内容？

第4章 信息系统分析

学习目标

1. 理解系统分析的含义和目标。
2. 了解系统调查的方法和内容。
3. 掌握数据流程分析的方法。
4. 熟悉数据字典的作用和内容。
5. 了解处理逻辑的表达工具。

人力资源管理信息系统遇到的麻烦

"喂,是菲利普吗?我是人力资源部的玛丽,我们在使用你们公司开发的人力资源管理信息系统时遇到了一个问题,一个员工想把她的名字改为奥黛丽·斯派克,而系统不允许修改,你能帮我们解决这个问题吗?"

"她嫁给了一个姓斯派克的人吗?"菲利普问道。

"不,她没有结婚,而仅仅是要更改她的名字,"玛丽回答道,"可我们只能在员工婚姻状况改变时才能更改姓名。"

"当然是这样。我们从没想过谁会莫名其妙地更改自己的姓名,你们也不曾告诉我们系统需要处理这样的事情。你们只有在完成改变婚姻状况的操作后才能进入更改姓名的操作。"菲利普理所当然地说。

"我想你应该知道每个人只要愿意都可以随时合法更改姓名。菲利普,这事我们不要再追究谁的问题了。我们希望在下周五之前能解决这个问题,否则奥黛丽不能支付她的账单。你能在此之前修改好这个错误吗?"玛丽急切地问道。

"这并不是我们的错误!我们从来不知道你们需要处理这种情况。我现在正在忙于编制新的程序,并且还要处理其他客户的一些需求变更请求,我只能在月底前修改好,一周内没时间,很抱歉。下次若有类似情况,请提前告诉我并把它们写下来发邮件给我。"

"没法提前告诉你,遇到问题才知道需要及时解决,否则上司会怪我的。"玛丽很是无奈,"如果奥黛丽不能及时支付账单,那她只能挂账了,她也会抱怨我的。开发系统时,你们可承诺如有问题及时解决的。"

"玛丽,你要明白,这不算我们的过错。"菲利普坚持道,"如果需求分析时你们就告诉我们,要求能随时更改某个人的名字,那现在的问题就不会出现。你不能因为我们没猜出你们的需求就责备我们。"

玛丽不得不愤怒地屈从:"好吧,好吧,这种烦人的事让我恨死管理信息系统了。我等你,请你尽可能快点,行吗?"

问题

1. 出现这种问题的原因是什么?
2. 应该怎么做才能减少或避免此类问题?

在上述引例中,若要对人力资源管理信息系统进行修改,进而完善系统功能,那么首先需要做的工作是什么?正是系统分析。

根据制订规划的要求进行系统分析,是管理信息系统开发中很重要的一个环节。从方法论的角度来讲,系统分析是对拟开发的项目进行系统的、层次化的分析;从现实意义的角度来讲,系统分析的好坏直接影响系统设计是否能够顺利进行,是否能够有效、全面地满足用户的需求。

本章以管理信息系统分析过程为主线,分为系统分析概述、系统的详细调查、建立信息系统逻辑模型的工具、新系统逻辑方案的提出四个部分进行详细讲解。

4.1 系统分析概述

在现实生活中,做任何一件事情都要经历"三个步骤":第一步确定要做什么,这是前提;第二步考虑要怎么做,这是途径;第三步要动手去做,这是落实。同样,对应于信息系统建设,也可以分为"三个环节":系统分析、系统设计、系统实现,如图4-1所示。

本章所介绍的"系统分析",就是要确定系统要做什么的问题,回答这个问题首先需要搞清楚原系统在"做什么",进一步分析新系统要"做什么"。

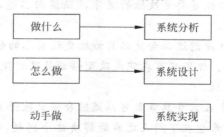

图 4-1 信息系统建设对应的"三个环节"

4.1.1 系统分析的含义

系统分析方法来源于系统科学。系统科学是 20 世纪 40 年代以后迅速发展起来的一个横跨各个学科的新的科学,它从系统的着眼点或角度去考察和研究整个客观世界,为人类认识和改造世界提供了科学的理论和方法。它的产生和发展标志着人类的科学思维由主要以"实物为中心"逐渐过渡到以"系统为中心",是科学思维的一个划时代突破。

系统分析方法是指把要解决的问题作为一个系统,对系统要素进行综合分析,找出解决问题的可行方案的咨询方法。美国的兰德公司认为,系统分析是一种研究方略,它能在不确定的情况下,确定问题的本质和起因,明确咨询目标,找出各种可行方案,并通过一定标准对这些方案进行比较,帮助决策者在复杂的问题和环境中做出科学抉择。

系统分析是系统开发的第一个重要环节。系统分析采用系统的思维、层次化的方法,把较为复杂的对象分解成相对简单的部分,并找出这些部分的基本属性和相互之间的关系。系统分析具有特定的内容和步骤,必须按照科学的方法和规定的步骤完成。

4.1.2 系统分析的目标和主要活动

1. 系统分析的目标

系统分析的目标是在充分认识现行系统的基础上,通过初步调查、可行性分析、详细调查、系统化分析,最后完成新系统逻辑方案设计。需要注意的是,逻辑方案不同于物理方案,前者解决做什么的问题,是系统分析的主要任务;后者解决怎么做的问题,是系统设计的任务,不要把两者混淆。

系统分析人员利用系统的、科学的、层次化的方法,对系统的目标、功能、环境、费用、效益等进行充分的调查研究,并收集、处理和分析有关数据,在此基础上建立若干个方案和必要的模型进行仿真试验,整理出完整的、可行的综合材料,完成可行性报告和系统分析说明书,供项目主管人员进行判断、选择和审批。

系统分析人员在系统分析中主要存在三个方面的困难:问题空间的理解、人与人之间的沟通和环境的不断变化。首先,由于缺乏足够的业务知识,系统分析人员在进行系统调查时往往会不知所措,不知道该向用户提出什么样的问题,或是被各种各样的数据、资料搞得眼花缭乱。其次,许多用户虽然精通自己的业务,但是不善于把业务过程明确地表达出来,不知道该给系统分析人员介绍什么、写什么,很多情况下系统分析人员很难从用户那里获取充分的有用的信息;系统分析人员与用户的知识结构不同、经历不同,也使得双方交流存在困难,导致系统调查出现遗漏和误解。最后,系统分析阶段要通过系统调查、流程分析,最终提交一份系统分析报告。但是,环境的不断变化又对系统分析提出新的要求。只有适应新的要求,新的信息系统才能满足需求。

2. 主要活动

系统分析阶段的主要活动有系统初步调查、可行性研究、系统详细调查、新系统逻辑方案的提出。

系统初步调查是系统建设的前期准备工作,经过调查来确认现行系统的问题及薄弱环节,并收集相关的、有用的信息,从系统分析人员和管理人员的角度看新系统开发有无必要和可能性。如果有必要,提出解决问题的初步设想,明确新系统开发的目标、规模和主要功能等;如果没有必要,则不再进一步地分析。

可行性分析是指在当前具体条件下,进一步分析开发系统必需的资源和条件是否满足。系统建设是一项复杂工程,可行性分析对于保证系统顺利开发、资源合理使用是非常必要的,它是项目顺利进行的重要保障。可行性分析通常从技术可行性、经济可行性和管理可行性三个方面进行全面分析。

系统详细调查的目标是在可行性研究的基础上,进一步对现行系统进行全面的、深入的调查和分析,掌握现行系统的运行状况,发现薄弱环节,找出要解决的问题的实质,保证新系统较现行系统的有效性。这点在后面的 4.2 节中详细讲解。

建立新系统逻辑模型是在对现行系统进行详细调查的基础上进行的,运用各种系统开发理论、方法和技术等确定系统应该具有的功能及结构,对当前业务中某些数据流向的不合理、某些数据存储有不必要的冗余、某些处理原则不合理等,进行必要的优化和改动,再由一系列的图表和文字描述出来,为下一步系统设计、建立系统的物理模型提供依据。

4.1.3 结构化系统分析方法

结构化系统分析方法是指运用系统工程原理于大型软件开发的产物,即采用"自上向下,由外到内,逐层分解"的思想对复杂的系统进行分解化简,从而有效地控制系统分析每一步的难度,并运用数据流程图、数据字典和加工说明作为表达工具的一种系统分析方法。

结构化系统分析方法的具体步骤包括限定问题、确定目标、调查研究、收集数据、提出备选方案和评价标准、备选方案评估和提出最可行方案。

1. 限定问题

系统分析的核心内容有两个:一是进行"诊断",即找出问题及其原因;二是"开处方",即提出解决问题的最可行方案。所谓限定问题,就是要明确问题的本质或特性、问题存在范围和影响程度、问题产生的时间和环境、问题的症状和原因等。限定问题是系统分析中关键的一步,因为如果"诊断"出错,以后开的"处方"就不可能对症下药。在限定问题时,要注意区别症状和问题,探讨问题原因不能先入为主,同时要判别哪些是局部问题,哪些是整体问题,问题的最后确定应该在调查研究之后。

2. 确定目标

系统分析目标应该根据客户的要求和对需要解决问题的理解加以确定,如有可能应尽量通过指标表示,以便进行定量分析。对不能定量描述的目标也应该尽量用文字说明清楚,以便进行定性分析和评价系统分析的成效。

3. 调查研究、收集数据

调查研究和收集数据应该围绕问题产生的原因进行:一方面要验证限定问题阶段形成的假设;另一方面要探讨产生问题的根本原因,为下一步提出解决问题的备选方案做准备。

收集的数据和信息包括事实、见解与态度。特别强调的是,要对数据和信息去伪存真,交叉核实,保证真实性和准确性。

4. 提出备选方案和评价标准

通过深入调查研究,使真正有待解决的问题得以最终确定,使产生问题的主要原因得到明确,在此基础上就可以有针对性地提出解决问题的备选方案。备选方案是解决问题和达到咨询目标可供选择的建议或设计,应提出两种以上的备选方案,以便提供进一步评估和筛选。为了对备选方案进行评估,要根据问题的性质和客户具备的条件,提出约束条件或评价标准,供下一步应用。

5. 备选方案评估

根据上述约束条件或评价标准,对解决问题备选方案进行评估,评估应该是综合性的,不仅要考虑技术因素,还要考虑社会经济等因素,评估小组应该有一定代表性,除了咨询项目组成员外,也要吸收客户组织的代表参加。根据评估结果确定最可行方案。

6. 提交最可行方案

最可行方案并不一定是最佳方案,它是在约束条件之内,根据评价标准筛选出的最现实可行的方案。如果客户满意,则系统分析达到目标。如果客户不满意,则要与客户协商调整约束条件或评价标准,甚至重新限定问题,开始新一轮系统分析,直到客户满意为止。

4.2 系统的详细调查

4.2.1 详细调查与初步调查的区别

系统调查是系统分析阶段的首要工作,主要调查企业生产、经营和管理的细节。通过系统调查,指出存在的问题,提出改进的意见。通过找出要解决问题的实质,确保新系统的效率更高。系统调查包括系统初步调查和详细调查。

系统初步调查,主要用于收集并整理与整个系统有关的资料、情况及存在的问题,在此基础上了解掌握系统现行状况和存在问题,初步明确当前用户的需求,并进行符合实际情况的可行性分析。

系统详细调查,是在可行性分析的基础上进一步对系统进行全面、细致的调查和分析,对系统运行现状掌握清楚,并查找系统运行的薄弱环节,深入研究要解决问题的实质,为下一步系统分析做好充足的准备。

系统初步调查和详细调查最明显的区别是:初步调查是在可行性分析之前进行的,详细调查是在可行性分析之后进行的。初步调查一般是对系统进行不太细致的了解,考察开发新系统的可行性,是为可行性分析提供参考依据的;详细调查是在开发新系统的可行性论证后,后续进行的全面的、细致的调查,是为需求分析获取更多详细资料的过程。

4.2.2 详细调查的信息分类

详细调查的信息分类有很多种,按照信息获取源头来分类,可分为间接信息和直接信息;按照信息主要内容来分类,可分为静态信息和动态信息;按照用户信息需求来分类,可分为定性信息和定量信息。

静态信息主要是指现行系统相对稳定的部分,如系统组织结构、系统功能体系等。

动态信息是指系统中流动更新的部分,如系统业务流程、数据流程等。

定性信息主要是通过对现行系统的功能进行总结,包括组织结构的调查、管理功能的调查、工作流程的调查、处理特点的调查与系统运行的调查等。

定量信息主要是通过弄清数据流量的大小、时间分布、发生频率,掌握系统的信息特征,据此确定系统规模,估计系统建设工作量,为下一阶段的系统设计提供科学依据。

信息分类视具体情况而定,考虑到详细调查的主要目的是掌握系统详细信息,通常把信息分为静态和动态,其中也会涉及定性信息和定量信息。

4.2.3 信息来源和收集方法

1. 信息来源

全面细致地掌握系统的各项信息并非易事,必须通过多种途径来获取大量的与系统相关的信息。但是,由于系统开发人员并不是系统的实际运用者,信息获取的来源常常依赖于系统现有的资料、系统运用人员的描述和亲身参与到系统的运行中。

2. 常用的信息收集方法

常用的信息收集方法有召开座谈会、发放调查表、走访用户、阅读与分析现有系统资料和参加业务实践。

1) 召开座谈会

召开座谈会是一种常用的、效率较高的方法。系统分析人员通过与用户单位领导、管理人员的现场交流,有目的地获取所需的信息和资料。座谈会一般没有固定的议程,通常可以分为三个时间段:第一个时间段是系统分析人员根据事先拟制好的座谈提纲向被座谈人员提问,这个时间段主要用于收集易于表达的结构化程度较高的定量信息;第二个时间段是参加座谈会人员的自由交谈,这个时间段主要用于了解结构化程度差、难以用书面准确表达的定性信息;第三个时间段是系统分析人员针对整个座谈情况的小结,以便进一步补充、修改完善所获取的信息。

开座谈会的形式常常能形成较为轻松、自由的气氛,有利于了解对方的观点和感觉,有助于联络双方感情,有利于消除书面表达造成的误解。但存在的缺点是这种方式比较费时、费力,需要双方事先充分准备,也需要掌握一定的方法和艺术,确保气氛轻松自由,也引导座谈人员主动、客观、准确地表达真实的观点。

2) 发放调查表

发放调查表是一种调查效率较高、范围较广的调查方式。系统分析人员根据管理信息系统开发的一般调查内容,根据调查的目的设计信息调查表,把调查表分发给有关人员进行填写,通过分析调查表信息来获取信息。

通常,调查表分为两种格式:一种是自由式的;另一种是选择式的。也可以根据需要把自由式和选择式结合起来。自由式的调查表一般是将问题以条目式的形式列出来,填写者可以自由填写,这种形式适用于收集经验做法和意见建议方面的信息。选择式的调查表是对被调查者回答问题的可能性答案做出规定,使被调查者在特定的选项中进行选择,这种形式建立在对被调查者可能答案充分预测的基础上。

调查表中所提问题的设计应遵循以下的原则。

① 问题应限于单一主题。
② 问题应适合被调查者的文化程度、工作经验和业务范围。
③ 问题应便于统计分析。
④ 问题描述客观准确,避免掺杂系统分析人员的主观意见。
⑤ 问题措辞准确、词义清楚,易于回答。

发调查表的调查方式是在被调查者人数较多的情况一种经济有效的方式,特别是选择式调查表易于管理、统计和分析。但是这种方式较难反映深层次的问题,特别存在的问题是:如果被调查者不认真填写调查表,则会影响调查的有效性、真实性。

一般地讲,系统分析员可以用以下问题来设计问卷调查表的内容。

① 你所在的工作岗位是什么?
② 你的工作性质是什么?
③ 你的工作任务是什么?
④ 你每天的工作时间怎么安排?
⑤ 你的工作结果与前/后续工作如何联系?
⑥ 你所接触的数据和报表有哪些?准确度和满意度如何?
⑦ 你所在的工作岗位是否恰当?工作量如何?
⑧ 你所在的工作岗位存在哪些问题?(信息不畅,组织不力……)
⑨ 你的工作计划不能合理安排的原因是什么?
⑩ 你通常采取什么手段提高工作效率?
⑪ 如果增加激励(如奖金、新技术、培训等)你所在部门的效率是否会提高?
⑫ 从有效组织生产的角度出发,你的权限是否适当(大,小)?
⑬ 你认为影响企业经营效益的关键问题是什么?
⑭ 从全局利益出发,你认为现有的管理体制是否合理?
⑮ 你认为提高生产产量的潜力在哪里?
⑯ 你认为现存的管理体制有哪些问题?
⑰ 你认为所在部门的业务流程是否合理?如何改进?
⑱ 有效降低生产成本的途径有哪些?
⑲ 信息系统的开发在本单位是否有必要?
⑳ 你认为新的管理信息系统应该重点解决哪些问题?
㉑ 你所在的工作岗位的工作方式可用哪些定量管理方法或模型提高工作效率?
㉒ 你利用计算机通常做什么?理论基础和熟练程度如何?
㉓ 在你所了解的管理决策工作中,哪些可用计算机来处理,哪些不能?
㉔ 如果建立新的管理信息系统,你愿意学习操作并经常使用吗?

3) 走访用户

走访用户是一种有效的但相对耗时的调查方式。系统用户是系统的实际运用者,对系统运行存在的问题具有准确的、真实的"发言权",走访用户往往是系统分析人员收集真实情况、听取意见建议或者有针对性地了解情况的调查方式,是开座谈会、发调查表等方式的重要补充。

走访用户时要注意以下四个方面。

① 要选择合适的时机和场合。
② 要初步了解被走访用户是否有意愿。
③ 要事先做好充足的准备。
④ 要注重言语措辞和礼节礼貌。

4）阅读与分析现有系统资料。

阅读与分析现有系统资料是一种较为全面的获取系统基本信息的调查方式，这种方式一般不受时间、地点等限制，主要是系统分析人员去掌握了解系统的基本构成、基本原理等情况，常常贯穿调查的整个过程。

5）参加业务实践

参加业务实践是一种直接的、直观的调查方式，系统分析人员可以有目的有选择地参加某些部门或者岗位的管理工作，以便更加深入地了解现行系统的实际情况。通过参加业务实践，系统该分析人员可以搞清楚业务流程以及数据变化、传递、加工与存储的各个信息处理环节，明确现行系统的功能、效率及存在的问题，进而可以与管理人员探讨深层次的管理问题，研究出有效的符合实际的解决方法。

系统分析人员在参加业务实践中，可以通过报表填写等工作了解管理业务以及数据的来源、去向和算法，证实或修改其他途径所获取的信息。系统分析人员也可以通过查阅文件和资料了解业务状况和存在的问题，通过询问、观察和分析了解管理人员特别是高层管理人员决策时的信息需求，有助于设计出更好的管理信息系统。

4.2.4 详细调查的主要内容

详细调查的内容应该是围绕组织内部数据流所涉及领域的各个方面。但应该注意的是，数据流是通过物流产生的，物流和数据流又都是在组织中流动的。所以，调查的范围就不能仅仅局限于信息和数据流，还应该包括企业的生产、经营、管理等各个方面。

具体地说，详细调查包括组织目标和发展战略、组织机构和功能业务、管理模式和管理方法、决策方式和决策过程、业务流程与工作形式、数据处理与数据流程、产品构成及其工艺流程、可用资源和限制条件、现有问题和改进意见等。主要介绍以下几个方面。

1. 系统组织结构

要对系统进行设计，就必须知道现行系统的组织结构设置情况和它们之间的隶属关系。并关心那些与计算机管理有关的机构和关系。

通常用组织结构图来描述现行系统组织机构的层次和隶属关系，如图 4-2 所示。在绘制组织结构图时应注意，除了生产、经营、管理环节无直接关系的部门外，组织结构图一定要尽可能全面、准确地反映企业的组织及权力隶属现状。这样做的好处是：一方面通过组织结构图对企业的全貌有一个总体上的认识，便于系统分析工作的展开；另一方面可以按决策层、业务管理层和执行层等将企业管理者进行分层，以便未来设计的系统能有针对性地为不同层次的管理者提供不同细度的信息。

2. 系统功能体系

系统有一个总目标，为了达到这个目标，必须完成各子系统的功能，而各子系统功能的完成，又依赖于下面各项更具体的功能执行。功能结构调查的任务，就是要了解或确定系统的这种功能构造。

功能要依靠组织结构来具体实现，因此，在理想情况下，功能和组织应该是一致的。但是由于客观情况的复杂性，在现行系统中，功能体系和组织结构并不能一一对应，这就要求在进行调查时认真分析，加以划分。

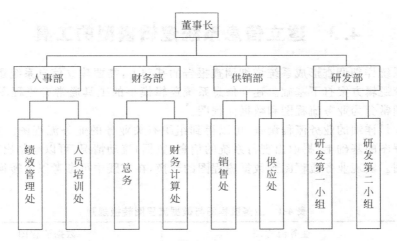

图 4-2　某企业组织结构图

3．系统业务流程

在对系统的组织结构和功能体系有所了解的基础上，还需要从一个实际业务流程的角度将系统调查中有关该业务的资料串起来，以便对企业现有的工作过程有一个动态的了解。对业务流程的调查通常可按原有的信息流动过程，逐个调查当前系统中每个环节的处理任务、处理顺序和对时间的要求等情况，弄清每个环节的信息来源和去向。

4．系统数据流程

实际上在业务流程调查阶段就已经涉及数据流程问题，但业务流程调查的工作重点是将组织与功能匹配起来，将功能与功能关联起来。由于企业数据是管理信息系统的主要原材料，因此完全有必要对数据流程进行专门、详细的调查。

其中收集资料是数据流程调查阶段的基础和重点工作。在现行系统中存在的大量单据、原始凭证和各种各样的报表，都是信息的载体，对它们的调查、收集和分析，能够对现行系统的数据收集、输入、存储、加工和输出等环节做进一步的研究，为系统的详细设计提供依据。

4.2.5　详细调查的工作结果

系统详细调查要弄清楚每个业务的处理过程以及与其他业务工作的关系，最终产生系统的详细调查报告。在系统调查的基础上，应对现行系统的数据流程、组织结构等调查结果进行详细的分析整理，找出系统的薄弱环节，形成系统的详细调查报告，该报告主要包括以下几个方面的内容。

① 系统开发的主要内容。
② 系统的需求分析。
③ 现行系统主要目标、功能。
④ 组织结构图。
⑤ 组织业务流程图。
⑥ 信息流程、数据流程、数据字典、数据存储分析、查询分析、数据处理分析。

4.3 建立信息系统逻辑模型的工具

经过系统详细调查形成系统详细调查报告的基础上,需要建立信息系统逻辑模型,为建立新系统逻辑方案打下基础。建立信息系统逻辑模型的工具通常有流程图、数据字典等。流程图常分为业务流程图和数据流程图。

通过大量详细的业务流程调查,可以得到组织有关业务的业务流程图。在现行系统的业务流程图的基础上,提取出现行系统的信息(数据)流动情况,可以绘制出现行系统的数据流程图。实现业务流程图到数据流程图的转换,在实践中可参考以下转换规则,如表4-1所示。

表 4-1 业务流程图与数据流程图转换规则

序号	业务流程图	数据流程图
1	业务处理单位	外部项
2	业务处理描述	数据加工
3	表格制作	数据流
4	数据文件	数据存储

在具体操作中,还要根据实际情况灵活处置。以下主要介绍数据流程图、数据字典和处理逻辑的表达工具。

4.3.1 数据流程图

数据流程图(data flow diagram,DFD)以图形化方式来描述信息的流动、传递、处理和存储过程。通过绘制系统数据流程图,发现和解决数据流通中存在的问题,常见的问题有数据处理过程不合理、数据流程不畅、前后数据不匹配等。由于图形描述简单明了、容易理解,不涉及过多的技术,所描述的内容是面向用户的,即使不懂技术的企业人员也容易理解。因此,数据流程图是用户与系统分析人员进行沟通交流的有效手段,也是系统设计的主要依据之一。

数据流程图的基本符号有四种,分别为外部实体、数据流动、数据处理和数据存储。

1. 外部实体

外部实体也叫外部项,它与本系统具有信息传递关系,表示系统数据的外部来源或去向,如企业的客户、供应商、分销商等。外部实体也可以是系统以外的另一个管理信息系统,它向该系统提供数据或者接收该系统发出的信息。

外部实体用一个小方框外加一个直角来表示。小方框内写明外部实体的名称。如果同一外部实体出现多次,则在小方框右下角增加一条斜线。数据流程图中外部实体符号如图4-3所示。

2. 数据流动

系统内部数据流动的方向用箭头线表示。为了用户和系统分析人员理解数据流的含义,文字说明通常位于箭头线一侧,如图4-4所示。

3. 数据处理

数据处理是对数据的加工处理。用长方形表示处理逻辑。长方形在纵向分为三部分:该处理的编号、处理过程文字描述、该处理过程的进一步详细说明。如图 4-5 所示。

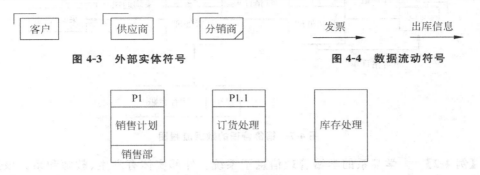

图 4-3　外部实体符号　　　　　　　　图 4-4　数据流动符号

图 4-5　数据处理符号

其中,处理编号唯一的标识是该处理过程;处理过程文字描述是用简单的语句对该数据处理进行明确的描述;处理过程的详细描述用于说明该执行数据处理的部门。其中,处理过程的文字描述必不可少,其余部分根据需要而定,在不需要编号或是详细说明的情况下,可以直接省略。

4. 数据存储

表示系统产生数据的存放,通常指数据库、文件系统等。数据存储用右边开口的长方形表示。长方形的第一部分是数据的标识编码,如 D1、D2 等。第二部分是存储名称,如顾客档案、教师工资等。如图 4-6 所示。

| D1 | 经销商数据 |　　| D3 | 教师工资 |

图 4-6　数据存储符号

一般地说,目标系统数据流程图的绘制是:遵循"自上向下逐层分解"的原则,由整体到部分,由粗到细,将原系统分解成若干个简单的数据流程图。

首先绘制顶层数据流程图:顶层数据流程图明确所描述的系统与各外部实体的信息联系,即系统的主要逻辑功能。

其次绘制第一层数据流程图:将顶层中的数据加工过程分解成若干个大的数据加工过程(子系统),不需要太细。第一层数据流程图描述系统内不同部门之间的接口关系。

最后将第一层图中需要分解的子系统分解成具有明确逻辑功能的若干个加工环节。

后面层次的数据流程图依次类推,直到逐层分解结束。分解结束的标志:对于每一个最底层的加工过程,即各层数据流程图不需要进一步分解,就可以清楚、简单地描述其逻辑功能。

在完成数据流程图之后,系统分析员和用户就可以从总体上把握系统的逻辑功能,对于系统内部各部分的信息联系及与系统外各有关事物的联系就有了清楚的认识。

【例 4-1】　用户将订货单交给某公司的销售部门,经销售部门检验后,对于不合格的订单要求用户重新填写。合格的订单则交由仓库做出库处理:查询库存台账。如果有货,则向用户开票发货;如果缺货,则由采购部门进行采购。

根据以上销售过程绘制数据流程图如图 4-7 所示。

第 4 章　信息系统分析

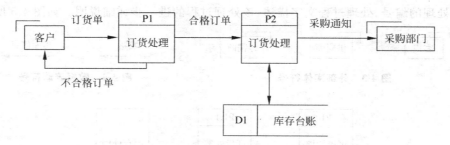

图 4-7 销售管理的数据流程图

【例 4-2】 大学某系的学籍管理信息子系统。外部实体有学生、教师和系。该系统的顶层数据流程图和第一层数据流程图分别如图 4-8 和图 4-9 所示。

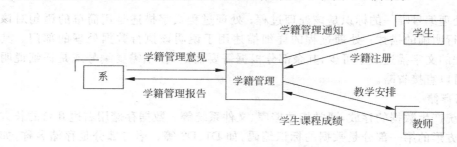

图 4-8 顶层数据流程图

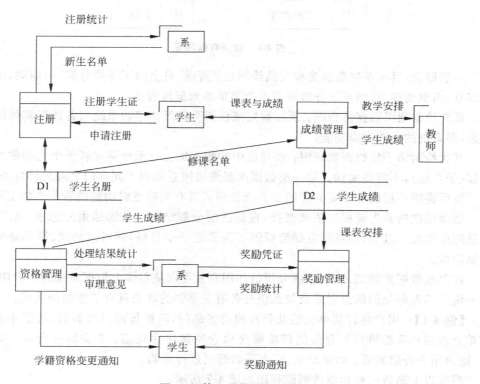

图 4-9 第一层数据流程图

4.3.2 数据字典

数据字典(data dictionary, DD)是对数据流程图中出现的数据流和加工作进一步补充说明。数据流程图描述了系统的一个总框架及其分解过程，即描述了系统由哪几部分组成，各部分之间有什么联系等，但它缺乏对所包含的各成分内容的详细描述。例如，在图 4-7 中，数据存储"库存台账"具体包括哪些内容从图上看不出来。为此，还需要利用数据字典对数据流程图加以解释说明。

在结构化分析中，数据字典主要用于描述数据流程图中的每个成分，包括外部实体、数据流动、数据处理和数据存储，并赋予这些成分实际内容，即数据字典是数据流程图上所有成分的定义和解释的文字集合。在系统分析中，数据字典非常重要，它是对系统逻辑模型的详细说明。编写数据字典的工作十分重要，一些不便在数据流程图中出现而系统分析应该获得的信息都要写入数据字典中。

以【例 4-2】中的学籍管理信息系统为例，介绍一种图表式的数据字典格式。这种格式可以简单、明确地描述数据字典各个成分的内容。

1. 数据流定义

数据流是在确定系统的输入和输出后，描述数据的来源、去向、组成数据流的数据项等，如表 4-2 所示。

表 4-2 数据流定义

数据流	总编号：003
名称	修课名单
说明	选择某门课程的学生名单
来源	学生名册
去处	成绩管理模块

2. 外部实体定义

外部实体需要描述的内容有外部实体编号、名称、说明、输入数据流和输出数据流，如表 4-3 所示。

表 4-3 外部实体定义

外部实体	总编号：006
名称	系
说明	负责新生注册、教学管理
输入数据流	注册统计表、奖励统计表、资格管理处理结果统计
输出数据流	新生名单、奖励凭证、审理意见
备注	

3. 数据处理定义

数据处理是描述数据流程图中的某处理逻辑，定义的内容包括数据处理名称、处理说明、输入数据流、处理过程描述、输出数据流、处理频率等，如表 4-4 所示。

表 4-4 数据处理定义

数据处理	总编号：005
名称	成绩管理
说明	对考生的成绩进行统计
输入数据流	学生名册、成绩登记册
处理	从学生名册中获取某课程的学生名单
	教学课程安排，包括：上课时间、上课地点
	课程安排通知有关任课老师及选课学生
	进行成绩统计，形成成绩分析表
	告知学生成绩
输出数据流	学生成绩表、课表、教学安排
处理频率	一学期1次

4. 数据存储定义

数据存储是对存储的内容做简单的描述，说明数据的来源和去向，如表 4-5 所示。

表 4-5 数据存储定义

数据存储	总编号：004
名称	学生成绩
说明	存储参加考试的学生的成绩
存储组成	学号＋姓名＋性别＋考试科目＋分数＋考试时间＋考试地点
来源	成绩管理、奖励管理
去向	成绩管理、奖励管理
关键字	学号

4.3.3 处理逻辑的表达工具

目前常用的处理逻辑的表达工具主要有三种，即结构化语言、判定树和判定表。这三种方法分别具有不同的优点及不同的适用范围。在实际操作中，具体情况具体分析。

1. 结构化语言

结构化语言是专门用来描述一个处理逻辑的。结构化语言和自然语言不同，用极其有限的语句和词汇准确地描绘处理单元逻辑要求。结构化语言受程序设计语言的影响，具有三种基本结构：顺序结构、判断结构、循环结构。描述处理过程中常用的关键词有：如果、那么、否则、所以、与、或、非。

【例 4-3】

某公司产品销售过程中的优惠政策：顾客每年的交易额在 50 000 元以上，最近 3 个月无欠款时，折扣率为 15％，最近 3 个月有欠款与本公司交易 20 年以上的折扣率为 10％，最近 3 个月有欠款与本公司交易 20 年以下时折扣率为 5％；顾客每年交易额在 50 000 元以下时无折扣。

用结构化语言来描述：
如果 交易额在 50 000 元以上
那么 如果 最近 3 个月无欠款
　　　　那么 折扣率为 15%
　　　否则 如果 本公司交易 20 年以上
　　　　　　那么 折扣率为 10%
　　　　　　否则 折扣率为 5%
否则 无折扣

2．决策树

用决策树描述上述某公司产品销售业务过程中的折扣政策,如图 4-10 所示。

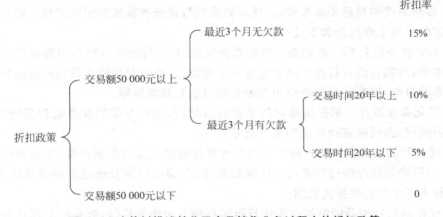

图 4-10　决策树描述某公司产品销售业务过程中的折扣政策

3．判定表

判定表是指利用表格的方式将所有条件组合充分表达出来,但是它的建立过程比较复杂。

图 4-10 中的决策树可以用表 4-6 所示的判断表来表达。

表 4-6　判断表描述某公司产品销售业务过程中的折扣政策

	可 能 方 案	1	2	3	4
条件	金额在 50 000 元以上	Y	Y	Y	N
	最近 3 个月有欠款	N	Y	Y	/
	交易时间 20 年以上	/	Y	N	/
结束	折扣率 15%	√			
	折扣率 10%		√		
	折扣率 5%			√	
	无折扣				√

第 4 章　信息系统分析

4.4 新系统逻辑方案的提出

经过数据流程分析、数据字典的建立,系统开发人员对现行系统有了比较深刻的认识。这时需要进一步调查用户对于新系统的需求并预测将来可能的需求,也就是新系统的设计目标,以便新系统设计目标对现行系统中不合理的数据流动、冗余的数据存储等进行优化和改进,进而得到新系统的逻辑模型。

4.4.1 提出新系统逻辑方案的主要工作

新系统的逻辑模型是指对现行系统进行分析和优化后,新系统拟采用的信息处理方法和管理模型。它是在现行系统逻辑模型的基础上提出来的,要以现行系统数据流程图为基础,以新系统的目标要求为依据,逐步修改现行系统数据流程图来实现。提出新系统逻辑方案的主要工作包括如下几点。

① 调整新系统目标。根据系统详细调查情况,对可行性分析报告中提出的系统目标进一步考察,对项目的可行性和必要性进一步考虑,并根据对系统建设的环境和条件的调查调整系统目标,使系统目标适应组织的管理需求和战略目标。

② 优化业务流程。根据调整后新系统的目标,对现行系统的业务流程进行分析,并优化业务流程,进而确定新系统的业务流程。

③ 优化数据流程。请用户确认最终的数据指标体系是否全面合理,数据精度是否满足要求,对哪些数据处理过程进行了优化和改动,改动的原因及改动后将带来哪些好处,并最终给出优化后的数据流程图。

④ 优化新系统的功能结构。在进行组织结构与功能分析时,对系统必须具有的功能做了详细的调查和分析,通过对子系统的划分,建立系统的功能结构,必须对此功能结构再次进行分析讨论,最后确定新系统总的功能结构。

⑤ 明确新系统数据资源。在系统功能分析和子系统划分之后,应该确定数据资源在新系统中的存放位置,即哪些数据资源存储在本系统的内部设备上,哪些是存储在网络或者主机上的。

4.4.2 系统分析报告

系统分析报告是系统分析的主要依据,是对系统分析阶段所做工作的全面总结。将每个阶段研究分析的内容以统一的格式进行整理归并,形成一个完整的分析报告,是这一阶段的成果和重要文档。

系统分析报告形成以后要组织各方面的人员对已经形成的逻辑方案进行论证,尽可能地发现其中的问题和疏漏。对发现的问题,要及时纠正,重新核实调查资料或进一步深入调查研究。对出现重大问题甚至需要调整或修改的系统目标,要重新进行系统分析。

系统分析包括以下内容。

① 基本情况介绍。主要是组织情况简介,包括系统名称、提出单位、开发单位以及管理信息系统开发的目的、意义等。

② 新系统目标和开发的可行性。说明本项目在系统分析阶段所进行各项工作的主要内容，这些是建立新系统逻辑模型的必要条件。

③ 现行系统运行状况。说明现行系统的主要功能、组织结构、用户需求、对外联系、组织与外部实体之间有哪些物质以及信息的交换关系、开发系统工作的背景等。以数据流程图为主要工具，说明现行系统的概况。

④ 新系统的逻辑方案。说明新系统的功能需求、性能需求、运行需求等，列出新系统的数据流程图、数据字典和处理逻辑说明。

⑤ 系统设计总体计划。主要是对整个系统设计有清晰、合理的时间及费用等方面的计划，较为精确地拟制系统设计阶段的计划以及相关的费用预算，并说明为保障系统顺利开发所应提供的必要条件。

本 章 小 结

本章以管理信息系统分析过程为主线，介绍了系统分析技术，包括系统的详细调查、建立信息系统逻辑模型的工具、新系统逻辑方案的提出等内容。

思考与练习

1. 什么是系统分析？系统分析的目标和主要活动有哪些？
2. 详细调查和初步调查的区别是什么？
3. 数据流程图的含义是什么？
4. 数据字典的作用是什么？
5. 处理逻辑可以使用的表达工具有哪些？
6. 对超市的收银系统进行系统分析：
① 画出数据流程图。
② 编写相应的数据字典。

信息系统设计

系统分析报告经过专家和用户评审,通过批准后,开发工作进入系统设计阶段。信息系统设计的任务是根据系统分析的文档资料和系统的逻辑模型,结合实际情况,设计出一个能在计算机系统上实现的具体设计方案,即新系统的物理实施方案。

本章具体介绍结构化设计方法的特点,阐述系统设计阶段设计的主要内容和代码设计原则与方法,阐述系统安全与数据完整性设计概念。

 学习目标

1. 理解结构化设计的要求和主要图形工具的应用。
2. 了解模块处理过程的作用和基本设计方法。
3. 了解信息系统详细设计方法。
4. 熟悉代码的设计原则和类型,掌握代码的设计方法。
5. 熟悉人机界面设计过程。

 引例

某汽车制造厂现代企业管理信息系统设计

某汽车制造厂现代企业管理信息系统,基本上实现了"信息集成、过程集成、功能集成";实现了"一张原始凭证(销货发票、购货发票、入库单、领料单等)一次录入;业务核算、统计核算、会计核算全部自动完成";"标准成本控制与责任成本考核相结合"实现了由成本核算向成本控制质的飞跃;攻克了信息集成的关键技术——原始凭证自动编制会计凭证。由于系统设计的创新和独特的管理功能,已在企业管理的各个方面发挥了重要作用。

一、系统的主要特点

系统以财务管理为中心,以成本控制为重点,开发了产品基础数据子系统、材料采购子系统、库存管理子系统、生产计划子系统、车间管理子系统和销售子系统,各子系统用财务系统将其紧密地联系在一起,遵循产、销、存一体化的新思路,实行信息的高度集成,使企业各方面的人力资源、物力资源实现最有效地利用,使信息流、物流和资金流得到合理配置,增强了企业的整体实力。各子系统都能直接输入原始单据(企业自制的原始凭证如销货发票、出、入库单等)由计算机自动编制会计凭证、自动登记各相关账户,实现一张入库单、一张发票的一次录入,车间、仓库、全厂各业务部门会计账、总账、明细账、业务台账都由计算机一次完成。这从根本上解决了长期以来一直困扰的账务串户、错账问题,解决了部门与财务、仓库与财务、仓库与车间、车间与财务账账不符、账证不符的问题;实现了数据共享和信息的有机集成;"标准成本控制与责任成本考核相结合"实现了由成本核算向成本控制质的飞跃。汽车制造厂通过广泛采用现代管理方法:在采购子系统中采用"最佳经济批量法";在仓储管理子系统中采用"ABC"分类重点管理法;在成本核算子系统中采用"标准成本法和责任成本法"。系统注重对经济责任制的考核;对销售公司和业务人员的业绩考核;对车间责任成本的考核;对采购部门和采购员采购成本降低率的考核;对工人出勤率、出工率、工作效率、废品率的考核。本系统不仅注重经济业务的事后核算和事后经济责任的考核,更注重事前控制。设计成本的功能对新产品的开发投入做到心中有数;生产计划子系统的限额领料单实现了成本的事前控制;标准成本的计算、标准成本差异的计算,将成本核算、成本分析、成本控制紧密结合在一起。本系统在成本控制、经济责任考核方面给企业带来了巨大经济效益。"原始凭证自动编制会计凭证"解决了信息集成的关键技术。功能强大、适应范围广,企业可以根据自己的销售、采购、仓储、成本核算等项业务的不同业务分类定义不同的会计凭证类型,会计凭证可以"一借一贷、一借多贷、多借多贷",可以将一类若干原始凭证制作一张会计凭证(一借多贷),也可以将几类若干原始凭证制作一张会计凭证(多借多贷)。凭证摘要由变量组成,能够详细地说明业务内容,这是手工凭证或摘要库凭证所无法比拟的。一天几百张原始凭证,计算机只需在几分钟就将上百张会计凭证制作完毕。"原始凭证自动编制会计凭证"问题的解决,解决了当前信息集成的关键问题,其意义和作用是巨大的。

二、系统的主要内容及运行情况

1. 销售子系统

销售会计负责销售发票的录入和打印,发票中的客户信息由往来户编码库提供,与应收账款的客户单相一致,产品的型号、名称、价格由产品编码库提供,与产成品、发出商品、销售明细账的产品编码相一致。按照客户的不同要求打印增值税发票或普通发票。财务收款后的发票作为记账的依据,将发票按照规范化整理计入中心数据库,自动登记财务的产品销售账、发出商品账、应收账款账、应交税金账、实现销售发票一次录入,会计凭证的制作、打印、各明细账、总账的登记由计算机一次完成。销售子系统的运行使企业应收账款账户的准确率达到99%以上,企业能够准确掌握的库存产成品,市场发出商品的型号、数量、底盘号码、发动机号码和存放时间,能够准确地统计销售部门、销售人员的工作业绩并计算销售人员的工资及奖金。

2. 采购、仓储系统

材料一经入库即由仓库操作员将材料的编码、型号、规格、名称,从产品设计BOM中读出,输入实收数量,经检验人员确认合格后,财务部门据以登记材料采购明细账和原材料明细账;仓库据此登记材料明细账;供应商据此开具发票。收到供应商附有入库单的发票后,由材料会计将发票的日期、供应商信息、材料规格、数量、货价、税额价税合计、运费等信息录入微机,供应商的单位名称、税务号等信息与应付账款客户单相一致,对于进货价高于合同价格的发票微机自动提示,拒绝录入。发票录入后选出对应的入库单,微机自动做上注销标记并编制记账凭证,登记材料采购明细账、应付账款明细账、材料成本差异明细账、应交税金明细账。库存材料的出库,通过库存管理系统进行处理,由领料部门录入领料单,仓库保管确认后,自动编制记账凭证,据此登记仓库材料明细账和车间、部门费用账。系统可以按采购部门、仓库、品种统计采购成本降低额和降低率,计算各部门材料采购节约奖。材料超储备占用微机可自动报警。采购、仓储系统的运行为我厂考核降低材料采购成本,提供了准确的汇总资料和明细资料,可以很方便地掌握发票尚未到达入库单的详细资料。系统瞬间计算出各产成品的实际成本和计划成本,为企业的价格决策提供依据。

3. 车间核算子系统

车间核算子系统包括统计核算、会计核算两部分。统计核算通过录入车间工人的出勤情况和完成的零部件名称数量计算出班组个人出勤率、工时利用率、设备利用率、工作效率;按工序统计各种零部件的完成数量,为生产计划的完成情况提供基础数据。通过对领料单、入库单的录入,建立车间在帛品统计台账。通过设计 BOM 将整机或总成拆分成零部件计入零部件控制台账,解决了总成、整机组装车间按零部件设账、按整机入库手工无法处理的问题。车间主任能随时掌握各工序的产量完成情况、生产计划执行情况、在制品、零部件控制情况、计算材料利用率等各项技术经济指标,为降低产品生产成本奠定了基础。

4. 成本核算子系统

本系统能够完成产品或零部件标准成本的制定,计算入库产成品或自制半成品的标准成本和标准成本差异,能够从价格成本差异和用量成本差异方面进行控制,为企业分析生产成本提高或降低的原因提供了详细资料。责任成本法是指在标准成本法的基础上,扣除不可控因素,确定其目标成本。作为对车间考核的依据,由于剔除了不可控因素,使厂部对车间生产成本考核的可操作性大大增强,将成本控制真正落实到车间、班组和个人,使经济责任制考核的深度和广度又向前迈出了一大步。

5. 生产计划子系统

生产计划系统是指包括生产计划的编制、生产进度的检查,并根据生产计划进行人力资源、关键设备能力的平衡,使生产计划更切合实际。根据生产计划和上月末实际库存情况,根据毛需求形成限额领料单;根据净需求和安全库存,采用最佳经济批量的科学方法形成材料采购计划并可对生产计划的完成情况进行动态监控。

6. 产品基础数据子系统

产品基础数据子系统是本系统的基础,包括设计物料和其他物料的维护。产品设计 BOM,为工艺 BOM 提供产品结构信息、工艺 BOM,为生产计划系统提供工艺过程信息,为成本控制提供工时定额、材料消耗定额、设备消耗定额等标准信息。

7. 财务管理子系统

财务管理子系统除具有其他财务软件所共有的功能外,还解决了各子系统与财务子系统的衔接、计算机自动编制凭证等技术难题,使 ERP 与财务系统有机地结合起来,架起了财务信息与物流管理信息的桥梁,从而为实现企业的现代化管理起到了重要作用。

三、主要经验和教训

与大公司合作能得到优质服务是该项目成功的重要经验。"全面规划、总体设计"是成功的必要条件。由于从一开始就重视了总体设计,因此,各子系统之间的联系,在系统开发的阶段之间都做到了很好的衔接。领导重视是成功的关键因素。该系统的特点就在于具有较强的数据唯一性和信息共享性。初始时有大量的基础资料需要维护,大量的基础数据要录入;财务、技术、销售、仓储、供应、车间也都有许多工作要做,培养自己的软、硬件技术队伍,是系统有运行的必要条件。大型的网络环境,环环相扣,任何一个环节出了问题都会影响整个系统的正常运行。必须下决心培养自己的软件、硬件的技术骨干,以保证信息系统地正常运行。系统优化是软件开发始终要注意的问题。软件开发始终要做好统一的系统规划,合理设计数据库的数据结构,减少数据的冗余,实现数据共享,提高运行速度。网络设计与硬件投资应采用"全面规划,分步实施"的措施。硬件设备应根据需要逐步投入。尽量减少由于计算机更新换代所带来的损失。

问题

1. 为什么说领导重视是信息系统成功的关键因素?
2. 为什么说"全面规划、总体设计"是信息系统成功的必要条件?

系统分析报告经过专家和用户的评审通过批准后,开发工作进入系统设计阶段。系统设计的主要任务是:根据已批准的系统分析报告,依靠系统逻辑模型及实际运行环境,考虑实际的经济和技术条件,确定新系统的物理实施方案。简单地说,就是利用当前的信息技术,将逻辑模型对应成相应的物理模型的过程。

系统设计的过程可以分为以下四个阶段。

- 系统总体设计
- 数据库设计
- 系统详细设计
- 编写系统设计报告

5.1 信息系统设计概述

系统物理模型必须符合逻辑模型,能够完成逻辑模型所规定的信息处理功能,这是物理设计的基本要求。同时,必须考虑到一个计算机应用软件系统不是固定的、静止的,在软件生命周期中,它总是处于动态变化之中。在系统调试和运行初期,要进行大量的改错工作,以便消除在设计阶段未考虑或未预见到的问题和隐患。另外,随着时间的推移,改错的工作逐渐减少,加之由于系统环境的不断变化,如机构的调整、业务的扩大、体制和政策的变更、产品的更新,以及计算机软硬件系统和外围设备的更新换代等,这些变化都要反映到系统中来,都会对系统提出新的修改要求。同时,随着计算机应用的深入开展,管理人员的眼界开阔了,他们也会对系统提出一些更新、更高的要求,系统也随之不断改进。这些都要求计算机应用软件系统具有可修改性,即易读,易于查错、改错,可以根据环境的变化和用户的要求进行各种改变与改进。使系统具有可修改性,成为系统总体结构设计要着重解决的问题。为此,提出了系统结构化设计的方法。

5.1.1 系统设计的任务

信息系统设计的任务是根据系统分析的文档资料和系统的逻辑模型设计应用程序系统的物理模型与物理结构。系统设计阶段的任务是由系统设计员完成的。

首先要确定系统功能结构，依据系统分析文档资料，采用正确的方法来确定系统各功能模块在计算机内应该由哪些程序组成，它们之间用什么方式联结在一起以构成一个最好的系统机内结构；其次要正确表达设计成果，使用一定的工具将所设计的成果表达出来；最后要详细设计与实现，考虑到实现系统功能的需要，进行数据库的详细设计、编码设计、输入/输出界面（人—机界面）设计等。

5.1.2 系统设计的过程

1. 系统设计的含义

在系统分析阶段，明确了新系统的功能结构及信息结构，也就是系统的逻辑模型，对新系统回答了"做什么？"的问题。在系统设计阶段需要回答的中心问题是"如何做？"即通过给出新系统物理模型的方式描述如何实现在系统分析中规定的系统功能。

系统设计就是详细定义基于计算机的各种活动的解决方案。在系统设计阶段，把系统分析过程当中得到的逻辑模型结合相应的网络技术、数据库技术等详细地描述出来，并为系统实施阶段的各项工作准备必要的技术资料和有关文件。

系统设计的基本目标就是要使所设计的系统满足系统逻辑模型的各项功能要求，同时尽可能地提高系统的性能。系统设计的目标是评价和衡量系统设计方案优劣的基本标准，也是选择系统设计方案的主要依据。

2. 系统设计阶段的主要活动

系统设计阶段的工作是一项技术性强、涉及面广的活动，它主要包括以下几方面。

1）总体结构设计

① 划分子系统。把整个系统按功能划分成若干个子系统，明确各子系统的目标和功能。该部分的主要工作已经在系统分析阶段完成，但根据需要，可以进一步优化和调整。

② 功能结构图设计。按层次结构划分功能模块，画出功能结构图。

③ 处理流程图设计。

④ 物理系统配置方案设计。包括设备配置、网络的选择和设计以及数据库管理系统的选择等。

2）详细设计（详细设计、概要设计）

① 代码设计。为了便于整个系统的信息交换和系统数据资源共享，也为了便于计算机处理，要对被处理进行统一的分类编码，确定代码对象和编码方式。

② 数据库设计。主要是根据系统分析阶段所得到的数据流程图和数据字典，再结合系统处理流程图，进行数据文件结构设计和数据库设计。

③ 人—机界面设计。根据数据处理的要求以及用户的使用习惯，设计输入输出方式和数据输入输出的格式。

3）系统实施进度与计划编写

4）系统设计说明书的编写

5.1.3 系统总体结构设计

1. 系统总体结构设计的任务

系统总体结构设计是系统设计阶段的第一步,其任务是根据系统的总目标和功能将整个系统合理划分若干个功能模块,正确处理模块之间的调度关系和数据关系,定义各模块内部结构等。也就是说,系统结构设计是从计算机实现的角度出发,对前一阶段划分的子系统进行校核,使其界面更加清楚和明确,并在此基础上,将子系统进一步逐层分解,直至划分到模块。

2. 系统总体结构设计的原则

系统总体结构设计应该遵循以下几条主要原则。

1) 分解协调原则

整个系统是一个整体,具有整体的目标和功能,但这个目标和功能的实现又是由相互联系的各个组成部分共同工作的结果。在处理过程中需要根据系统的总体要求来协调各部分的关系。在系统中,这种分解和协调都具有一定的要求与依据。

分解的主要依据如下。

① 按各子系统相对独立完成部分管理功能的要求分解。
② 按业务信息逻辑方式分解。
③ 从管理科学化出发进行分解,不受管理体制可能变化的影响。
④ 子系统间边界清晰,系统内业务和数据联系紧密。
⑤ 按开发、维护和修改的方便性分解

协调的主要依据如下。

① 目标协调。
② 工作进程协调。
③ 工作规范和技术规范协调。
④ 信息协调。
⑤ 业务内容协调。

2) 模块化原则

结构化设计的基础是模块化,结构化方法规定了一系列模块分解协调原则和技术,将整个系统分解成相对独立的若干模块,通过对模块的设计和模块之间关系的协调来实现整个系统的功能。

3) 自上向下的原则

抓住系统的总目标,逐层分解,即先确定上层模块的功能,再确定下层模块的功能。将系统分解为子系统,各子系统功能总和为上层系统总的功能,再将子系统分解为功能模块,下层功能模块实现上层的模块功能。这种从上往下进行功能分层的过程就是由抽象到具体、由复杂到简单的过程。这种步骤从上层看,容易把握整个系统的功能不会遗漏,也不会冗余,从下层看各功能容易具体实现。

4) 层次性原则

分解是按层分解的,同一个层次是同样由抽象到具体的程度。各层具有可比性。如果有某层次各部分抽象程度相差太大,那极可能是划分不合理造成的。

5) 一致性原则

要保证整个系统设计过程中具有统一的规范、统一的目标、统一的文件模式等。

6) 明确性原则

每个模块必须功能明确、接口明确,消除多重功能和无用接口。

3. 划分子系统

根据上述原则,第一步将整个系统划分为若干个子系统。划分方式有纵向划分和横向划分两种。

纵向划分即按管理职权的不同级别把系统分成战略管理级、战术管理级和作业处理级三个层次。

横向划分则是按照不同的管理对象和管理职能将企业(系统)划分为市场销售、生产计划、物资供应、财务会计、质量管理、设备管理、技术管理、库存管理和能源管理等。

5.1.4 系统的功能结构图设计

1. 结构化设计的原理

结构化设计方法的基本思想是使系统模块化,即把一个系统自上而下逐步分解为若干个彼此独立而又有一定联系的组成部分,这些组成部分称为模块。任何一个系统都可以按功能逐步由上向下,由抽象到具体,逐层将其分解为一个多层次的、具有相对独立功能的模块所组成的系统。在这一基本思想的指导下,系统设计人员以逻辑模型为基础,并借助于一套标准的设计准则和图表等工具,逐层地将系统分解成多个大小适当、功能单一、具有一定独立性的模块,把一个复杂的系统转换成易于实现、易于维护的模块化结构系统。

2. 模块化

模块是数据说明、可执行语句等程序对象的集合,它是单独命名的,而且可通过名字来进行访问。如汇编语言中的子程序、Pascal 语言中的过程、C 语言中的函数等。

模块化就是把程序划分成若干个模块,每个模块完成一个子功能,把这些模块集总起来组成一个整体,可以完成指定的功能,满足问题的要求。模块化是软件的重要属性,它使得一个程序易于被人理解和处理。

模块化设计,简单地说,就是程序的编写不是开始就逐条录入计算机语句和指令,而是首先用主程序、子程序、子过程等框架把软件的主要结构和流程描述出来,并定义和调试好各个框架之间的输入、输出链接关系。逐步求精的结果是得到一系列以功能块为单位的算法描述。以功能块为单位进行程序设计,实现其求解算法的方法称为模块化。模块化的目的是降低程序复杂度,使程序设计、调试和维护等操作简单化。

3. 抽象化

当对任何问题考虑一种模块化解决办法时,可以有不同等级的抽象。在最高的抽象级上,使用问题所处的环境语言,以概括的方式描述问题的解法。而在较低的抽象级上,采用更加过程化的方法,把面向问题的术语和面向实现的术语结合起来描述问题的解法。在最低的抽象级上,用可以直接实现的方式描述问题的解法。例如,在可行性研究阶段,软件作为系统的一个完整部件;在需求分析阶段,软件解法是使用在问题环境内熟悉的方式描述;当进入总体设计向详细设计过渡阶段,抽象的程度将随之减少;最后当源程序被写出以后,抽象则达到最低层。

抽象是人类在认识复杂现象过程中使用的一种有效的思维工具。软件工程过程的每一步都是对软件解法在抽象层次上的一次精化。在软件结构每一层中的模块,表示了对软件抽象层次的一次细化。事实上,软件结构顶层的模块,控制了系统的主要功能并且影响全局;在软件结构的底层模块,完成对数据的一个具体的处理。这种自上向下由抽象到具体的方式分配控制权限,可以使软件设计过程简化,实现容易,提高软件的可理解性与可测试性,有利于软件产品的维护。

4. 信息隐蔽和局部化

模块化的概念向每个软件设计者提出了一个必须回答的问题,即"我们应该如何分解一个软件,以得到最佳的模块组合呢?"信息隐蔽原理指出:应该这样设计和确定模块,使得一个模块内包含的信息(过程或数据)对不需要这些信息的模块来说,是不能访问的。这就充分说明了模块的特点在于每个模块的设计与决策别的模块是看不到的。

局部化是把一些关系密切的软件元素物理地放得彼此靠近。过程中的局部数据就是局部化的一个例子。

抽象、信息隐蔽、局部化都是模块的重要特征。抽象帮助定义软件过程的实体,信息隐蔽实施对过程细节的存取约束,局部化是对信息隐蔽的具体实现细节的要求。

"隐蔽"意味着有效的模块化可以通过定义一组独立的模块来实现,这些独立的模块彼此间仅仅交换那些为了完成系统功能而必须交换的信息。使用信息隐蔽原理作为模块化系统设计的标准,会给软件测试和维护带来方便,也可使在修改期间由于疏忽而引入的错误尽可能少地传播到软件的其他部分。

5. 模块独立性

模块独立性是模块化、抽象化、信息隐蔽概念的直接产物。开发具有独立功能并且和其他模块之间没有过多相互作用的模块,就可以做到模块独立。换句话说,希望这样设计软件,使每个模块只涉及软件需求的一个具体的相对独立的子功能,而且与软件结构其他部分的关系或接口是简单的。

之所以强调模块的独立性,有两个重要原因。其一,模块化程度较高的软件容易编制。其二,独立的模块比较容易维护和测试。关于模块的独立性通常以如下两个指标来衡量,以下分别介绍。

1) 块间联系——耦合

耦合是指对一个软件结构内不同模块之间互连程度的度量。耦合有五种,以下按从低到高的顺序分别加以叙述。

(1) 两个模块之间完全独立

如果两个模块中的每一个都能独立地工作,而不存在彼此间的联系与制约,这种块间无任何连接的形式,耦合程度最低。如图5-1所示,模块C与模块D之间没有任何联系。

(2) 数据耦合

两个模块只通过数据进行交换。例如，某些模块的输出数据作为另一些模块的输入数据，高级语言程序设计中的哑实结合（有参数）等都属于数据耦合。如图 5-2 所示，模块 A 与模块 B 间存在数据传递。

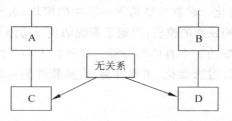

图 5-1　模块 C 与模块 D 无关

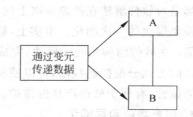

图 5-2　模块 A 与模块 B 数据耦合

(3) 控制耦合

两个模块之间通过控制信息进行传递。此种耦合可以通过模块分解用数据耦合来代替。如图 5-3 所示，模块 A 传递一个控制信息给模块 B，模块 B 根据此控制信息进行选择。

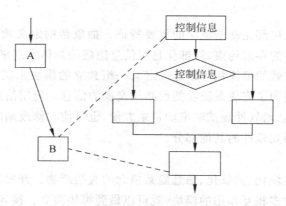

图 5-3　模块 A 与模块 B 控制耦合

(4) 公共环境耦合

两个模块之间通过公共环境进行数据的存取。公共环境可以是全程变量、共享的通信区、内存的公共覆盖区、任何存储介质上的文件等。如图 5-4 所示，模块 A 和模块 B 都访问同一个有名公用区。

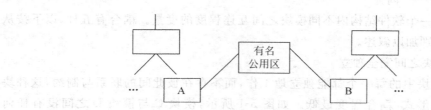

图 5-4　模块 A 与模块 B 公共环境耦合

(5) 内容耦合

当发现下列情况之一时,两个模块间就发生了内容耦合。

- 一个模块访问另一个模块的内部数据。
- 一个模块不通过正常入口而转入另一个模块的内部。
- 两个模块有一部分程序代码重叠(汇编程序)。
- 一个模块有多个入口。

进行软件设计时,一般采用下述原则:尽量使用数据耦合,少用控制耦合,限制公共环境耦合的范围,完全不用内容耦合。

2) 块内联系——内聚

内聚标志着一个模块内各个元素彼此间结合的紧密程度。内聚有六种,由弱到强分别为以下几种。

(1) 偶然内聚

模块内的元素间没有意义上的联系。例如,有时在编写完一个程序之后,发现一组语句在两处或多处出现,于是把这些语句作为一个模块以节省内存,这便产生了偶然内聚的模块。如图 5-5 所示,模块 X、模块 Y、模块 Z 调用的模块 W 即为偶然内聚模块。

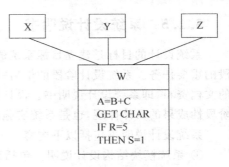

图 5-5 偶然内聚

(2) 逻辑内聚

一个模块完成的任务在逻辑上属于相同或相似的一类。如模块 X、模块 Y、模块 Z 分别调用模块 A、模块 B、模块 C,而模块 A、模块 B、模块 C 完成的任务相似,我们把模块 A、模块 B、模块 C 合并为一个模块 ABC,则此模块为逻辑内聚。如图 5-6(a)和(b)所示。

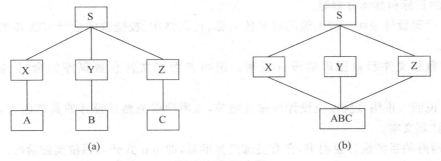

图 5-6 逻辑内聚

(3) 时间内聚

如果一个模块包含几个任务,而这些任务均须在同一个时间内执行,则称为时间内聚。例如,模块完成各种初始化工作或当一个模块处理意外故障时,这个模块必须在中断处理的同时完成关闭文件、报警和保留现场等任务,这就构成了时间内聚。

(4) 通信内聚

如果模块中所有元素都使用相同的数据结构,即用同一个输入数据或产生同一个输出数据,则称为通信内聚。例如,一个模块的功能是从输入的文件中读出数据,然后由这些数据产生报表,同时也由这些数据产生单项报表。

(5) 顺序内聚

如果一个模块中所有处理元素都是为完成同一功能而必须执行的,则称这个模块为顺序内聚。例如,一个解非线性方程组的模块,它的功能依次为输入常数项系数、求解、输出方程组的解等。

(6) 功能内聚

如果一个模块中的所有处理元素都完成一个,并且仅完成一个功能,则称该模块为功能内聚。例如,一个模块只完成矩阵加法运算或只打印输出一种特定的表格功能。显然,对一个模块而言,模块自身的内聚越强,模块间的耦合就越小,模块所具有的独立性就越好。可以说,高内聚低耦合是进行软件设计的一贯原则。

5.1.5 系统设计说明书

系统设计的目标是建立目标系统的物理模型。表述物理模型则成为系统设计最后阶段的重要任务。系统设计阶段的最后一项工作是将系统设计的各项成果编辑成一套完善的文档资料,即系统设计说明书。设计说明书是整个系统设计的完整描述,是系统设计的阶段性成果的具体体现,也是系统实施的最重要依据。

系统设计说明书包括以下内容。

① 系统模块结构设计说明。包括系统的模块化结构及其说明、各主要模块处理流程图及其说明等。

② 输入输出设计和人—机对话说明。包括输入输出设备的选择、输入输出的格式,以及输入数据的编辑校验方法等。

③ 网络设计说明。画出网络的拓扑结构图。说明所选网络软硬件平台、线路种类以及连网的目标和具体方案等。

④ 代码设计说明。说明编码对象的名称、代码结构、校验位的设计方法和相应的编码表等。

⑤ 数据文件和数据库的设计说明。说明各数据文件和数据库的命名、功能、结构等。

⑥ 说明。说明系统安全设计措施及细节,说明数据完整性设计的具体内容,给出系统安全计划文本。

编写好的系统设计说明书,交有关部门批准后,即可正式转入系统实施阶段。

5.2 总体设计阶段的图形工具

在总体设计阶段经常使用如下几种图形工具。

5.2.1 层次图

层次图用来描绘软件的层次结构。层次图中的每个方框代表一个模块,方框间的连线表示调用关系。例如,正文加工系统调用编辑模块,编辑模块依需要调用添加、删除、插入、修改、合并、列表模块。从图 5-7 的组成上不难看出,层次图很适合于在自上向下的软件设计过程中使用。

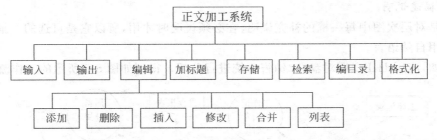

图 5-7 正文加工系统的层次图

5.2.2 HIPO 图

HIPO(hierarchy plus input/processing/output)图是美国 IBM 公司于 20 世纪 70 年代发展起来的表示软件系统结构的工具。HIPO 图由两部分组成:可视目录表和 IPO 图。可视目录表给出程序的层次关系,IPO 图则为程序各部分提供具体的工作细节。

1. 可视目录表

可视目录表由体系框图、图例、描述说明三部分组成。

1) 体系框图

体系框图又称层次图(H 图),是可视目录表的主体,用来表明各个功能的隶属关系。如图 5-8 所示,它是自上向下逐层分解得到的,是一个树形结构。它的顶层是整个系统的名称和系统的概括功能说明;第二层把系统的功能展开,分成了几个框;第二层功能进一步分解,就得到了第三层、第四层……直到最后一层。每个框内都有一个名字,用以标识它的功能,还有一个编号,以记录它所在的层次及在该层次的位置。

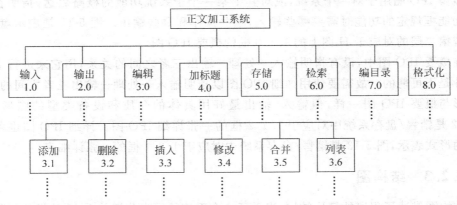

图 5-8 带编号的层次图(H 图)

第 5 章 信息系统设计

2) 图例

每一套HIPO图都应当有一个图例,即图形符号说明。附上图例,不管人们在什么时候阅读它都能对其符号的意义一目了然。

3) 描述说明

它是对层次图中每一框的补充说明,在必须说明时才用,所以它是可选的。描述说明可以使用自然语言。

例如,应用HIPO图对盘存/销售系统进行分析。得到如图5-9所示的工作流程。

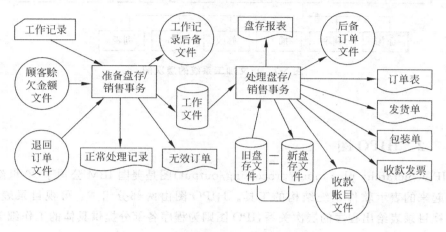

图5-9 盘存/销售系统工作流程

图5-10为盘存/销售系统的可视目录表。

2. IPO 图

IPO 图为层次图中每一功能框详细地指明输入、处理及输出。通常,IPO 图有固定的格式,图中处理操作部分总是列在中间,输入和输出部分分别在其左边和右边。由于某些细节很难在一张 IPO 图中表达清楚,常常把 IPO 图又分为两部分,简单概括的称为概要 IPO 图,细致具体一些的称为详细 IPO 图。

概要 IPO 图用于对一个系统,或对其中某一个子系统功能的概略表达,指明在完成某一功能框规定的功能时需要哪些输入,哪些操作和哪些输出。图5-11是表示盘存/销售系统第二层的对应于 H 图上的1.1.0框的概要 IPO 图。

在概要 IPO 图中,没有指明输入—处理—输出三者之间的关系,用它来进行下一步的设计是不可能的。故需要使用详细 IPO 图以指明输入—处理—输出三者之间的关系,其图形与概要 IPO 图一样,但输入、输出最好用具体的介质和设备类型的图形表示。图5-12是销售/盘存系统中对应于1.1.2框的一张详细 IPO 图。详细 IPO 图也可用类似表的形式表示,图5-13是销售/盘存系统中对应于1.2.1框的一张详细表。

5.2.3 结构图

结构图描述了程序的模块结构,表示了一个系统的层次分解关系,反映了块间联系和块内联系等特征及控制信息的传递关系。

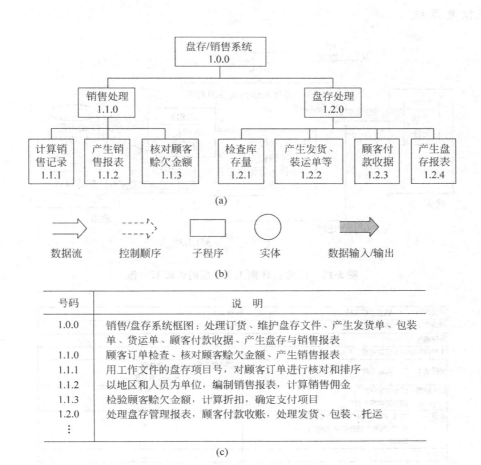

图 5-10　盘存/销售系统的可视目录表
(a) 层次图；(b) 图例；(c) 描述说明

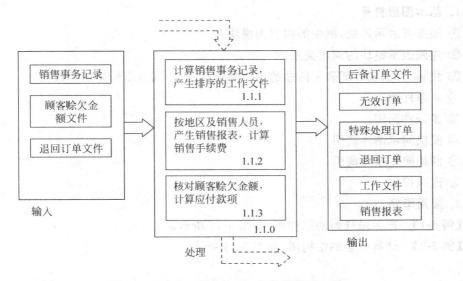

图 5-11　对应 H 图上 1.1.0 框的概要 IPO 图

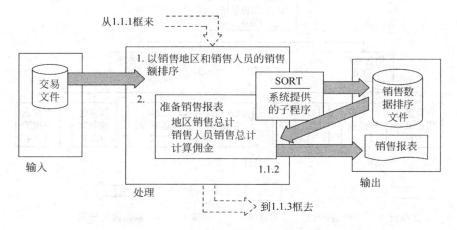

图 5-12 对应于 H 图 1.1.2 框的详细 IPO 图

系统名称：	销售管理系统	设计人：	
模块名：	确定能否订货	日期	
模块编号：			
上层调用模块：订货处理			
文件名：	库存文件	下层被调用模块：可供货处理 缺货订单留底	
输入数据：	订单订货量X 相应货物库存量Y	输出数据：	
处理：	IF Y-X>0 THEN (调用 "可供货处理") ELSE (调用 "缺货订单留底") ENDIF		
注释：			

图 5-13 对应于 H 图 1.2.1 框的详细表

1. 基本图形符号

① 矩形框表示模块，框中的内容为模块名。
② 连线表示模块的调用关系。
③ 注释箭头，实心圆表示传递的是控制信息，空心圆表示传递的是数据。
④ 单条件调用。
⑤ 多条件调用。
⑥ 模块间单循环调用。
⑦ 模块间多循环调用。
⑧ 连接符。

2. 应用举例

【例 5-1】 产生最佳解的结构图，如图 5-14 所示。
【例 5-2】 计算奖金的结构图，如图 5-15 所示。

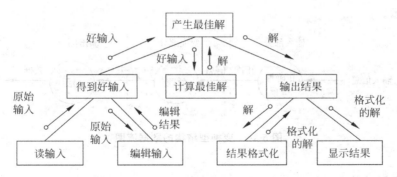

图 5-14 产生最佳解的结构图

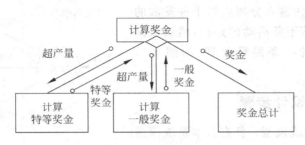

图 5-15 计算奖金结构图

5.3 结构化设计(SD 方法)

自 20 世纪 70 年代以来,产生了多种软件设计方法。如模块化程序设计(MP)、基于功能分解的自上向下设计(TDD)、复合设计法(CD)、结构化设计(SD)、程序逻辑构造法(LCP)、M. Jackson 结构设计(MJSD)、结构化分析设计技术(SADT)和面向对象设计技术(OOD)等。这些方法都是用来指导总体设计的。本节只介绍 SD 方法。

SD 是"结构化设计"(structured design)英文的简称,它是美国 IBM 公司的 L. Constantine 等人研究出来的,是目前使用最广泛的一种设计方法。SD 方法的基本思想是模块化,考虑应如何建立一个结构优良的软件系统,它提出了从反映用户要求的数据流图出发,逐步产生软件结构的规则,提出了高内聚低耦合的评价模块结构质量的具体标准。

5.3.1 软件结构的标准形式

在数据处理系统中,常见的软件结构标准型有两种:变换型和事务型。当然,在一般情况下是两种类型的混合。

1. 变换型结构

SD 方法是以数据流图为基础的,变换型结构的数据流图基本上呈线性形状,可以比较明显地分为输入、变换(或加工)、输出三部分,其中变换部分是系统的主要工作,如

图 5-16 所示。

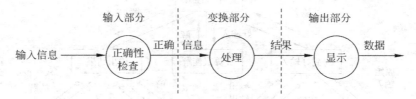

图 5-16　变换型结构的数据流图

2. 事务型结构

此类系统的数据流图常呈辐射状，一个加工（事务中心）将它的输入分离成若干种发散的数据流，从而形成若干条活动的路径，然后根据输入值选择其中的一条路径处理，如图 5-17 所示。

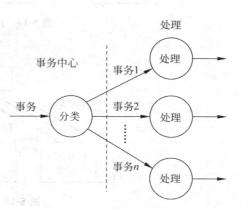

图 5-17　事务型结构数据流图

5.3.2　SD 设计步骤

① 复查基本系统模型。复查基本系统模型的目的是进一步检查输入和输出数据是否正确合理。

② 复查并精化数据流图。对需求分析阶段的数据流图认真复查，查看一个处理是否都代表一个规模适中的独立子功能，不符合时需对数据流图进行精化。

③ 确定数据流的类型。一张数据流图若没有明显的事务中心，则一般认为是变换型结构的数据流图。有时数据流图较复杂，粗分属于变换型结构的数据流图，而细节部分可能又属于事务型结构的数据流图，这时可以采取逐步细化的原则，如图 5-18 所示。

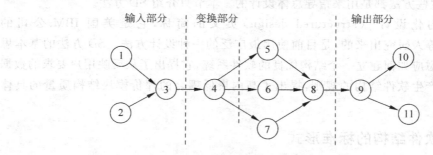

图 5-18　确定数据流图类型

④ 确定边界。
⑤ 把数据流图映射成系统模块结构，即设计系统的上层模块结构。
⑥ 基于数据流图逐步分解高层模块结构，设计出下层模块。

⑦ 根据模块独立性原理,精化模块结构。
⑧ 描述模块接口信息,给出进出模块的数据信息。

5.4 信息系统详细设计

5.4.1 系统物理配置方案设计

1. 设计依据

1) 系统的吞吐量

每秒钟执行的作业数成为系统的吞吐量,用 TPS(transaction per second)表示。系统的吞吐量越大,则 TPS 的值越大,同时也说明系统的处理能力越强。

2) 系统的响应时间

从用户向系统发出一个作业请求开始,经系统处理后,再给出应答结果的时间称为系统的响应时间。如果一个系统的响应时间越快,则计算机的运算速度越快,并且通信线路的传递速率也越高。

3) 系统的可靠性

系统的可靠性可以用联系改造的时间来表示。例如,每天需要 24 小时连续工作的系统,则系统的可靠性就应该很高,这时可以采用双机双工系统结构方式。

4) 数据管理方式

如果用文件系统管理数据,则操作系统应具备文件管理功能;如果用数据库方式规律数据,那么系统中应配备 DBMS 或分布式 DBMS 系统软件和其他网络管理软件。

5) 集中式还是分布式

如果一个系统的处理方式是集中式的,那么既可以采用单机系统,也可以采用网络系统。如果一个系统的处理方式是分布式的,则必须采用网络方案。

6) 单机系统还是多机系统

如果一个系统的功能比较简单,并且规模不大,那么采用单用户或多用户的单机系统可以满足要求;否则就要采用多机系统,以便解决资源共享问题,通常为网络结构形式。

7) 地域范围

需要根据系统覆盖的地域范围来决定是采用广域网还是局域网。

2. 计算机硬件选择

计算机硬件选择取决于数据的处理方式和运行的软件。管理对计算机的基本要求是速度快、容量大、通道能力强、操作灵活方便,但是计算机的性能越高,其价格也就越昂贵,因此,在计算机硬件的选择上应全面考虑。一般来说,如果系统的数据处理是集中式的,系统应用的主要目的是利用计算机强大的计算能力,则可以采用浏览器/服务器系统,以高性能的计算机作为服务器,更为灵活、经济。若对企业管理等应用,其应用本身就是分布式的,那么采取服务器/客户端方式可以使系统具有较好的性能。

在确定了数据的处理方式后,在计算机型的选择上则主要考虑应用软件对计算机处理能力的需求,包括计算机主存,CPU 时钟,输入、输出和通信的通道数目,显示方式外接转储设备及其类型。

对于硬件设备的选择,应列出硬件设备明细表并绘制硬件配置图。并且,最好准备几种设备配置方案及类型功能、容量的几种机器选择方案,召开各种方案论证会,请各方面有关人员和专家参加分析讨论,提出意见。

3. 数据库管理系统的选择

管理信息系统是以数据库系统为基础,一个好的数据库管理系统对管理信息系统的应用有着举足轻重的重要影响,在数据库管理系统的选择上,应主要考虑:数据库的性能、数据库管理系统的系统平台、数据库管理系统的安全保密性能和数据的类型。

目前市场上数据库管理系统较多,流行的有 Oracle、Sybase、SQL Server、Informix、FoxPro 等。Oracle、Sybase 是后台数据库管理系统,一般用于大、中型企业的管理信息系统中。近年来,Microsoft 推出的 Access/FoxPro 是一种桌面数据库管理系统,主要用于小型管理信息系统开发中。

4. 应用软件的选择

随着计算机产业的发展,出现了许多商品化应用软件。这些软件技术成熟,设计规范,管理思想先进,直接应用商品化软件既可以节省投资,又可以规范管理过程,加快系统应用的进度。选择应用软件应考虑以下方面。

① 软件是否能够满足用户的需求?在软件功能上应注意以下问题:系统必须处理哪些事件和数据,软件能否满足数据表示的需要,如记录的长度、文件最大长度等;系统能够产生哪些报表、文档或其他的输出;系统要储存的数据量及事件数;系统必须满足哪些查询需求;系统有哪些不足之处,如何解决。

② 软件是否具有足够的灵活性?由于用户需求和管理需求的不确定性,系统应用环境经常发生变化,因此,应用软件要有足够的灵活性,以适应对软件的输入、输出的要求。

③ 软件是否能够获得长期、稳定的技术支持?对于商品化软件,稳定的技术支持是必需的。这一方面是为了保证软件能够满足需求的变化;另一方面是便于今后随着系统平台的升级而不断升级。

5.4.2 处理流程图设计

系统结构设计的重点在于描述系统的功能特征及其各功能模块之间的调用关系,但并未表达各功能之间的数据传递关系。因此,为了进一步表达系统的处理过程和系统中数据传递关系,还必须进行系统处理流程设计和具体模块的处理流程设计,以便为程序设计提供详细资料。

1. 系统处理流程图设计

系统处理流程图是以新系统的数据流程图为基础绘制的。首先,为数据流程图中的处理功能画出数据关系图。图 5-19 是数据关系的一般形式,它反映了数据之间的关系,即输入什么数据、产生什么中间数据和输出什么信息之间的关系。

其次,把各个处理功能的数据关系图综合起来,形成整个系统的数据关系图,即系统处理流程图。

绘制系统处理流程图应当使用统一符号。目前我国国家标准 GB1526—79 信息处理

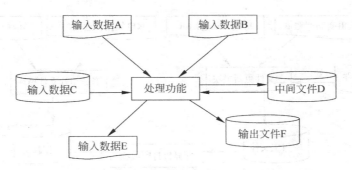

图 5-19　数据关系的一般形式

流程图符号和国际标准化组织标准 ISO1028、2636 以及美国国家标准协会 ANSI 的图形符号大致相同，常用的符号如图 5-20 所示。

图 5-20　常用的系统流程图符号

从数据流程图到系统处理流程图并非单纯的符号改换，系统处理流程图表示的是计算机的处理流程，而并不像数据流程图那样还反映了人工操作那一部分。因此，绘制系统处理流程图的前提是已经确定了系统的边界、人—机接口和数据处理方式，同时还要考虑哪些处理功能可以合并或进一步分解，把有关的处理看成系统流程图中的一个处理功能。

【例 5-3】　图 5-21 是工资管理子系统的系统处理流程。由图可知，该子系统由主文件更新模块、形成扣款文件模块和计算机打印模块三部分组成。系统把工资数据分为固定半固定数据和变动数据两大部分。相对固定的数据长期存储在主文件中，每月只做少量更新工作。对变动很大的变动数据，每月从键盘重新输入，暂时保存在磁盘的扣款文件上。最后由计算和打印程序自动到主文件和扣款文件中去找出每个职工的有关数据，计算后打印出工资单和工资汇总表。

【例 5-4】　图 5-22 是某库存管理子系统的数据流程图中的一部分，图 5-23 是所转换的信息系统流程。

2. 程序框图设计

程序框图，又称程序流程图。它是用统一规定的标准符号描述程序运行具体步骤的图形表示，是描述模块内部处理过程的主要工具。程序框图的设计是在系统处理流程图的基础上，通过对输入输出数据的详细分析，然后将具体的处理过程在计算机中的主要运行步骤标识出来，作为程序设计的最基本依据。

由于结构化程序设计方法简单易学，并且能够通过集中基本的处理结构将一个复杂

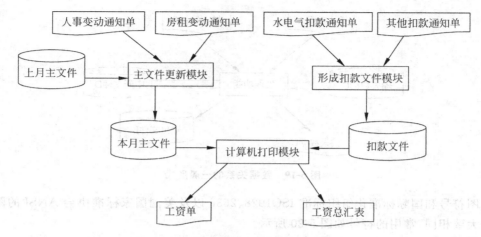

图 5-21　工资管理子系统的信息系统流程

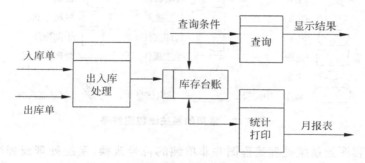

图 5-22　库存管理子系统数据流程

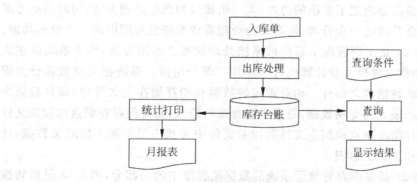

图 5-23　库存管理子系统信息系统流程

程序的运行步骤简明易懂地描述出来，所以是一种比较好的设计方法。利用结构化程序设计方法描述模块内部的处理过程，主要采用以下五种基本的处理结构：顺序处理结构、选择处理结构、先判断后执行的循环处理结构、先执行后判断的循环处理结构、多条件选择处理结构。这五种基本结构如图 5-24 所示。

在实际的程序框图设计工作中，遇到的问题要复杂一些，因为它可能包含多重循环处理或多种选择的嵌套处理。只要能从以上五种基本处理结构为出发，根据处理功能的基本要求,确定什么地方应选择顺序处理,什么地方应采用选择处理,什么地方应采用循环处理,最后将这些基本处理结构合理地组合起来,就能够设计出合乎要求的程序框图。当然,对于一个复杂的处理过程,可能要经过多次的修改,最后才能设计出比较满意的程序框图。

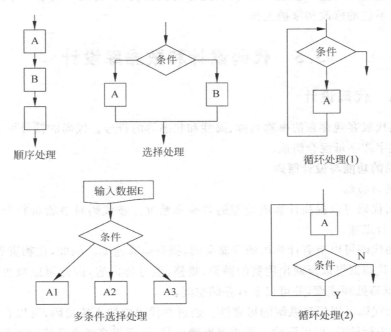

图 5-24　程序框图的基本结构

3. 程序设计说明书

程序设计说明书是对程序框图注释性的书面文件,以帮助程序设计人员进一步了解程序的功能和设计要求。程序设计说明书由系统设计人员编写,交给程序设计人员使用。因此,程序设计说明书必须写得清楚明确,以便增加程序设计人员对所要设计程序的处理过程和设计要求的理解。

程序设计说明书主要包括以下内容。

① 程序名称。它包括反映程序功能的文字名称和标识符。如录入模块 LU.PRC2 等。

② 程序所属的系统和子系统名称。

③ 编写程序所用的语言。

④ 输入数据的方式与格式。当有多种数据输入时,应当分别对每种数据的输入方式和格式做出具体而详细的说明。

⑤ 输出信息的方式与格式。当有多种信息按不同方式输出时,应当分别说明按各种方式输出时的格式要求。

⑥ 程序处理过程说明。它包括在程序中使用的计算公式、数学模型和控制方法等。

⑦ 程序运行环境的说明。它主要是指保证程序能够正常运行所需要的输入、输出设备的类型和数量,内部存储器的容量,以及支持程序运行的操作系统等内容进行说明。

编写程序设计说明书的工作必须引起系统设计人员的充分注意,并作为一项重要的工作内容来完成。因为程序设计说明书不仅是程序设计人员进行程序设计时的重要参考,而且是系统修改和维护的技术依据。就是在系统投入运行之后,由于要经常根据情况的变化对系统进行调整和修改,如果没有完善的文档资料,将既不利于程序的设计工作,也不利于对系统的修改和维护工作。

5.5 代码设计和数据库设计

5.5.1 代码设计

代码是代表客观存在的事物名称、属性和状态等的符号。代码的符号可以是数字、字母或者由数字和字母混合组成。

1. 代码的功能与设计原则

1) 代码的功能

① 使用代码可以提高计算机处理的效率和精度。按代码对事物进行分类、合并、更新、检索,十分迅速。

② 利用代码可以节省计算机的存储空间,提高运算速度。例如,在物资管理系统中,通过相应的代码就可以反映出物资的种类、规格、型号等内容,因此可以减少计算机处理的数据量,提高处理速度,并可以节省存储空间。

③ 利用代码可以提高系统的可靠性。通过在代码中加入校验码,可以在输入数据时利用计算机进行检验,以保证输入的数据准确可靠,从而提高整个系统的可靠性。

④ 利用代码可以提高数据的全局一致性。对同一事物,即使在不同场合有不同的叫法,都可以用代码统一起来,减少了因数据不一致而造成的错误。

⑤ 代码是人和计算机的共同语言,是两者交换信息的工具。

现代企业的编码系统已由简单的结构发展成为十分复杂的系统。为了有效地推动计算机应用和防止标准化工作走弯路,我国十分重视制定统一编码标准的问题,并已公布了 GB2260—80 中华人民共和国行政区划代码、GB1988—80 信息处理交换的七位编码字符集等一系列国家标准编码,在系统设计时要认真查阅国家和部门已经颁布的各类标准。

代码设计在系统分析阶段就应当开始。代码的编制需要仔细调查和多方协调,是一项很费事的工作,需要经过一段时间,在系统设计阶段才能最后确定。

2) 代码设计的原则

合理的编码结构是信息处理系统具有生命力的一个重要因素。在代码设计时,应遵循以下基本原则。

① 唯一性。每一个代码只能唯一地代表系统中的一个实体或实体属性。而一个实体或实体属性也只能唯一地由一个代码来表示。

② 标准性。代码设计时要尽量采用国际或国家的标准代码,以方便信息的交换和共享,并可为以后对系统的更新和维护创造有利条件。

③ 合理性。代码设计必须与编码对象的分类体系相适应,以使代码对编码对象的分

类具有标志作用。

④ 可扩充性。编码时要留有足够的备用代码,以适应今后扩充代码的需要。但备用代码也不能留得过多,以免增加处理的难度。

⑤ 简单性。代码结构要简单,要尽量缩短代码的长度,以方便输入,提高处理效率,并且便于记忆,减少读写的差错。

⑥ 适用性。代码设计要尽量反映编码对象的特点,以便于识别和记忆,使用户容易了解和掌握。

⑦ 规范化。代码的结构、类型、编码格式必须严格统一,以便于计算机处理。

2. 代码的种类

代码的种类如图 5-25 所示,图中列出了最基本的代码。在实际应用中,常常根据需要采用两种或两种以上基本代码的组合。

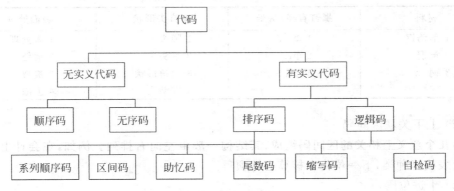

图 5-25 代码种类

从编码对象实际状况和使用方便两个方面进行考虑,常用的代码主要有以下几种。

1) 顺序码

顺序码是用一串连续的数字来代表系统中的客观实体或实体属性。例如,一个大学里面的各个学院可以采用顺序编码:

01 管理学院

02 商学院

03 信息管理学院

……

14 机械工程学院

顺序码的优点是简单、易处理;缺点是不能反映编码对象的特征,代码本身无任何含义。另外,由于代码按顺序排列,新增加的数据只能排在最后,删除数据则要产生空码、缺乏灵活性。所以通常作为其他编码的一个组成部分。

2) 区间码

区间码是指按编码对象的特点把代码分成若干个区段,每一个区段表示编码对象的一个类别。例如,全国行政区邮政编码即为典型的区间码。这种代码共有 6 位数字组成,分成三个区段:第 1 位数字和第 2 位数字表示省或直辖市级顺序码;第 3 位数字和第 4

位数字表示地或市级顺序码；第 5 位数字和第 6 位数字表示县或区级顺序码。因此，一个代码就可以反映出这个代码所在的省、地和县。

区间码的优点是从结构上反映了数据的类别，便于计算机分类处理、排序、分类，插入和删除也比较容易。它的缺点是代码的位数一般比较多。区间码往往要和顺序码混合使用。

(1) 多面码

一个数据项可能具有多方面的特性，在码的结构中，为这些特性各规定的一个位置，就形成多面码。

例如，对于机制螺钉，可做表 5-1 的规定，代码 2342 就表示材料为直径是 Φ2.5 毫米的黄铜方形头镀铬螺钉。

表 5-1　多面码示例

材料	螺钉直径/毫米	螺钉头形状	表面处理
1 不锈钢	1 Φ0.5	1 圆头	1 未处理
2 黄铜	2 Φ1.0	2 平头	2 镀铬
3 钢	3 Φ2.5	3 六角形状	3 镀锌
		4 方型头	4 上漆

(2) 上下关联区间码

由几个意义上相关的区间码组成，其结构一般由左向右排列。例如，在会计上，用最左位代表核算种类，下一位代表核算会计项目。

(3) 十进位码

由上下关联区间码发展而成，相当于图书分类沿用已久的十进位分类码。如 820.645，小数点左边的数字组合代表主要分类，小数点右边的数字代表子分类。子分类划分虽然很方便，但是所占数位长短不齐，不适于计算机处理。但是只要把代码的数位固定下来，仍然可以用计算机处理。

3) 助忆码

助忆码是指用可以帮助记忆的字母和数字来表示编码对象。例如，表示电视接收机可以用代码：

TV—B—30 表示 30cm 黑白电视机；

TV—C—51 表示 51cm 彩色电视机。

助忆码的优点是直观、便于记忆和使用；缺点是不利于计算机处理，当编码对象较多时，也容易引起联想出错，所以这种编码主要用于数据量较少的人工处理系统。

4) 缩写码

缩写码是指把人们习惯使用的缩写字直接用于代码，如 kg—千克、cm—厘米。

缩写码的优点是简单、直观，便于记忆和使用。但是，由于缩写字有限，所以它的使用范围也有限。

5) 尾数码

使末尾位的数字码具有一定含义，可以不增加主要代码位数而进行分类，即利用尾位数字修饰主要代码。例如,用 02301 表示 230 毫米,用 02302 表示 230 厘米。

3. 代码的校验

代码作为数据的一个组成部分,是系统的重要输入内容之一,它直接影响整个处理工作的质量。特别是人们需要重复抄写代码和通过手工将它输入计算机中时,发生错误的可能性就比较大。为了保证输入代码的正确性,人们在设计代码时,可以在原有代码的基础上再加上一个校验位,使其成为代码的一个组成部分。校验位通过事先规定好的数学方法计算出来,当带有校验码的代码输入计算机中时,计算机也利用同样的计算方法计算代码的校验位,并将它和输入的代码校验位进行比较,以检验输入是否正确。

4. 代码设计举例

1) 代码设计任务书

在进行代码设计时,要首先填写代码设计任务书,作为代码设计的主要依据,并且作为系统文档资料的一个重要组成部分,需要妥善保管。

代码设计任务书的基本格式和所反映的基本内容如表 5-2 所示。

表 5-2 代码设计任务书

系统设计资料编码					代码设计任务书编号	
代码设计任务书 年 月 日							
编码对象名称	编码方式			位数	校验位	
会计科目	区间码			8	有	
编码对象数量	使用时间			适用范围	
	2007.5.1			财务管理信息系统	
代码化目的	1. 便于输入和检验 2. 便于计算机分类处理					
构成	第 1~3 位表示一级科目;第 4、5 位表示二级科目;第 6、7 位表示三级科目;第 8 位是校验位					
编码要求	1. 一级科目编码采用国家会计制度规定的统一编码 2. 校验位采用几何级数法设计					
序号	代码			意义		
	一级科目	二级科目	三级科目	一级科目	二级科目	三级科目
1	101	01	00	现金	人民币	无意义
2	101	02	00	现金	美元	无意义
3	102	01	00	银行存款	人民币	无意义
4	102	02	00	银行存款	美元	无意义
…	…	…	…	……	……	……

2) 代码设计举例

以下根据代码设计任务书的要求说明会计科目代码设计的过程。

由代码设计任务书可以看到,会计科目代码共有 8 位数字组成,其中前 7 位数字是基本代码,按区间码设计,第 1 位数字到第 3 位数字表示一级科目;第 4 位数字和第 5 位数字表示二级科目;第 6 位数字和第 7 位数字表示三级科目;第 8 位数字是校验位,按几何级数法计算得到。

(1) 一级科目代码设计

一级科目的编码,是利用国家会计制度中对会计科目的统一编号来实现的。一级科目代码共由3位数字组成,其中100～199表示资产类会计科目;200～299表示负债类会计科目;300～399表示所有者权益类会计科目;400～499表示成本类会计科目;500～599表示损益类会计科目。在一级科目的编码中,第1位数字表示科目的大类,第2位数字和第3位数字表示科目的小类和序号。在某些会计科目之间留有空号,是供增设会计科目时之用。

(2) 明细科目代码设计

明细科目反映的内容极为广泛,并且由于企业不同,其明细科目的名称也不尽相同。因此,代码设计必须考虑各企业会计核算系统的特点和管理上的要求。这里是在一级科目编码的基础上,添加两位数字表示一级科目下属的二级科目代码,二级科目代码按顺序方式设计。三级科目代码是在每一个二级科目代码后再用两位数字表示,三级科目代码仍然按顺序码设计。

(3) 校验位的设计

原代码设计完成之后,就可以进行校验位设计。校验位的权数按几何级数排列,模数取11。由于会计科目代码较多,为了减少计算的工作量和保证代码校验位的正确性,可以设计一个专门的计算机程序,以自动完成校验位的计算并将计算结果自动添加到原代码的后面。

5.5.2 数据文件和数据库设计

信息系统的主要任务是通过大量的数据获得管理所需要的信息,这就必须存储和管理大量的数据。因此,建立一个良好的数据组织结构和数据库,使整个系统都可以迅速、方便、准确地调用和管理所需的数据,是衡量信息系统开发工作好坏的主要指标之一。

数据结构组织和数据库或文件设计,就是要根据数据的不同用途、使用要求、统计渠道、安全保密性等来决定数据的整体组织形式,以及决定数据的结构、类别、载体、组织方式、保密级别等一系列的问题。一个好的数据结构和数据库应该充分满足组织的各级管理要求。同时还应该使得后继系统开发方便、快捷,系统开销(即占用空间、网络传输频带、磁盘或光盘读写次数等)小,易于管理和维护。

指标体系中数据的结构在建库前还必须进行规范化的重新组织。

在进行了数据基本结构的规范化重组后,还必须建立整体数据的关系结构。这一步设计在完成后数据库和数据结构设计工作就基本完成,待系统实现时将数据分析和数据字典的内容带入本节所设计的数据整体关系结构中,一个规范化数据库系统结构就建立起来了。

建立关系数据结构涉及三方面内容:建立链接关系、确定单一的父系关系结构、建立整个数据库的关系结构。

1. 建立链接关系

在进行了上述数据规范化重组后,已经可以确保每一个基本数据表(简称表)是规范的,但是这些独立的表并不能完整地反映事物,也就是说在这些基本表的各字段中,所存储的还只是同一事物不同侧面的属性,通常需要通过指标体系才能完整全面地反映事物。那么计算机系统如何能知道哪些表中的哪些记录应与其他表中的哪些记录对应,它们表示的是同一个事物吗?这就需要在设计数据结构时将这种各表之间的数据记录关系确定下来。这种表与表之间的数据关系一般都是通过主或辅关键词之间的连接来实现的。因为在每个表中只有主关键词才能唯一地标识表中的这一个记录值(因为根据第三范式的要求,表中其他数据字段都函数依赖于主关键词),所以将表通过关键词连接就能够唯一地标识出某一事物不同属性在不同表中的存放位置。

2. 确定单一的父系关系结构

所谓确定单一的父系关系结构,是指要在所建立的各种表中消除多对多的现象,即设法使得所有表中记录之间的关系呈树状结构(只能由一个主干发出若干条分支,而不能由若干条主干交错发出若干条分支状况)。所谓的"父系",是指表的上一级关系表。消除多对多关系可以借助于E-R图的方法来解决,也可以在系统分析时予以注意,避免这种情况的发生。

5.6 人—机界面设计

人—机界面设计是计算机系统与人的接口设计。系统与用户之间接口的作用已经越来越重要。这一部分设计得好,系统运行时使用方便,操作简单,将会增加用户对整个系统的满意程度。

5.6.1 输出设计

输出设计的目的是使系统能输出满足用户需要的有用信息。对于大多数用户来说,输出是系统开发的目的和评价系统开发成功与否的标准。因此,输出设计的出发点是保证系统输出的信息能够方便地为用户所使用,能够为用户的管理活动提供有效的信息服务。

1. 输出设计的内容

1) 确定输出内容

确定输出设计的内容要考虑以下方面。

① 输出信息使用方面的内容,包括信息的使用者、使用目的、报告量、使用周期、有效期、保管方法和复写份数等。

② 输出信息的内容,包括输出项目、位数、精度、数据形式(文字、数字)、数据来源与生成算法等。

2) 确定输出格式

确定输出格式,如表格、图形或文件。输出信息的格式设计,是为了给用户提供一种清晰、美观、易于阅读和理解的信息。因此,输出信息的格式必须考虑用户的要求和习惯,要尽量与现行系统的表格形式相一致。如果必须做出更改,则要由系统设计人员、系统分析人员和使用人员共同协商后,经过各方面人员的同意才能进行。表格的输出设计工作可由专门的表格生成器软件完成,图形的输出设计也有专门的软件。

3) 选择输出设备和确定输出介质

信息的用途决定了输出设备和输出介质。需要送给其他有关人员或者需要长期存档的材料,必须使用打印机打印输出;若是需要作为以后处理用的数据,可以输出到磁带或者磁盘上;如果只是需要临时查询的信息,则可以通过屏幕显示。输出设备主要是指打印机和显示器。表 5-3 为输出设备和输出介质一览表。

表 5-3 输出设备和输出介质

项目	类 别						
输出设备	行式打印机	卡片或纸带输出机	磁带机	磁盘机	终端	绘图仪	缩微胶卷输出机
介质	打印纸	卡片或纸带	磁带	磁盘	屏幕	图纸	缩微胶卷
用途和特点	便于保存,费用低	可代其他系统输入之用	容量大,适于顺序存取	容量大,存取更新方便	响应灵活,人—机对话	精度高,功能全	体积小,易保存

2. 输出报告

输出报告是系统设计的主要内容之一,它定义了系统的输出。输出报告既标出了各常量、变量的详细信息,也给出了各种统计量及其计算公式、控制方法。

设计输出报告时应考虑以下几点。

① 方便使用者。能为使用者提供及时、准确、全面的信息。输出的图形或表格,便于用户阅读和理解。

② 要考虑系统的硬件性能。

③ 尽量利用原系统的输出格式,如须修改,应与有关部门协商,征得用户同意。

④ 输出的格式和大小要根据硬件能力,认真设计,并试制输出样品,经用户同意后才能正式使用。

⑤ 输出表格要考虑系统的发展。输出表格中是否为新增项目留有相应的位置。设计输出报告之前应收集好各项的有关内容,填写到输出设计书上(见表 5-4),这是设计的准备工作。

表 5-4 输出设计书

输出设计书					
资料代码	GZ—01	输出名称		工资主文件一览表	
处理周期	每月一次	形式	行式打印表	种类	0—001
份数	1	报送		财务科	
项目号	项目名称	位数及编辑		备注	
1	部门代码	X(4)			
2	工号	X(5)			
3	姓名	X(12)			
4	级别	X(3)			
5	基本工资	9 995.99 元			
6	房费	999.99 元			

为了提高系统的规范化程度和编程效率,在输出设计上应尽量保持输出流内容和格式的同一性。也就是说,同一内容的输出,对于显示器、打印机、文本文件和数据库文件应具有一致的形式。显示器输出用于查询或预览,打印机输出提供报表服务,文本文件格式用于为办公自动化系统提供剪辑素材,而数据库文件可满足数据交换的需要。

在打印输出时,报告纸有专用纸和通用白纸两种。专用纸上事先印有表头和文字说明等格式,使用时可直接套打,通用白纸则须打印表头、格式及说明信息。

5.6.2 输入设计

输入设计是整个系统设计的关键环节之一,对系统的质量起着决定性的影响。输入数据的正确性直接决定处理结果的正确性,如果输入数据有误,即使计算和处理十分正确,也无法获得可靠的输出信息。

1. 输入设计的内容

① 数据收集。将收集到的信息用计算机能识别的符号记录下来。

② 数据登录。将收集来的数据转换成适合系统处理的形式,登录在专门设计的记录单上或介质上。

③ 数据输入。把数据读入计算机中。

2. 输入类型

① 外部输入。是基本的原始数据输入方式,如会计凭证、订货单、合同等数据的输入。

② 交互式输入。由人—机对话方式进行,少量的,在操作过程中需要输入数据或对提示的回答。

③ 内部输入。系统内部运算后产生的信息,如产值、利润等数据。

④ 网络输入。系统内外部的计算机间互相交换或共享的数据,通过通信网的传输得到。

3. 输入设备

用来收集和输入数据常用设备有卡片穿孔机、纸带穿孔机、键盘、软盘输入机、磁带机、终端控制台键盘、磁性墨水阅读器、光字符识别器、光笔、数字化仪、扫描仪以及接触式屏幕输入、语音输入、光盘机等。随着计算机技术的迅速发展,输入方式的不断变化,纸带机、卡片机等已逐步被淘汰,新的、先进的输入设备在不断地发展和完善之中。

在选择输入设备时要全面考虑数据量的大小和频度、输入类型和格式要求、输入的速度和准确性及设备的费用等。

4. 输入设计项目

输入设计的目的是使输入的数据经处理后能满足系统输出的需要。输入设计包含下面几个方面:输入信息源的设计、集输入信息设计、输入媒介选择设计、输入信息内容设计和输入信息的校验。

输入数据的正确性是输入设计的关键,因此一定要对输入信息采取完善的校验措施。

5.6.3 输入输出的界面设计

从屏幕上通过人—机对话输入是目前广泛使用的输入方式。因为是人—机对话,既有用户输入,又有计算机的输出。通常有以下几种方式。

1. 菜单式

通过屏幕显示出可供选择的功能和功能代码,由操作者根据需要进行选择。将菜单设计成层次结构,则可以通过层层调用引导用户使用系统的每一个具体功能。随着软件技术的发展,菜单设计也向着既美观又方便的方向发展。目前,在系统设计中常用的菜单设计方法主要有以下几种。

① 一般菜单。在屏幕上显示出各个选择项,每个选择项指定一个代号,然后根据操作者通过键盘输入的代号,计算机决定何种后续操作。

② 光带菜单。这是由于在屏幕上以一条光带来提示菜单中的当前候选项而得名。通过光标控制键把光带移到所需的功能项目上,然后按下回车键即执行相应的操作。

③ 下拉菜单。这是一种两级菜单,第一级是选择栏,第二级是选择项。各个选择栏横排在屏幕的第一行上,用户可利用光标的左右移动键选定当前选择栏,在当前选择栏下立即显示出该栏中的各项功能,用户可利用光标的上下移动键进行选择。

2. 填表式

填表式屏幕设计通常用于需要通过终端向系统中输入数据。系统将要输入的项目显示在屏幕上,然后由用户逐项填入有关的数据。另外,填表式屏幕设计也可以用于系统的输出。如果要查询系统中的某些数据时,可以将数据的名称按一定的方式排列在屏幕上,然后由计算机将数据的内容自动填写在相应的位置上。由于这种方法设计的画面简单易读,并且不容易出错,所以它是通过屏幕进行输入输出的主要形式。

3. 选择性问答式

选择性问答式屏幕设计是指当系统运行到某阶段时,通过屏幕向用户提问,系统根据用户回答的结果决定下一步执行什么操作。这种方法通常用在提示操作人员确认输入数据的正确性,或者询问用户是否继续某项处理等方面。例如,当用户输入完一条记录后,可以通过屏幕向用户询问"输入是否正确(Y/N)?"计算机根据用户的回答来决定是继续输入数据还是对刚输入的数据进行修改。

5.7 系统安全与数据完整性设计

"安全"一词在词典中被定义为"没有危险;不受威胁;不出事故"。随着经济信息化的迅速发展,大量的决策与管理信息存储在已联成网络的 MIS 中。设计 MIS 不仅要考虑用户使用系统的方便性、友好性,还必须考虑 MIS 的系统安全与数据完整。

系统安全指的是 MIS 的各组成部分都处于安全状态,包括计算机安全、网络安全与数据库安全等方面。数据完整性泛指与损坏和丢失相对的数据的状态,通常表明数据的可靠性与准确性是可以信赖的。

5.7.1 计算机安全

计算机安全的主要目的是保护计算机资源以免受损坏、替换、盗窃和丢失。计算机资源包括计算机设备、存储介质、软件、计算机输出材料和数据等。影响计算机安全的因素主要有：人为或自然造成的硬件故障，包括磁盘故障、I/O 控制器故障及主板、芯片、存储器、设备、备份等方面的故障；人为或自然造成的软件故障；数据交换错误；病毒侵入；人为侵害；等等。在系统设计上可以采取如下措施。

① 访问控制。是指进入系统的控制。通常工作站或终端上使用凭"用户名"（USER-ID）和"口令"（PASSWORD）进入系统的措施，以防范非法侵入。在设计上尽量用长口令（5 位以上）和字母与符号的混合口令。口令输入时加以屏蔽。另外，在设计上还要考虑强制要求定期的口令更换，限制登录时间与次数，并进行必要的提示，记录登录过程以备核查。

② 选择性访问控制。也称选择性访问控制（discretionary access control，DAC）。是指对进入系统的不同用户授予不同级别的访问权限，如允许有的用户可以操作输入子系统，有的可以操作输出或系统管理子系统等。还可对用户的读（允许读一个文件）、写（允许建立和修改一个文件）、执行（运行一个程序）的访问权力进行限定。

③ 加密。加密是指将原有的可读信息（程序与数据）进行翻译，译成密码或密文的代码形式，以保护信息的安全。解密是加密的逆过程，即把经加密后的代码形式的密文恢复成原来的可读信息的过程。加密方法很多，在此不一一述及。

④ 生物识别技术。生物识别技术是指某些对人而言是唯一的特征，其中包括指纹、声音、图像、笔迹甚至人的视网膜血管图像等识别信息用于满足各种不同要求的安全系统中。这种识别技术只用于控制访问极为重要的 MIS，用于极为仔细地识别人员。

⑤ 物理安全。通过物理措施，如制定安全运行制度、采取对门、锁、访问卡等方面的安全措施，限制对计算机的物理接触。

⑥ 设备自身的运行安全。选性能优良的服务器和工作站。服务器应具有完善的容错能力、允许带电热插拔、附带智能 I/O 性能和良好的扩展性。在设计上要考虑服务器的热备份和冷备份工作方式。

⑦ 计算机病毒的防范与杀灭。要设计信息 I/O 制度，防范病毒。要定期核查病毒，加以杀灭。另外，要做好各种信息的备份，以消除隐患。

5.7.2 网络安全

网络在使通信和信息的共享变得更为容易的同时，其本身也更多地被暴露在损坏或毁坏的攻击之中，其中包括可能被人非法获取对网络系统的访问权、黑客、以前的雇员和其他的人，都有可能采用非法的手段与你的网络设备相连，就像坐在你的计算机中心那样工作，给你的网络系统造成损失一样。网络安全主要指联网设备上的系统、程序和数据的安全。在系统设计时可采取以下措施以保障网络安全。

① 访问控制与鉴别。包括口令与用户的设定和判断、选择性访问控制与信息的鉴别等措施。

② 加密。将信息编码成不易被侵入者阅读或理解的形式，以此方法保护数据的信息。

③ 调制解调器安全。防止对网络拨号设备的非授权访问，以及限制只有授权的用户才能对系统进行访问。

④ 传输介质的安全。传输介质可能受到电磁干扰或截获窃听的威胁。应考虑防电磁泄漏的防护措施和利用加密方法对抗截获窃听。

⑤ 防火墙(fire wall)。在网络中心或关键之处建成专用的防火墙,以防止攻击能容易地在网络之间移动、四处传播的数据。防火墙通常有两部分:门和闸。门的功能是在网络之间移动数据;闸的功能是阻拦数据从一个网络传到另一个网络中去,实际上是数据过滤包。

5.7.3 数据库安全

数据库的安全是指数据库的任何部分都不允许受到恶意侵害,或未经授权的存取与修改。数据库是 MIS 的核心部分,有价值的数据资源都存放在其中。这些共享的数据资源既要面对必需的可用性要求,又要面对被篡改、损坏和被窃取的威胁。一般来说,数据库的破坏来自下列五个方面:系统故障、并发操作所引起的不一致、转入或更新数据库的数据有错误、更新事务未遵守保持数据库一致的原则、人为的破坏。例如,数据被非法访问,甚至被篡改或破坏。前三个方面属于数据库的可靠性问题,通常从硬件,软件与运行规程三个方面综合考虑加以解决。后两个方面属于数据库安全性问题,可通过以下措施加以防范。

① 制定切实可行的安全计划制度和用户手册。尽量使此计划愿意为大家接受,落到实处。该计划要经得起测试、在保密状态下执行。

② 限制可移动介质的访问。主要指限制通过磁带、磁盘、光盘等可移动介质对数据库的存取。窃取、计算机病毒对数据库的威胁大都是通过这些可移动介质加以实施的。

③ 访问限制。设立 DBA(数据库管理员)岗位。数据库用户及其访问权限应由 DBA 根据 DBMS(数据库管理系统)所提供的功能进行控制,DBA 的特权不能转让。

④ 数据加密。

⑤ 跟踪审查。是一种监视措施,它是对某些保密的数据实施跟踪,记录有关数据的访问活动。一旦发现潜在的窃密企图,如重复的、相似的查询,可以根据这些数据进行事务分析和调查。跟踪审查的结果记录在一个特殊的文件上,该文件称跟踪审查记录(audit trail),一般包括以下内容:操作类型(如修改、查询等);操作日期和时间;操作终端标志与操作者标志;所涉及的数据(如表、视窗、记录、属性等)。以下是一个 SQL 语言对表施加跟踪的例子。

```
AUDIT SELECT INSERT, DELETE, UPDATE
        ON <表名> WHENEVER SUCCESSFUL
```

撤销对表的所有跟踪审查的例子:

```
NOAUDIT ALL ON <表名>
```

5.7.4 数据完整性

对数据完整性来说,危险常常来自一些简单的计算不周、混淆、人为的错误或设备出错导致的数据丢失、损坏或不当的改变。数据完整性的目的就是保障计算机系统,或计算机网络系统上的信息处于一种完整和未受损坏的状态。针对可能的硬件故障、网络故障、逻辑问题、灾难性事件与人为因素,在系统设计时,可用以下办法提高数据完整性。

① 备份。是用来恢复出错系统或防止数据丢失的一种最常用的办法。

② 镜像技术。执行时可用逻辑镜像,也可用物理镜像。

③ 归档。将文件从在线存储器上拷贝到磁带或光学介质上以便长期保存。

④ 分级存储管理。与归档相似,是一种能将数据从在线存储器上归档到靠近在线存储器上的自动系统,也可以进行相反的过程。

⑤ 奇偶校验。是提供一种监视的机制来保证不可预测的内存错误不至于引起服务器出错以致造成数据完整性的丧失的方法。

⑥ 灾难恢复计划。是编制在自然灾害或重大人为灾害造成的废墟上如何重建系统的指导性文件。

⑦ 故障前预兆分析。设计出一个分析判断故障前兆的系统,以防患于未然。

⑧ 电源调节。是指在不间断电源基础上增加一套电源调节装置,为 MIS 提供恒定平衡的电压。

本 章 小 结

系统设计的任务是依据系统的逻辑模型,结合实际情况,设计出一个能在计算机系统上实现的具体设计方案,即新系统的物理设计方案。系统设计的内容可分为总体设计和详细设计两部分。

系统总体结构设计是系统设计阶段的第一步,其任务是根据系统的总目标和功能将整个系统合理划分若干个功能模块,正确处理模块之间的调度关系和数据关系,定义各模块内部结构等。详细设计包括代码设计、数据库设计和人—机界面设计。

结构化设计是目前使用最广泛的一种设计方法。SD方法的基本思想是模块化,考虑如何建立一个结构优良的软件系统,它提出了从反映用户要求的数据流图出发,逐步产生软件结构的规则,提出了高内聚低耦合的评价模块结构质量的具体标准。

系统安全指的是信息系统的各组成部分都处于安全状态,包括计算机安全、网络安全与数据库安全等方面。数据完整性的目的是保障计算机系统,或计算机网络系统上的信息处于一种完整和未受损坏的状态。

思考与练习

1. 简述系统设计原则。
2. 信息系统有哪些开发策略?你认为比较合理的策略是怎样的?
3. 信息系统系统设计说明书包括哪些内容?
4. 对每一功能模块的处理过程、输入输出的设计工作统称为系统设计的详细设计,在详细设计中用于描述模块处理过程的工具有哪些?

第6章 信息系统实施

系统实施是信息系统在物理上实现,并从开发者手中转移到使用者手中的过程,是将新系统付诸实现的过程,是新系统开发工作的最后一个阶段。这个过程中任务多,环节复杂,往往需要用户的深度参与。

本章介绍系统实施阶段的主要任务、活动内容和管理特点。阐述根据系统设计文档中有关模块的处理过程,阐述系统调试和系统转换。

 学习目标

1. 了解系统实施的工作步骤和要求。
2. 理解系统实施各种方法的选择和特点。
3. 了解影响系统实施的管理环节。
4. 掌握系统测试、系统转换的主要任务和方法。
5. 了解系统实施阶段需要用户参与的活动。

 引例

企业管理信息系统成功应用

北京燕京啤酒集团公司是1993年以原北京市燕京啤酒厂为核心发展组建的国家二级企业。燕京啤酒集团现拥有总资产50多亿元、员工12 800人,占地220万平方米、年产销能力超过160万吨,燕京啤酒集团已经成为中国啤酒行业吨位最大的"航空母舰"。燕京啤酒集团是国家经贸委重点支持的520家大型企业之一,下属拥有控股子公司(厂)16个。北京燕京啤酒股份有限公司(以下简称燕京啤酒)是燕京啤酒集团的上市公司,2000年燕京完成啤酒销售量141万吨,实现销售收入25亿元,实现利税总额9.2亿元。

管理的科学与否直接影响到先进的生产技术能否真正给企业带来效益,良好的技术只有与优秀的管理思想相结合才能产生预期的效果。作为一个大规模的企业,企业管理水平的高低依赖于其信息化建设情况和信息管理水平,企业管理系统是企业管理思想的体现。

燕京啤酒的成功与其科学管理有着密不可分的关系,本案例将对燕京啤酒管理系统进行剖析,探寻其成功的经验。

1. 燕京啤酒管理系统解决方案

由于燕京啤酒公司财务、销售、仓库等部门位于不同的办公楼,办公楼之间相距上千米,为了便于各部门实时传递信息,加强对各部门的管理和监控,需要在公司厂区内建立一个内部网。

燕京啤酒管理系统主要由财务系统、销售管理系统、采购管理系统和存货管理系统等构成,目前采购管理系统为预留系统。销售管理系统包括销售开票、送货管理、运输费管理、结算管理、退货管理、退变质酒管理等模块。存货管理系统主要包括包装物周转管理、扎鲜啤酒桶周转管理和产成品库房管理等模块。财务系统主要包括总账、固定资产管理、工资管理、应收应付管理、UFO报表、现金流量表、财务分析等子系统。各模块之间实时传递信息,完全实现销售、财务信息共享。

2. 燕京啤酒企业管理系统应用效果评析

燕京啤酒企业管理系统在实现企业信息共享、加强业务控制和利用信息加强企业管理等方面取得了显著的成效。

1) 满足财务和业务协同,实现企业信息共享

销售发票一次录入,销售业务信息全公司使用;实现了数据共享和信息的有机集成,全公司各部门可以根据管理需要和相应的权限及时、准确地获取财务、业务以及管理信息;销售部门和仓库部门数据的共享,为杜绝假票现象创造了条件,在手工条件下,会出现利用假票骗取企业利益的情况,使用计算机后,只要录入票据的保密信息系统就会自动显示该票据的全部真实信息,票据的真伪当即就可以识别。

2) 降低原始数据错误率,减低企业经济损失,保证统计信息真实性

系统对于产品和客户信息都提供了参照,可以直接从系统中选取而不须人工录入,而且在系统中选定某产品后,其对应成套包装物会自动进入销售发票。这种便捷的录入方式不仅减轻了操作员的劳动强度,而且最大程度地消除了发票原始数据错误的可能性,为企业对外保送报表和提取内部管理报表等提供了准确的数据源。

3) 强化客户满意与忠诚度管理

客户是企业存在和发展的支柱,维护客户的权益、在客户心目中树立良好的公司形象至关重要。燕京啤酒在企业运作过程中强调以客户为中心的管理,因此用友公司在燕京啤酒管理系统的规划中,从大模块的设计到每个功能的实现处处体现着这一理念。

4) 加强产品管理,满足市场需求

对于产品的研究分析是管理的一个重要组成部分,不同的产品适合不同的市场,不同产品其市场需求量也不同,同一种产品在不同时期其需求量也不同,这些信息不仅直接影响产品的销售,而且决定着产品的生产。

5) 业绩考核有据可依,部门、职员评价科学合理

怎样使业绩考核更科学,更有说服力,一直是理论界和实务界研究的重要课题。在该管理系统中为部门业绩考核、员工业绩考核提供了定量分析方法,使业绩考核更科学合理。

6) 加强应收账款管理,加速资金周转

在客户数量众多的情况下,为每个客户都建立一本账,不仅可能违背成本效益原则,而且信息不准确、不及时。因此,即便企业已有很先进的应收款管理方法,手工处理方式也制约了这些方法的使用,造成应收账款管理上出现失误。在燕京啤酒管理系统中,可以进行账龄分析,通过对各客户所欠款项进行账龄分析,可以快捷、全面地了解其欠款情况,及时对应收款项进行催收,加速资金周转,减少坏账损失;同时燕京啤

酒是上市公司中采用账龄法计提坏账的第一家,账龄分析表为账龄法的使用创造了前提条件。

7) 及时、准确地对外提供报表,为利益相关者提供决策信息

北京燕京啤酒股份有限公司是上市公司,其财务数据必须对外披露,为债权人、所有者、政府部门等利益相关者进行分析决策提供信息。燕京啤酒管理系统实现了财务和销售的集成,销售系统可以将有关业务信息实时进行提炼,编制成账务凭证,自动传递到财务系统,财务系统根据需要即可在UFO中快速生成企业所需各种报表和分析图表。这不仅能保证对外报表能及时、快速获取,而且对外报表的准确性也有了可靠保障。

总而言之,燕京啤酒管理系统实现了财务业务一体化,对企业的业务进行了有效的控制,为企业管理提供了丰富的工具和手段,准确、及时地为企业提供各种对内管理报表和对外财务报表,在企业管理升级中起到了非常重要的作用。

问题

1. 为什么说企业管理水平的高低依赖于其信息化建设情况和信息管理水平?
2. 燕京啤酒集团公司是如何满足财务和业务协同,实现企业信息共享的?

系统实施阶段是将新系统付诸实现的过程,是新系统开发工作的最后一个阶段。所谓实施指的是将系统设计阶段的结果在计算机上实现,将原来纸面上的新系统方案转换成可执行的应用软件系统。系统实施阶段的主要任务是:按总体设计方案购置和安装设备;建立数据库系统;程序设计和调试;整理基础数据,培训操作人员;系统切换和试运行,将逻辑设计转化为物理实际系统。

6.1 系统实施阶段的任务与步骤

系统实施是在系统分析、系统设计的基础上,完成程序的编制、调试,数据库的建立,系统的试运行和系统的转换等工作,将系统的设计付诸实现的过程。

6.1.1 自主开发

1. 实施特点

用户根据自身企业的特点和管理模式,组织相关的管理人员与技术人员自行开发。
优点如下。
① 用户需求可以得到充分满足,解决了技术人员与管理人员沟通难的问题。
② 系统容易维护,用户参与性强,可锻炼企业计算机开发应用的队伍。
③ 当企业管理业务有变化或发展时,可以及时对系统进行变更、改进和扩充。
缺点如下。
① 系统开发周期一般较长。
② 难以摆脱长期以来形成的、本企业习惯的管理方式的影响,不易开发高水平的信息系统。

2. 适用企业

① 系统规模较小,并且系统在信息技术方面不复杂。

② 用户的经验对系统开发非常重要。
③ 适合用原型法开发的信息系统。
④ 可以用第四代程序设计语言或者面向对象的技术来开发的系统。
⑤ 系统使用人员较少。
⑥ 系统是用来支持管理人员的管理活动而不是面向业务处理活动。

3. 案例

某学院由系升院及申请博士点成功后,各方面都有了长足的发展。然而伴随着文档数据量的增大,现有内部管理系统存在的问题都逐渐地暴露出来,比如,文档存储的分散和无序导致管理困难,文档分类的混乱导致检索效率低下,系统有限的数据容纳能力导致数据操作的障碍,系统对文档格式兼容性差制约文档管理的信息化等。

因此,有必要开发新系统来解决现有系统的不足。

根据用户需求,要求系统能够实现按照全国"211"工程建设重点大学审核目录以及学院自由的分类方式进行文档的分类管理,并且要在此基础上实现根据用户不同级别的分权限管理模式。在文档管理形式上,能够方便用户远程使用系统进行管理。

新系统实现后,能够很好地满足用户的需要。本系统统一的文档格式能提高文档信息化程度;集中存储文档能方便文档管理;合理分类文档能提高检索效率;提高系统数据容纳能力能够满足大容量数据操作;提高系统的安全性和稳定性,避免数据丢失造成的损失。同时,系统具有良好的移植性和扩展性,能适用于其他院系并能够扩展到校级系统。

本系统规模较小,功能明确,结构清晰,开发条件成熟,系统的复杂性不高,学校有一定的开发实力,适合使用自主开发方式进行系统开发。

6.1.2 外包开发

1. 实施特点

利用外部专门提供信息系统建立和维护的公司,来实现信息系统的开发。选择具有开发经验,又熟悉本系统业务的委托单位,并正确地将企业对新的管理信息系统的需求传达给委托单位,就成为开发是否成功的关键。

优点如下。

开发周期短;节省人力,企业不必组织本企业的开发队伍。

缺点如下。

当企业管理发生变化或扩展时,系统维护工作困难。

2. 适用企业

在当前日益激烈的竞争环境中,大多企业越来越重视信息技术在企业管理中的应用,并将企业信息化提上日程。但是,巨额的前期投资、高昂的后期维护费用、专业技术人才的匮乏以及管理信息化对领导精力的牵扯等问题同时也在困扰着企业。面对复杂的IT应用环境,如何在资金紧张、专业IT技术人员匮乏的前提下实现企业的管理信息化,成为当前众多企业尤其是中小企业亟待解决的共同问题。

可以借助外部专业力量、通过资源共享和租赁支付方式节约IT投入,依靠网络实现各类软件在管理中的应用。

3. 案例

国内某大型电信企业在全国30个省、自治区、直辖市设立了300多个分公司和子公司。经过几年的发展,企业从总部到省市分公司都建立了相对完善的应用系统,积累了大量业务运作、市场和企业内部管理的数据。这些数据具有量大、分散、存储格式相异等特点,造成数据上报不及时、缺乏统一管理,不能实现信息资源的最大利用。如何综合利用现有的数据资源,为各部门提供完整、及时、有效的信息支持是当务之急。

1) 需求背景

业务统计分析系统的主要任务是基于省市分公司的移动通信业务、国际/国内长途通信数据、结算中心的结算数据进行统计分析,为集团总部的计划部、财务部、上市办公室建立统一业务信息统计分析平台。通过不同的分析角度为公司各部门提供及时、准确的用户发展、业务发展、收益情况、结算情况、市场竞争能力情况、营销管理情况、服务质量情况等信息。这与通过电话联系或其他人工获取信息的途径相比,大大缩短了时间,提高了工作效率,确保了数据的完整性、准确性、及时性,为该企业各部门执行其职能提供了可靠、有效的数据支持。

系统的长远建设目标是通过动态、有选择性地采集和更新其他支撑子系统(业务、客服、计费、账务)、企业内部相关系统(网管、OA、MIS等)的有效信息及企业外部相关信息,并进行智能化地分析、处理、预测、模拟等,最终向各级市场决策管理者或专业人员提供及时、科学、有效的分析报告,从而为市场决策做好信息、智力支持工作。

2) 应用基础

① 业务应用层主要描述组成公司的各业务子系统之间的业务处理关系。营销业务系统主要处理前台移动业务受理和后台的移动业务受理,在业务处理的同时生成账务系统、客服系统所需的用户资料。账务、客服系统在处理其业务时也生成业务系统所需的部分客户资料数据,为业务受理提供数据。

② 综合统计分析系统基于业务应用系统的数据综合汇总,采用数据仓库、在线联机分析技术建立具备灵活、快速、完整的查询统计功能和分析功能,并提供各种相关的固定格式报表的系统。

3) 系统目标

① 以各省市分公司的业务支撑系统和总部结算中心数据为基础,为其建立数据仓库,以整合各业务数据,保证其数据的一致性、准确性,为决策支持系统奠定良好的基础。

② 通过此项目的实施,为用户的业务流程和数据规范提供一系列建议和意见,以推动用户对其自身业务系统的优化。

③ 为集团公司的各用户服务部门人员提供一个能够对整个公司的客户发展、业务发展、收益情况做深入、多方位、多角度分析、统计和数据挖掘的IT支撑平台,为公司各级管理人员和专业人士提供可靠的综合数据依据。

该公司采用的是外包开发的方式,一方面可以较低的成本完成系统的开发;另一方面系统的灵活性好,随着业务的成长,不需要对组织的信息系统做重大的改变,只需要调整外部化的费用和能力就可。

6.1.3 合作开发

1. 实施特点

优点：利用本企业人员对目标和管理的专业能力，结合软件公司计算机技术能力强的特点，在合作开发中，可以发挥科研单位技术力量强、本企业对管理业务熟悉的优势，共同开发出具有较高水平而又适用性强的系统；有利于企业计算机应用队伍的培养与提高。

缺点：本企业管理人员与软件公司人员之间的沟通不流畅。

2. 适用企业

企业的业务流程比较复杂，同时企业的员工有比较高的科研技术水平，需要开发适用性强、功能强大的信息系统，可以考虑合作开发。

3. 案例

某政府机关为了统一规划、管理和利用信息资源，实现科室之间的信息共享与交流，有效推动网上办公，计划全面启动电子政务工程。通过项目建设，以期切实提高工作效率，树立数字化政府良好形象，促进各项业务的协同及资源的整合，从而达到为公众提供更加优质服务的目的。

机关办公信息平台的建设目标是覆盖机关各部门的网络平台、应用支撑平台信息资源系统，综合办公应用系统，实现机关高效办公、资源共享整合、依法行政和服务大众的目的，提高机关的政务处理整体效率。

网络平台建设：主要包括物理环境建设、网络系统建设、主机系统建设、存储系统建设和备份系统建设等内容。

应用系统的建设目标是逐步建立、完善办公信息化平台应用标准体系，为办公信息化平台应用建设、管理、运营与维护提供全面的支撑，依托网络平台，凭借全方位的安全保障体系，建设开放、易伸缩的应用支撑平台，实现对办公信息化平台各种应用的统一支持；以办公业务为突破口，逐步、快速推进各部门应用系统建设，利用办公信息化平台的安全保障体系，应用支撑平台，建立机关的应用系统，建立功能齐全的外网网站。

标准一致、架构合理、安全适用、技术先进、操作便捷、互连互通、信息共享的各种应用系统将极大提高机关办公效率，促进各部门间的信息共享与交换，为实现机关范围的业务联动、互动奠定基础。

该政府采用的是合作开发的方式，一方面政府管理人员熟悉业务流程；另一方面结合软件公司计算机技术能力强的特点，共同开发出具有较高水平而又适用性强的系统。这有利于政府计算机应用队伍的培养与提高。

6.1.4 购置软件包开发

1. 实施特点

优点：软件产品可靠性和稳定性高；反映了先进的企业管理思想；开发周期短；费用较低。

缺点：系统实施费用较高；系统维护困难。

2. 适用企业

适用于自身不具备系统开发能力的中、小型企业。

3. 案例

1) 业务背景

江西华伍起重电器有限责任公司注册资本为 2 000 万元人民币，产品销往全国各地，华伍公司具有接单生产的产销特性，即大部分采购、加工、组装业务的依据均为客户订单，随着公司产品品种的日益增多，客户订单交货前置时间的缩短，订单内容的多变，该公司所面临的采购、制作、包装运输前置时间的压力也必将日益增加。因此，需要采用 ERP 管理系统充分整合产、供、销、财务、人事等各项管理职能，改善各职能的沟通协调，提升企业的反应速度、降低作业成本、缩短交货期等。

华伍公司的产品具有以"制作"（而非组装）为主的特性，用料比较单纯，而加工过程的控制比较复杂。因为产品加工工序很多，制造周期近 10 天，其中不良数量又不易掌控，因此，及时、准确地掌握产品的加工进度及合格品、不良品数量，对于准时交货至为重要。

企业管理要求反应快、交货迅速，以最大能力满足市场需求。公司内部管理强调实用和快速反应，方便生产车间在需要的时间，以最快的速度拿到要使用原材料、半成品和配件。这种开放式库房虽能在一定程度上提高企业生产效率，但也给物料管理带来很多不确定性和风险，使库存资金、废品率、产品成本等关键管理因素不可知，不可控，管理者做决策时缺少有力地数据支持，对企业进一步发展造成了障碍。

作为一家迅速扩张、发展前景良好的民营企业，华伍公司提出了对 ERP 软件产品的六个选型评估标准：产品功能、软件结构、软件厂商自身的管理水平与维护能力、实施能力、本地化支持与服务能力、软件厂商自身的生存能力以及产品的灵活性。

在综合考察了国内外六家管理软件供应商后，华伍公司认为用友 U8 生产制造套件符合管理信息化最佳投入产出比，用友公司的管理水平和实施能力也值得信赖。

2) 实施过程

解决华伍公司管理问题的关键有两点：一是使各部门间数据高度共享，恢复各部门间应用的管理，使业务流程上下协同，减少各部门各自为政的现象；二是以准确的规划指导采购部门与生产部门作业，减少采购数量和时间不当所造成的停工待料和原材料库存积压现象，以及生产部门为库存而生产地现象，提高企业资金周转率，实现企业以销定产和高效运作。

华伍公司通过购置软件包开发，节省了企业大量的人力物力，以较短的时间实现企业信息化，系统的可靠性和稳定性较高，促进了企业的长远发展。

6.1.5　二次开发

1. 实施特点

前面介绍过的四种管理信息系统开发方式，它们比较结果如表 6-1 所示。

表 6-1　各种开发方式的比较

系统开发方式	对本企业开发能力的要求	系统维护的难易程度	开发费用（或购置费用）	
			用于企业内部	用于企业外部
自主开发	非常需要	容易	大	小
外包开发	不太需要	相当困难	小	大
合作开发	需要	比较容易	中等	中等
购置软件包开发	不太需要	困难	小	小

为了使企业的管理信息系统更能适应企业，更好地推动企业的发展，可以综合运用上述方法的一种或几种。

2. 适用企业

组织规模较大，资金充足，愿意在信息系统上投资以推动企业发展、改造业务流程、精简业务程序、增强核心竞争力的企业。

3. 案例

A 集团成立于 1984 年，是一家信息产业内多元化发展的国际化大型企业集团，自 1994 年在香港成功上市以来，取得了骄人的业绩。A 集团在实施信息化过程以前，所有过程都是靠人工完成的，效率低而且经常容易出错。

A 集团在 1999 年实施 ERP，它们认为通过实施 ERP 有助于加强管理和控制、减少漏洞，使财务管理真正成为企业管理的核心，不断提升企业市场竞争力。

信息化使财务管理上升到心得水平。准确的成本核算是财务管理的基础和重中之重，准确掌握各种物料的存货状态和及时计算各种物料的当前价值就成了成本控制的关键所在。集团实施 ERP 之后，集团的财务不但能了解销售、采购、库房、生产的全部过程，而且伴随着它们的每一个作业，财务都有相应的反应，同时都有监控。

依据科学的预测，A 集团可以产生采购计划。采购计划同时还会考虑库存信息、采购周期、采购规模收益、生产周期、生产产能等方面的因素，采购计划包括立即生效的采购订单和中长期的采购预测，供供应商参考。这些订单和预测通过供应商协同网站传输到供应商端，可以实时反馈这些订单所处的状态。

企业实施 ERP 后，A 集团推动了服务创新，提高了客户满意度，通过实现网络办公，营造了新型的企业文化，加强了沟通，提高了效率。

进入 21 世纪，由于业务流程的变化和企业生产技术的变革，原有的 ERP 系统已经不太适合企业现在的生产情况，于是，A 集团进行了二次开发，对原有系统中不符合现状的模块重新开发，增加了客户关系管理模块和供应链管理模块，使得企业的服务水平和服务效率得到了更大的提高，保持了在市场中地位。

6.2　系统的实施步骤

管理信息系统的开发是一个复杂的系统工程，它涉及计算机处理技术、系统理论、组织结构、管理功能、管理知识等各方面的问题，受多方面条件的制约，至今没有一种统一完备的开发方法。在 MIS 建设的长期实践中,已形成了多种系统开发的方式和方法。在系统开发的早期,由于缺乏系统开发思想,没能形成工程的概念,以至于出现了所谓"软件危机",也促使了一门新科学——"软件工程"的诞生。管理信息系统工作者对信息系统的开发提出了许多开发方法,但是,每一种开发方法都要遵循相应的开发策略。任何一种开发策略都要明确以下问题。

① 系统要解决的问题,如采取何种方式解决组织管理和信息处理方面的问题,对企业提出的新的管理需求该如何满足等。

② 系统可行性研究,确定系统所要实现的目标。通过对企业状况的初步调研得出现状分析的结果,然后提出可行性方案并进行论证。系统可行性的研究包括目标和方案的可行性、技术的可行性、经济方面的可行性和社会影响方面的考虑。

③ 系统开发的原则。在系统开发过程中,要遵循领导参与、优化创新、实用高效、处理规范化的原则。

④ 系统开发前的准备工作,做好开发人员的组织准备和企业基础准备工作。

⑤ 系统开发方法的选择和开发计划的制订。针对已经确定的开发策略选定相应的开发方法,是结构化系统分析和设计方法,还是选择原型法或面向对象的方法。开发计划的制订是要明确系统开发的工作计划、投资计划、工程进度计划和资源利用计划。为了保障系统开发工作的顺利进行,应该根据所开发系统的规模大小、技术的复杂程度、管理水平的高低、技术人员的情况、资金与时间要求等各个方面的要求采用不同的开发方式与方法,确保以较小的投入取得最优的效果。

6.2.1 系统实施一般步骤

系统实施的主要任务是编码、测试、系统调试等,将设计的系统付诸实施。购置、安装、调试计算机等设备,编写程序,调试程序,进行系统运行所需数据的准备,对相关人员进行培训,数据文件转换,系统调试。

编码是将设计转换为机器可识别的形式,例如,可以用计算机提供的 C 语言、C++ 语言或数据库语言来编码。测试过程主要考虑软件的内部逻辑,每当程序编码产生,程序的测试便已开始。测试就是要保证给定输入应产生与期望结果一致的输出。

这一阶段完成后得到的主要文档为系统源程序代码、测试记录、用户手册等。该阶段的流程如图 6-1 所示。

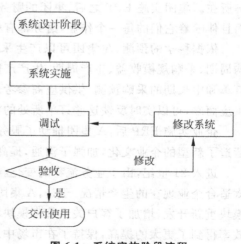

图 6-1 系统实施阶段流程

6.2.2 程序设计

编程的目的是实现开发者在系统分析和系统设计中提出的管理方法与处理构想。在编程和实现中,建议尽量借用已有的程序和各种开发工具,尽快尽好地实现系统,而不要在具体的编程和调试工作中花费过多的精力与时间。

结构化程序设计方法是当今程序设计的主流方法之一。结构化的程序设计方法主要强调三点:模块内部程序各部分要自顶向下的结构化划分;各程序部分应按功能组合;各程序部分的联系尽量使用调用子程序方式(CALL-RETURN)方式,不用或少用GOTO方式。

1. 衡量编程工作的指标

衡量编程工作质量的指标有多方面,这些指标随着系统开发技术和计算机技术的发展也在不断地变化。从目前技术的发展来看,衡量编程工作质量的指标大致有如下四个方面。

① 可靠性。系统的可靠性指标在任何时候都是衡量系统质量的首要指标。可靠性指标可分为两个方面:一方面是程序或系统的安全可靠性,如数据存取的安全可靠性、通信的安全可靠性、操作权限的安全可靠性等,这些工作一般都要靠系统分析和设计时来严格定义;另一方面是程序运行的可靠性,这一点只能靠调试时的严格把关来保障。

② 规范性。即系统的划分、书写的格式、变量的命名等都要统一规范,这对程序的阅读、修改和维护都是十分必要的。

③ 可读性。即程序清晰,没有太多繁杂的技巧,他人容易读懂。可读性对大规模工程化的开发软件非常重要。因为可读程序是今后维护和修改程序的基础,如果很难读懂则无法修改,而无法修改的程序是没有生命力的。通常在程序中插入大量解释性的语句,以对程序中的变量、功能、特殊处理细节等进行解释,为阅读该段程序提供方便。

④ 可维护性。使得系统便于修改、更新、扩充。

2. 常用的编程工具

目前,市场上能够支持系统实现的编程工具十分丰富。工具技术的发展趋势不仅在数量和功能上突飞猛进,而且在内涵的拓展上也日新月异,为我们开发系统提供了越来越多、越来越方便的实用手段。在信息系统开发中,了解和选用恰当的工具是系统实现这一环节质量和效率的保障。目前比较流行的软件工具一般为编程语言、数据库系统、程序生成工具、专用系统开发工具、客户/服务器型工具,以及面向对象的编程工具等。为了说明问题起见,我们在此先给出工具的典型系统,然后再将其中最常用工具的性能特点分类列出,以供实际工作时选择。

① 常用编程语言类。如 C 语言、C++语言、BASIC 语言、COBOL 语言、PL/1 语言、PROLOG 语言和 OPS 语言等。

② 数据库类。目前市场上提供的数据库软件工具产品主要有两类:一类是以微机关系数据库为基础的 XBASE 系统,其最为典型的产品有 dBASE-Ⅳ、dBASE-Ⅴ和 FoxBase 以及 FoxPro 的各种版本;另一类是大型数据库系统,最为典型的系统有 Oracle 系统、SYBASE 系统、INGRES 系统、INFORMIX 系统、DB2 系统等。

③ 程序生成工具类。程序生成工具,或称第四代程序生成语言(4th generation language,4GL),是一种基于常用数据处理功能和程序之间对应关系的自动编程工具。

④ 系统开发工具类。系统开发工具类是在程序生成工具基础上的进一步发展,它不

但具有 4GL 的各种功能,而且更加综合化、图形化,因而使用起来也更加方便。目前,系统开发工具主要有两类:专用开发工具类(如 SQL、SDK 等)和综合开发工具类(如 FoxPro、Dbase-V、Visual BASIC、Visual C++、CASE、Team Enterprise Developer 等)。

⑤ 客户/服务器工具类。客户/服务器工具类是当今软件工具发展过程中出现的一类新的系统开发工具。市场上的客户/服务器类工具有 Windows 下 FoxPro、Visual BASIC、Visual C++、Excel、Powerpoint、Word,以及 Borland International 公司的 Delphi Client/Server,Powersoft 公司的 PowerBuilder Enterprise,Sysmantec 的 Team Enterprise Developer 等。

⑥ 面向对象编程工具类。面向对象编程工具主要是指与 OO(包括 OOA、OOD)方法相对应的编程工具。目前面向对象编程工具主要有 C++(或 Visual C++)和 Smalltalk。这是一类针对性强,并且是很有潜力的系统开发工具。这类工具最显著的特点是:它必须与整个 OO 方法相结合。没有这类工具,OO 方法的特点将受到极大的限制,反之,没有 OO 方法,这类工具也将失去其应有的作用。

6.2.3 系统测试(system testing)

1. 系统测试概念

系统测试是指将已经确认的软件、计算机硬件、外设、网络等其他元素结合在一起,进行信息系统的各种测试,其目的是通过与系统的需求相比较,发现所开发的系统与用户需求不符或矛盾的地方,从而提出更加完善的方案。软件测试专家迈尔斯(Grenford J. Myers)在 *the art of software testing* 一书中提出了以下观点。

① 软件测试是为了发现错误而执行程序的过程。
② 测试是为了证明程序有错,而不是证明程序无错误。
③ 一个好的测试用例在于它能发现至今未发现的错误。
④ 一个成功的测试是发现了至今未发现的错误的测试。

这种观点可以提醒人们测试要以查找错误为中心,而不是为了演示软件的正确功能。但是仅凭字面意思理解这一观点可能会产生误导,认为发现错误是软件测试的唯一目的,查找不出错误的测试就是没有价值的,事实并非如此。

首先,测试并不仅仅是为了要找出错误。通过分析错误产生的原因和错误的分布特征,可以帮助项目管理者发现当前所采用的软件过程的缺陷,以便改进。同时,这种分析也能帮助我们设计出有针对性的检测方法,改善测试的有效性。

其次,没有发现错误的测试也是有价值的,完整的测试是评定测试质量的一种方法。详细而严谨的可靠性增长模型可以证明这一点。例如,bevlittlewood 发现一个经过测试而正常运行了 n 小时的系统有继续正常运行 n 小时的概率。

2. 软件测试步骤

测试过程按四个步骤进行,即单元测试(unit testing)、集成测试(integrated testing)、确认测试(validation testing)、系统测试(system testing)及验收测试(acceptance testing)。

1) 单元测试

单元测试,又称模块测试,是指集中对用源代码实现的每一个程序单元进行测试,检查各个程序模块是否正确地实现了规定的功能。其目的在于发现各模块内部可能存在的各种差错。多个模块可以平行地独立进行单元测试。它包括模块接口测试、局部数据结构测试、路径测试、错误处理测试等过程。

2) 集成测试

集成测试,又称联合测试,是指在单元测试的基础上,需要将所有模块按照设计要求组装成为系统,主要对与设计相关的软件体系构造进行测试。其目的在于解决以下问题：各个模块连接起来的时候,穿越模块接口的数据是否会丢失；一个模块的功能是否会对另一个模块的功能产生不利的影响；各个子功能组合起来,能否达到预期要求的父功能；全局数据结构是否有问题；单个模块的误差累积起来,是否会放大,从而达到不能接受的程度。

3) 确认测试

确认测试,又称有效性测试,则是指要检查已实现的软件是否满足了需求规格说明中确定了的各种需求,以及软件配置是否完全、正确。它包括进行有效性测试(黑盒测试)、软件配置复查和验收测试(acceptance testing)等过程。验收测试是在系统通过了有效性测试及软件配置审查之后,就应开始系统地验收测试。验收测试是以用户为主的测试。软件开发人员和QA(质量保障)人员也应参加。由用户参加设计测试用例,使用生产中的实际数据进行测试。在测试过程中,除了考虑软件的功能和性能外,还应对软件的可移植性、兼容性、可维护性、错误的恢复功能等进行确认。确认测试应交付的文档有确认测试分析报告、最终的用户手册和操作手册、项目开发总结报告。

4) 系统测试

系统测试,是指将通过确认测试的软件,作为整个基于计算机系统的一个元素,与计算机硬件、外设、某些支持软件、数据和人员等其他系统元素结合在一起,在实际运行环境下,对计算机系统进行一系列的组装测试和确认测试。系统测试的目的在于通过与系统的需求定义作比较,发现软件与系统的定义不符合或与之矛盾的地方。

软件测试并不等于程序测试。软件测试应贯穿于软件定义与开发的整个期间。因此,需求分析、概要设计、详细设计及程序编码等所得到的文档资料,包括需求规格说明、概要设计说明、详细设计规格说明及源程序,都应成为软件测试的对象。软件测试与软件开发过程的关系如图6-2所示。表6-2给出了测试在软件开发各个阶段的任务。

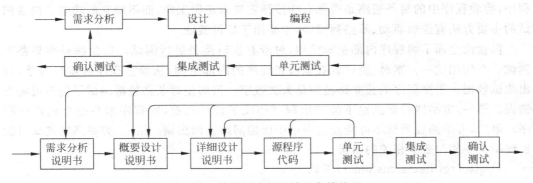

图6-2 软件测试与系统开发的关系

表 6-2　测试在软件开发各个阶段的任务

阶　　段	输　　出
需求分析审查	需求定义中问题列表,批准的需求分析文档,测试计划书的起草
设计审查	设计问题列表、各类设计文档、测试计划和测试用例
单元测试	缺陷报告、跟踪报告、完善的测试用例、测试计划
集成测试	缺陷报告、跟踪报告、完善的测试用例、测试计划,集成测试分析报告,集成后的系统
功能验证	缺陷报告、代码完成状态报告、功能验证测试报告
系统测试	缺陷报告、系统性能分析报告、缺陷状态报告、阶段性测试报告
验收测试	用户验收报告、缺陷报告审查、版本审查、最终测试报告
版本发布	当前版本已知问题的清单、版本发布报告
维护	缺陷报告、更改跟踪报告、测试报告

3. 软件测试的基本方法

软件测试的方法和技术是多种多样的。对于软件测试技术,可以从不同的角度加以分类。从需要执行被测软件的角度,可分为静态测试和动态测试。从测试针对系统的内部结构和具体实现算法的角度来看,可分为白盒测试和黑盒测试。

1) 黑盒测试(black-box testing)

黑盒测试,也称功能测试或数据驱动测试。它是在已知产品所应具有的功能,通过测试来检测每个功能是否都能正常使用,在测试时,把程序看作一个不能打开的黑盒子,在完全不考虑程序内部结构和内部特性的情况下,测试者在程序接口进行测试,它只检查程序功能是否按照需求规格说明书的规定正常使用,程序是否能适当地接收输入数据而产生正确的输出信息,并且保持外部信息(如数据库或文件)的完整性。黑盒测试方法主要有等价类划分、边值分析、因果图、错误推测等,主要用于软件确认测试。

黑盒法着眼于程序外部结构,不考虑内部逻辑结构,针对软件界面和软件功能进行测试。黑盒法是穷举输入测试,只有把所有可能的输入都作为测试情况使用,才能以这种方法查出程序中所有的错误。实际上,测试情况有无穷多个,人们不仅要测试所有合法的输入,而且还要对那些不合法但是可能的输入进行测试。

2) 白盒测试(white-box testing)

白盒测试,也称结构测试或逻辑驱动测试。它是指知道产品内部工作过程,可通过测试来检测产品内部动作是否按照规格说明书的规定正常进行,按照程序内部的结构测试程序,检验程序中的每条通路是否都有能按预定要求正确工作,而不顾它的功能。白盒测试的主要方法有逻辑驱动、基路测试等,主要用于软件验证。

白盒法全面了解程序内部逻辑结构,对所有逻辑路径进行测试。白盒法是穷举路径测试。在使用这一方案时,测试者必须检查程序的内部结构,从检查程序的逻辑着手,得出测试数据。贯穿程序的独立路径数是天文数字。但即使每条路径都测试了仍然可能有错误。第一,穷举路径测试绝不能查出程序违反了设计规范,即程序本身是个错误的程序。第二,穷举路径测试不可能查出程序中因遗漏路径而出错。第三,穷举路径测试可能发现不了一些与数据相关的错误。

3) alac(act-like-a-customer)测试

alac 测试是一种基于客户使用产品的知识开发出来的测试方法。alac 测试是基于复杂的软件产品有许多错误的原则。最大的受益者是用户,缺陷查找和改正将针对那些客户最容易遇到的错误。

6.3 试运行和系统切换

6.3.1 系统转换

系统实施的最后一步就是新系统的试运行和新老系统的转换。它是系统调试工作的延续,对最终使用的安全、可靠、准确性来说,是十分重要的工作。

1. 系统的试运行

在系统联调时使用的是系统测试数据,而这些数据很难测试出系统在实际运行中可能出现的问题。所以一个系统开发完成后让它实际运行(即试运行)才是对系统最好的检测。

系统试运行阶段的工作主要包括:对系统进行初始化、输入原始数据;记录系统运行的数据和状况;核对新系统输出和旧系统(人工或计算机系统)输出的结果;对实际系统的输入方式进行考查(是否方便、效率如何、安全可靠性、误操作保护等);对系统实际运行速度(包括运算速度、响应速度、输出速度等)进行实际测试。

基础数据准备:按照系统分析所规定的详细内容,组织和统计系统所需的数据。基础数据准备包括如下几方面的内容:基础数据统计工作要严格科学化,具体方法要程序化、规范化;计量工具、计量方法、数据采集渠道和程序都应该固定,以确保新系统运行有稳定可靠的数据来源;各类统计和数据采集报表要标准化、规范化。

2. 系统切换

系统切换是指系统开发完成后新旧系统之间转换。系统切换有三种方式,如图6-3所示。

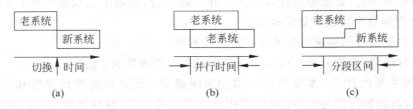

图6-3 系统切换
(a) 直接切换;(b) 并行切换;(c) 分段切换

1) 直接切换

直接切换就是在确定新系统运行准确无误后,在既定的切换时间立刻启用新系统,终止旧系统运行。这种方式对人员、设备费用很节省。这种方式一般适用于一些处理过程不太复杂,数据不很重要的场合。其示意图如图6-3(a)所示。

2) 并行切换

这种切换方式是指新老系统并行工作一段时间,经过一段时间的考验以后,新系统正式替代旧系统。其示意图如图6-3(b)所示。对于较复杂的大型系统,它提供了一个与旧系统运行结果进行比较的机会,可以对新旧两个系统的时间要求、出错次数和工作效率给以公正的评价。当然,由于新旧系统并行工作,消除了尚未认识新系统之前的惊慌与不安。在银行、财务和一些企业的核心系统中,这是一种经常使用的切换方式。它的主要特点是安全、可靠。但费用和工作量都很大,因为在相当长的时间内系统要两套班子并行工作。

3) 分段切换

这是以上两种切换方式的结合。在新系统正式运行前,一部分一部分地替代旧系统。其示意图如图 6-3(c)所示。一般在切换过程中没有正式运行的那部分,可以在一个模式环境中进行考验。这种方式既保证了可靠性,又不至于费用太大。但是,这种分段切换对系统的设计和实现都有一定的要求,否则是无法实现这种分段切换的设想的。

总之,第一种方式简单,但风险大,万一新系统运行不起来,就会给工作造成混乱,这只在系统小,且不重要或时间要求不高的情况下采用。第二种方式无论是从工作安全上,还是从心理状态上均是较好的。这种方式的缺点是费用开销大。第三种方式是为克服第二种方式缺点的混合方式,因而在较大系统使用较合适,当系统较小时适宜用第二种方式。

6.3.2 人员培训

为用户培训系统操作、维护、运行管理人员是信息系统开发过程中不可缺少的一环。一般来说,人员培训工作应尽早地进行,本小节所要讲的人员培训主要是指系统操作员和运行管理人员的培训。

操作人员培训是与编程和调试工作同时进行的。主要基于如下几个方面的原因。

① 编程开始后,系统分析人员有时间开展用户培训(假定系统分析人员与程序人员的职责是有严格区分的情况下)。

② 编程完毕后,系统即将投入试运行和实际运行,如再不培训系统操作和运行管理人员,就要影响整个实施计划的执行。

③ 用户受训后能够更有效地参与系统的测试。

④ 通过培训,系统分析人员能够对用户需求有更清楚的了解。

培训的主要内容有:系统整体结构和系统概貌;系统分析设计思想和每一步的考虑;计算机系统的操作与使用;系统所用的主要软件工具(编程语言、工具、软件名、数据库等)的使用;汉字输入方式的培训;系统输入方式和操作方式的培训;可能出现的故障以及故障的排除;文档资料的分类以及检索方式;数据收集、统计渠道、统计口径;运行操作注意事项等。

6.4 系统测试与确认

当系统设计开发结束后,即进入系统的试运行阶段。它是系统建设的实战演练阶段,也可以看成一个范围更广、规模更大的现场测试。因此,是一个以用户方为主、开发方为辅的管理阶段。常用方法如下。

① 用户方软件开发管理者应与其他技术平台的管理者共同认真研究试运行方案的合理性,对试运行中可能出现的问题及相应的对策有充分的考虑,应多考虑几套应急方案,以确保试运行的进行。

② 选取合适的试点完成试运行工作,采取由点到面的方法逐步扩大试点范围。

③ 组成由各类人员参加的试运行工作组,现场及时解决问题,并做好详细的记录,为今后的系统运行与维护保留第一手资料。

用户方软件开发管理者特别要关注:新老系统的切换时间、方法、并行运行的时间,新老系统的维护,新系统的验证,新老系统数据一致性、推广的速度,试运行中遇到的重大问题的处理方法,热线支持与问题响应处理等问题。

可用下述方法来保障系统试运行阶段的工作质量。

① 采用定期汇报试运行结果的形式,由各试点单位及对应的试点工作组定期全面反映本阶段的试运行情况:软件的正确性指标,系统的响应速度指标、修改调整指标,用户对系统的满意度指标,用户对试点工作组工作及问题解决的满意度指标,各指标与旧系统的对比情况,用户的其他需求。

② 采取及时汇报试运行中所遇问题的方式,由各试点单位及对应的试点工作组及时反映遇到需要解决的问题:问题的现象,问题的原因分析,已采取的措施、结果,希望得到的支持、建议。

③ 组成一个由主要业务部门领导挂帅、各方人员参加的强有力的试点工作支持小组,全面负责解决试点中出现的问题。

④ 成立热线支持小组,快速解决应用中突发的各种问题,并收集试运行中发生的相关问题,为今后分析改进系统做准备。保留所有的试点报告。

用户测试是处于系统测试阶段结束和系统试运行阶段开始之前的相对独立的阶段。测试的主体,由开发技术人员转为最终应用者。用户通过对系统全部功能和工作流程的亲手应用、测试,逐步全面了解系统是否完全实现了需求书的要求,从而接受和认可该系统,这是保证系统功能和流程正确性、完整性和实用性的关键。实践证明,只有用户试用,才能提出合理建议,从而促使系统的实用化和产品化。因此,把用户测试看作开发工作的继续,是用户技能培训的过程,是系统试运行所需要的设备、技术、组织和制度的准备过程,也是开发方和用户方相互理解、建立长期密切合作关系的过程。

用户测试开始之前,要有一些准备工作。

首先,进行评审,确定系统具备了用户测试条件,可以从开发阶段转换到测试阶段。

其次,进行组织和制度准备。第一,确定用户方和开发方以及最终使用者共同组成一个项目协调小组,主要任务是需求控制和测试协调。第二,用户方担任组长,重点负责需求控制和项目监督。第三,开发方负责优化完善系统。需要注意的是,此阶段开发队伍不能解散或减少。第四,用户代表主要负责对应用软件所有功能和流程进行使用测试,并提出建议和意见。用户代表最好是了解部门管理需求和业务全局,并熟悉主要业务的骨干。第五,建立每周一次项目协调会制度。协调会要保持科学性、严肃性、权威性和民主化。项目三方要对协调会负责,协调会要对内联网工程领导小组负责。

用户测试要制定相应的测试要点,例如,先测功能后测流程,先测处室内部后测处室之间,先测部门内部再测试部门之间(包括集团领导、其他职能部门和子公司),最后进行集成测试和实战演习。同时,也要设计测试方案和选择典型案例,具体可以有如下步骤。

① 作为用户测试的主要基础数据的依据,要确立模拟实际工作的典型案例,尽量多地覆盖待测试的功能和流程。一般由开发方提出建议,由开发方和用户方审定。

② 测试技术方案和技术文档主要由开发方准备。

③ 全过程测试记录表主要由开发方、用户方根据案例和流程设计制作。

④ 集成测试时,有关部门、领导要亲自组织和协调;尽量用真角色、真数据,越接近实际使用越好。

⑤ 测试记录表由开放方、用户方跟踪记录,反馈表由参测用户填写,作为评价系统和优化完善系统的依据。

⑥ 在测试开始时,开发方可以提供一个待测功能和流程的清单,方便初学用户测试。

⑦ 用户测试要反复多次测试,一般要经过3轮测试。

6.5 用户培训与系统使用

在制订人员培训计划时,要考虑到面向不同层次的人员,有计划地分批进行,如果滞后将会影响系统的切换运行。

6.5.1 系统维护人员培训

系统维护人员是系统成功和有效运行的重要保障,在制订人员培训计划时要注意以下几方面问题。

① 培训工作应从系统的开发和应用的全局出发,不仅要注意技术开发人员的培训,更重视系统维护人员的培训。

② 培训工作应比人员的工作安排具有一定的超前性。

③ 培训应采用多种方式进行。

④ 培训工作应分阶段、分层次进行。

对系统维护人员培训的主要内容如下。

① 项目的背景和调整。

② 系统结构。

③ 系统文档。

④ 典型的用户问题。

⑤ 故障解决指导。

⑥ 处理突发事件。

⑦ 联机和外部帮助。

6.5.2 系统使用人员培训

在人员培训中要注意进行思想教育,扭转个别人员对新系统的抵触情绪,使所有人员了解新系统的基本功能、新系统对使用人员的要求、建设该系统的目的和获得的效益等,要真正从技术、心理、习惯上完全适应新系统。

为用户单位培训系统使用人员是信息系统开发过程中不可缺少的重要环节。对人员的培训应该尽早进行：一方面,是因为系统开发的各个阶段都必须有用户参加,尽早培训可以方便系统分析人员与用户进行沟通；另一方面,系统集成测试之后将投入试运行和实际运行,用户接受培训后可以更好地配合开发人员进行系统测试。

一般对系统使用人员的培训与编程和调试工作同时进行,培训的主要内容包括以下几个方面。

① 系统整体结构、系统概貌。
② 系统分析设计思想和每一步考虑。
③ 系统输入方式和操作方式的培训。
④ 系统可能出现的故障及故障的排除。
⑤ 系统文档资料的分类及检索方式。
⑥ 数据的收集、统计渠道。
⑦ 运行操作注意事项等。

如果系统使用人员对计算机技术不了解,对信息系统缺乏基本的认识,则在系统开发早期还应对用户进行 MIS 及计算机基本知识的培训。在系统试运行前还应对计算机系统的基本操作、汉字输入方法等内容进行培训。

本 章 小 结

系统实施是在系统分析、系统设计的基础上,完成程序的编制、调试、数据库的建立、系统的试运行等工作,即将系统的设计付诸实现的过程。系统实施阶段最主要的工作是程序设计。系统实施的主要任务是编码、测试、系统调试和系统转换等。

系统测试是将已经确认的软件、计算机硬件、外设、网络等其他元素结合在一起,进行信息系统的各种测试,其目的是通过与系统的需求相比较,发现所开发的系统与用户需求不符或矛盾的地方,从而提出更加完善的方案。

系统转换是系统调试工作的延续,系统切换是系统开发完成后新旧系统之间转换。

思 考 与 练 习

1. 什么是系统转换？系统转换需要具备哪些基本条件？系统转换有哪几种方式？大型复杂系统应选择何种转换方式为宜？
2. 系统实施阶段的工作任务有哪些？
3. 为什么必须对用户各方面人员进行培训？
4. 简述评价信息系统质量的特征和指标。

第7章 信息系统运行管理

新系统正式投入运行后,研制工作即告结束。交付使用的信息系统,它不像其他工业产品一样,可以先生产一个样品,经过试验、改进再正式投入批量生产,而是需要在使用中不断完善。另外,信息系统是随着环境的不断变化而变化的,运行管理和维护工作是系统开发工作的自然延续。

本章介绍信息系统的运行管理方法和维护工作,阐述信息系统评价工作,介绍信息系统进入维护阶段后的管理要点,确保充分发挥信息系统的作用。

 学习目标

1. 理解系统运行维护工作的内容和重要意义。
2. 理解系统安全性、系统可靠性的意义和保障措施。
3. 了解系统运行维护工作的内容和管理要点。
4. 了解有关管理制度的内容和作用。

联邦快递空运公司

联邦快递空运公司(FedEx Express)是全球最大的快递公司,凭借其无与伦比的航线权及基础设施使其成为全球最大的快递公司,向220个国家及地区提供快速、可靠、及时的快递运输服务。联邦快递每个工作日运送的包裹超过320万个,其在全球拥有138 000多名员工,50 000个投递点,671架飞机和41 000辆车辆。公司通过FedEx Ship Manager at fedex.com、FededEx Ship Manager Software与全球100多万个客户保持密切的电子通信联系。2004年,其总营业额达到290亿美元。

联邦快递空运公司采用Oracle提供的ERP产品。已使用的模块包括PeopleSoft的资产管理、会计总账管理、财务管理、人力资源管理,电子采购、开支报告、库存管理、项目成本核算及其他。1997年,公司开始实施PeopleSoft的会计总账和资产管理模块。在之后几年内的两次重大升级之后,2004年,整个系统已包括12个PeopleSoft的模块。FedEx's的国内及国际运营共用同一实例,而合作服务、运输等使用另一个实例。目前其用户超过20 000人。

1. 企业应用管理信息系统提高了工作效率

联邦快递的ERP信息管理系统正是通过计算机网络将企业、用户、供应商及其他商贸活动涉及的职能机构集成起来,完成信息流、物流和价值流的有效转移与优化,尤其是企业内部运营的网络化、供应链管理、渠道管理和客户关系管理的网络化与功能全面集成优化。

2. 企业应用管理信息系统增加了客户价值

对于讲求速度质量优先的快递公司，供应链、渠道与客户关系的处理显得更为重要。而 ERP 系统能将这烦琐复杂的联系过程最简最优化以达到快递公司扩大市场占有率，提高企业信誉形象的最好方式。

企业 ERP 信息管理系统能够根据企业内部和外部的变化，及时与先进的管理思想接轨，抛开企业原有不合时宜的管理思想，迅速适应电子商务时代资源优化及企业间协同发展的需要，能够使企业拥有更强盛的生命力和竞争力，为企业在电子商务时代的发展提供新的机遇。

3. 企业应用管理信息系统提高了盈利能力

每月两次，总有许多世界各地商业人士愿付 250 美元、花几个小时去参观联邦快递公司的营业中心。目的是亲身体会一下这个巨人如何在短短 23 年间从零开始，发展为拥有 100 亿美元、占据大量市场份额的行业领袖。

联邦快递选择了固定价格体系来取代按邮区划定的路程和运量定价体系（postal code-inspired zone and volumn pricing systems），在货运业引起了巨大轰动。这一改变不仅简化了联邦快递的业务程序，而且使客户能够准确预测自己的运输费用。弗雷德说服国会使 the civil aeronautics board（美国民航管理委员会）解除对航空快运的限制后，开辟了隔夜送达货运业务（overnight cargo transportation business），使对手公司也纷纷受益，整个行业的利润增加了 10 倍。

国际速递巨头联邦快递的母公司 FedEx 集团宣布，2011 年财政年度第一季（2011 年 6 月至 8 月）取得每股摊薄盈利 1.08 美元，与去年同期 0.42 美元相比，大幅飙升 157%。联邦快递还将增设 12 班货机前往中国，使航班数增加一倍。

4. 企业应用管理信息系统完善了企业经营模式

People-Service-Profit，提高员工的素质，把高质量服务提供给客户，从而产生高利润，再把利润回馈给员工。在需要与顾客建立更为密切联系的情况下，计算机和通信技术将导致快递运作管理体制向着集权式管理方向发展。另外，在分部门比较多的大型企业，集权式系统难以进行有效管理。企业家最大的贡献在于"化不可能为可能"，他的秘诀在于"远见、时机、冒险精神、执行能力"。确实在 20 世纪 70 年代初期，顾客并没有主动提出"隔夜送到"的需求，但史密斯相信顾客会欢迎这样的服务产品，并且未来快递市场竞争的关键必然在于速度。

问题

1. 联邦快递为客户提供了哪些高质量的服务？
2. 联邦快递的 ERP 信息管理系统是如何提高工作效率的？

系统切换完成，投入正常运行后，就进入系统的运行管理与维护评价阶段。管理信息系统是随着环境的不断变化而变化的，运行管理和维护工作是系统开发工作的自然延续。对系统进行评价，根据环境的变化不断地改善和提高系统的性能，保证充分发挥管理信息系统的作用。

7.1 质量保障和项目验收

一个信息系统投入运行以后如何分析其工作质量？信息系统在投入运行后要不断地对其运行状况进行分析评价，并以此作为系统维护、更新及进一步开发的依据。系统运行评价指标一般包括以下几个。

① 预定的系统开发目标的完成情况，内容包括：对照系统目标和组织目标检查系统建成后的实际情况，是否满足了科学管理的要求？各级管理人员的满意程度如何？有无进一步的改进意见和建议？为完成预定任务，用户所付出的成本（人、财、物）是否限制在规定范围之内？开发工作和开发过程是否规范，各阶段文档是否齐备？系统的可维护性、可扩展性、可移植性如何？系统内部各种资源的利用情况等。

② 系统运行实用性评价，内容包括：系统运行是否稳定可靠？系统的安全保密性能如何？用户对系统操作、管理、运行状况的满意程度如何？系统对误操作保护和故障恢复的性能如何？

③ 系统功能的实用性和有效性如何？系统运行结果对组织各部门的生产、经营、管理、决策和提高工作效率等支持程度如何？对系统的分析、预测和控制的建议有效性如何？实际被采纳了多少？这些被采纳建议的实际效果如何？

④ 系统运行结果的科学性和实用性分析。内容包括：设备的运行效率如何？数据传送、输入、输出与其加工处理的速度是否匹配？各类设备资源的负荷是否平衡？利用率如何？

7.1.1 信息系统质量保障体系

信息系统的一个突出特点是使用范围广，因此产品的质量问题是尤为重要的，是必须要解决的问题，这就需要建立一个质量保障体系来保障产品的质量。

那么，什么是质量？

词典的定义是：典型的或本质的特征；事物固有的或区别于其他事物的特征或本质；优良或出色的程度。

CMM 对质量的定义是：一个系统、组件或过程符合特定需求的程度；一个系统、组件或过程符合客户或用户的要求或期望的程度。

那么，信息系统的质量属性主要有哪些呢？反映软件质量的因素很多，如精确性、健壮性、可靠性、容错性、性能、易用性、安全性、可扩展性、可复用性、兼容性、可移植性、可测试性、可维护性、灵活性等。还可以列出十几个。总体来说，质量属性可分为两大类："功能性"与"非功能性"，后者有时也称为"能力"（capability）。

从实用角度出发，本节将重点论述十大质量属性，如表 7-1 所示。其中，功能性质量属性有三个：正确性、健壮性和可靠性。非功能性质量属性有七个：性能、易用性、清晰性、安全性、可扩展性、兼容性和可移植性。这些属性的全体，构成了质量保障体系的构成要素。

表 7-1　十大软件质量属性

类　别	属　　性
功能性	正确性（correctness） 健壮性（robustness） 可靠性（reliability）
非功能性	性能（performance） 易用性（usability） 清晰性（clarity） 安全性（security） 可扩展性（extendibility） 兼容性（compatibility） 可移植性（portability）

7.1.2　质量属性的内容

1. 正确性

正确性是指系统按照需求正确执行任务的能力。这里"正确性"的语义涵盖了"精确性"。正确性无疑是第一重要的软件质量属性。如果系统运行不正确，将会给用户造成不便甚至造成损失。技术评审和测试的第一关就是检查工作成果的正确性。

正确性的完全实现是有一定难度的，因为从"需求开发"到"系统设计"再到"系统实施"，任何一个环节出现差错都会降低正确性。

2. 健壮性

健壮性是指在异常情况下，系统能够正常运行的能力。正确性与健壮性的区别是：前者描述系统在需求范围之内的行为，而后者描述系统在需求范围之外的行为。可是正常情况与异常情况并不容易区分，开发者往往把异常情况错当成正常情况而不做处理，结果降低了健壮性。用户才不管正确性与健壮性的区别，反正软件出了差错都是开发方的错。所以提高系统的健壮性也是开发者的义务。

健壮性有两层含义：一是容错能力；二是恢复能力。

容错是指发生异常情况时系统不出错误的能力，对应用于航空航天、武器、金融等领域的这类高风险系统，容错性设计非常重要。

容错是非常健壮的意思，如 unix 的容错能力很强。而恢复则是指系统发生错误后（无论死活）重新运行时，恢复到没有发生错误前的状态的能力。

3. 可靠性

可靠性是指在一定的环境下，在给定的时间内，系统不发生故障的概率。可靠性最初是硬件领域的术语。比如，某个电子设备刚在开始工作正常，但由于工作中器件的物理性质发生变化（如发热），慢慢地系统的功能或性能就会失常。所以一个从设计到生产完全正确的硬件系统，在工作中未必就是可靠的。

系统在运行时不会发生物理性质的变化，人们常以为如果系统的某个功能是正确的，那么，它始终都是正确的。可是我们无法对系统进行彻底的测试，无法根除系统中潜在的错误。平时运行得好好的,说不准哪一天就不正常了,如有千年等一回的"千年虫"问题,司空见惯的"内存泄漏"问题、"误差累积"问题等。因此,把可靠性引入信息系统领域是有意义的。

系统可靠性分析通常采用统计技术,遗憾的是,目前可供第一线开发人员使用的成果很少见,大多数文章限于理论研究。口语中的可靠性含义宽泛,几乎把正确性、健壮性全部囊括。只要人们发现系统有毛病,便归结为可靠性差。

4. 性能

性能通常是指系统的"时间—空间"效率,而不只是指系统的运行速度。人们总希望系统的运行速度高些,并且占用资源少些。

对于系统硬件方面,可以通过各种常用功能测试来验证;对于系统软件方面,可以通过优化数据结构、算法和代码来提高系统的性能。算法复杂度分析是很好的方法,可以达到"未卜先知"的功效。

5. 易用性

易用性是指用户使用系统的容易程度。导致系统易用性差的根本原因是开发人员犯了"错位"的问题:他以为只要自己用起来方便,用户也一定会满意。当开发人员向用户展示系统时,常会讲:"这个系统非常好用,我操作给你看,……是很好用吧!"事实上,系统的易用性要让用户来评价。

6. 清晰性

清晰意味着工作成果易读、易理解,这个质量属性表达了人们一种质朴的愿望:让我花钱买它或者用它,总得让我看得明白它是什么东西。

开发人员只有在自己思路清晰的时候才可能写出让别人易读、易理解的程序和文档。可理解的东西通常是简洁的。一个原始问题可能很复杂,但高水平的人就能把系统设计得很简洁。如果系统"臃肿"不堪,它迟早会出问题。所以,简洁是人们对工作"精益求精"的结果,而不是潦草应付的结果。

7. 安全性

这里安全性是指信息安全,英文是 security 而不是 safety。安全性是指防止系统被非法入侵的能力,既属于技术问题又属于管理问题。信息安全是一门比较深奥的学问。这世界似乎不存在绝对安全的系统。对大多数软件产品而言,杜绝非法入侵既不可能也没有必要。因为开发商和客户愿意为提高安全性而投入的资金是有限的,他们要考虑值不值得。究竟什么样的安全性是令人满意的呢?

一般地,如果黑客为非法入侵花费的代价(考虑时间、费用、风险等因素)高于得到的好处,那么这样的系统可以认为是安全的。

8. 可扩展性

可扩展性反映系统适应"变化"的能力。在信息系统的软件开发过程中,"变化"是司空见惯的事情,如需求、设计的变化,算法的改进,程序的变化等。系统的可扩展性关键要看其规模和复杂性。

如果信息系统规模很小,问题很简单,那么修改起来的确比较容易,这时就无所谓"可扩展性"了。如果系统,特别是软件系统规模很大,问题很复杂,那么该系统就像用卡片造成的房子,抽出或者塞进去一张卡片都有可能使房子倒塌。可扩展性是系统设计阶段重点考虑的质量因素。

9. 兼容性

兼容性是指两个或两个以上的系统相互交换信息的能力。由于系统不是在"真空"里应用的,它需要具备与其他软件交互信息的能力。例如,两个字处理软件的文件格式兼容,那么它们都可以操作对方的文件,这种能力对用户很有好处。特别是开发某领域的新软件或新系统,应尽量与已有流行的软件或系统相兼容,否则,难以被用户接受。

10. 可移植性

可移植性是指系统运行于不同软硬件环境的能力。编程语言越低级,其程序越难移植,反之,则容易如 C 程序比汇编程序的可移植性好。而 Java 程序则号称"一次编程,到处运行",具有 100% 的可移植性。

系统设计时应该将"设备相关程序"与"设备无关程序"分开,将"功能模块"与"用户界面"分开。这样可以提高可移植性。

7.1.3 提高软件质量的基本方法

在通常情况下,过程质量与系统质量存在某种程度的因果关系,通常"好的过程"产生"好的系统",而"差的过程"将产生"差的系统"。人们期望的是信息系统的质量而不是形成信息系统的过程。用户关心的是最终的系统质量,而开发者(团队)既要关心过程质量又要关心最终系统的质量。

提高软件质量有以下三种基本方法。

① 技术评审。请同行专家、技术人员对工作成果进行评审,尽早发现工作成果中的缺陷。

② 测试。通过运行测试用例找出软件中的缺陷,如单元测试、集成测试、系统测试、验收测试等。

③ 质量保障。质量保障人员通过有计划地检查"工作过程以及工作成果"是否符合既定的规范,来监控和改进"过程质量"与"最终系统质量"。

质量保障(quality assurance,QA)的目的是提供一种有效的人员组织形式和管理方法,通过客观地检查和监控"过程质量"与"系统质量",从而实现持续地改进质量。质量保障是一种有计划的、贯穿整个项目生命周期的质量管理保障方法。

质量保障活动的主要任务包括:制订质量保障计划、过程与产品质量检查、问题跟踪与质量改进。

执行质量保障任务的小组一般称作质量保障小组,它应具有以下几个特点。

第一,质量保障小组在行政上独立于任何项目。这种独立性有助于质量保障小组客观地检查和监控"过程以及系统的质量"。

第二,质量保障小组有一定的权力,可以对质量不合格的工作成果做出处理。这种权力使质量保障小组的工作不会被轻视,并有助于加强全员的质量意识。需要强调的是,提高产品质量是全员的职责,并非只是质量保障小组的职责。

第三,质量保障过程主要包括三个基本活动:"制订质量保障计划""过程与系统质量检查"和"问题跟踪与质量改进"。

第四，质量保障小组为每个项目指定一名质量保障员（即接口人）。质量保障员撰写《质量保障计划》，项目经理和质量经理审批该计划。《质量保联计划》的主要内容是"过程与系统质量检查计划""参与技术评审计划"和"参与测试计划"。

第五，质量保障员客观地检查项目成员的"工作过程"和"工作成果"是否符合既定的规范，并与项目成员协商改进措施。质量保障员记录本次检查的结果和经验教训，并及时通报给所有相关人员。

第六，质量保障员设法先在项目内部解决质量问题，如果在项目内部难以解决，则提交给上级领导处理。质量保障小组分析机构内共性的质量问题，给出质量改进措施。

图 7-1 显示了质量保障过程。

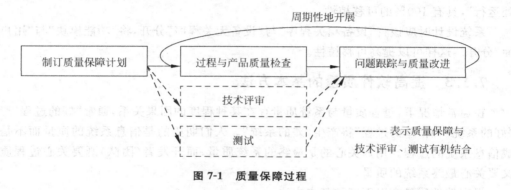

图 7-1 质量保障过程

从以上可以看出，质量保障既关心过程质量又关心产品质量。如果"工作过程以及工作成果"不符合既定的规范，那么信息系统的质量肯定有问题。基于这样的推理，质量保障人员即使不是技术专家，也能够客观地检查和监控系统的质量。这是质量保障方法富有成效的一面。但是"工作过程以及工作成果"符合既定的规范却并不意味着信息系统的质量一定合格，因为仅靠规范无法识别出产品中可能存在的大量缺陷。这是质量保障方法的不足之处。所以单独的"质量保障"其实并不能"保障质量"。

技术评审与测试关注的是系统质量而不是过程质量，两者的技术强度比质量保障要高得多。技术评审和测试能弥补质量保障的不足，三者是相辅相成的质量管理方法。在实践中不能将质量保障、技术评审和测试混为一谈，也不能把三者孤立起来执行。让质量保障人员参加并监督重要的技术评审和测试工作，这是很好的方法。把三者有机地结合起来，可提高工作效率，降低成本。

7.2 项目验收

信息化项目的验收是项目进行的最后环节，也是一个重要的环节，建立一个有效、客观的验收机制是至关重要的。

1. 项目验收的内容

信息化项目验收过程一般应完成以下几项活动。

① 系统试运行。系统正式交付之前，由开发方在现场或事先约定的环境中进行系统的安装调试，按照合同或其他形式的事先约定进行系统试运行，以此检验产品的质量并获得使用反馈。

② 成果审查。验收人员审查开发方应当交付的成果，如执行程序、源代码、用户文档等，确保这些成果是完整的并且是正确的。

③ 初步验收。由建设单位组织进行，组织专家参加，从专业的角度对产品进行评测和验收。

④ 最终验收。由信息办根据相应的管理办法对系统进行最终验收。

项目验收流程如图7-2所示。

图7-2 项目验收流程

2. 项目验收的一般流程

1) 项目验收启动准则

开发方内部的系统测试已经完成，达到试运行标准。开发方对客户进行必要的培训。

2) 项目验收输入

合同或其他约定文本中规定须提交的工作成果。有关合同；《项目验收申请报告》。

3) 项目验收规程

（1）验收准备

开发方和客户方共同制订客户验收计划，对系统的试运行、成果审查、验收测试、初步验收和最终验收做统一规划。双方的负责人审批该计划。开发方将待验收的工作成果准备好，并将必要的材料提前交给客户方。开发方完成系统试运行的准备工作。

客户方提供试运行需要的基本条件。

（2）系统试运行

按双方的约定，开发方在目标环境中进行系统的安装与调试；客户方对调试完毕的系统进行检查，确认其达到试运行的标准，并正式给予通知；在得到试运行正式通知后，开发方启动系统，开始系统的试运行。运行过程中客户方可以根据需求对系统进行测试，同时邀请第三方评测机构对系统进行信息安全测评和相应的软件测评。运行期间，开发方负责完成《系统试运行报告》。按约定试运行达到预定目标，客户方批准《系统试运行报告》，系统试运行结束。

（3）成果审查

成果审查。试运行结束后，验收人员根据计划审查开发方应当交付的工作成果，如源代码、文档等。确保这些成果是完整的并且是正确的。验收人员将审查结果记录在《客户验收报告》之中。

（4）问题处理

如果客户方在试运行与成果检查时发现了问题，则开发方应当视问题的严重性与客户协商，给出合适的处理措施。如果发现了严重的缺陷，则开发方应当给出纠正缺陷的措施,双方协商是否延长试运行期或成果提交时间。如果给客户方带来损失,应当依据合同对开发方做出相应的处罚。

(5) 初步验收

客户方负责初步验收的准备工作。包括确定验收小组成员、确定验收时间和日程安排等。按预定的日程对系统进行初步验收,验收过程中开发方要配合专家的要求,对产品进行说明和演示,并接受提问。如果初验小组在验收时发现系统存在问题,则开发方应当视问题的严重性与客户方协商,给出合适的处理措施。如果系统发现存在严重的缺陷,则退回给开发方。开发方应当给出纠正缺陷的措施,双方协商第二次验收的时间。如果给客户方带来损失,应当依据合同对开发方做出相应的处罚。初步验收结束后,由评审小组完成《初步验收报告》。

(6) 最终验收

当产品通过初验后,客户方应向当地市信息办提出终验申请,并根据相应要求提交终验所需的材料。一般情况下包括批准建设文件、系统开发过程中的各种技术报告、项目总结报告、监理报告、系统试运行和初步验收报告、用户培训报告、具有相应资质的第三方评测机构出具的信息安全测评报告和软件测评报告、其他有关材料。

当地信息管理机构根据相应的管理办法对系统进行最终验收。

3. 项目验收结束准则

(1) 信息办的最终验收按规定程序结束。

(2) 当地信息管理机构的批准文件或相应的批准命令。

7.3 信息系统的运行管理

信息系统开发的前几个阶段的活动产生了总体框架和处理战略,而且在开发的每个阶段都已与用户充分交流,并完成了程序的单独测试、连接测试和完整的系统测试,已准备了必要的文档,包括支持 IS 人员和用户的各类文档,并经过审查保证了其准确性。接着,开始执行系统实施的其他步骤,包括:准备运行环境和安装新系统,为用户、IS 人员和管理者提供培训,执行文件转换和系统转换,进行系统实施后评估,向管理层提交最终报告。

7.3.1 运行环境和测试环境

在系统安装和评估的过程中,我们为新系统建立了一个与测试环境相分离的运行环境。运行环境包括了所有只有授权用户可以访问的程序、过程和实际的数据文件。一旦建立了运行环境,IS 部门人员只能在授权以后才可对系统进行修改或改进。即使在运行环境建立后,项目组用来开发和测试新系统的测试环境仍须继续存在。因为对系统的所有修改,在用到运行环境之前,必须使用测试环境对其进行测试。实际系统运行的硬件和软件环境称为运行环境。系统分析员和程序员用来开发与维护程序的环境称为测试环境。将测试环境与运行环境分开,是为了保障系统运行环境的安全性和完整性。

要严格控制用户访问运行环境的权限。系统分析员和程序员不应具有访问运行系统的权限,除非是为了改正系统问题,才可以获得授权进行修改或改进。另外,IS部门人员也不能进入日常的运行系统。

信息系统的测试环境包含所有程序、过程和测试数据。在对运行系统做任何修改之前,必须在测试环境下核实所要进行的修改是否正确,并要得到用户的同意。

如果一个程序修改之后没有经过适当测试就采用了,这样的修改往往是以后系统故障的隐患。因此,程序在做了修改之后,还要进行与系统开发时相同的认可测试,严格限制程序随意进入运行系统。在一个独立的环境中进行所有的测试,将会有效地保护系统,避免数据被破坏或系统被中断等问题的发生。

为了给运行环境做好准备,必须仔细检查所有硬件和软件配置、操作系统程序和工具、网络资源和任何其他影响系统性能的组件。数据通信是运行平台中的一项基本要素,因此在安装任何应用程序前,必须首先确保网络功能的正常。应仔细检查测试环境中所有的通信功能,并在装入程序后再次检查。在文档中应明确所有对网络的具体要求,包括对通信软硬件的技术和运行需求。如果要构建或更新网络资源以支持新系统,那么在系统安装开始前必须严格测试网络平台。

7.3.2 用户培训与系统使用

一个成功的信息系统需要对用户、管理者和IS人员进行培训。信息系统开发的成功与否要依赖于人们是否理解它,是否知道如何有效地使用它。在制订人员培训计划时,要面向不同层次的人员,有计划地分批进行,如果滞后将会影响系统的切换运行。

1. 系统维护人员培训

系统维护人员是系统成功和有效运行的重要保障,在制订人员培训计划时要注意以下几方面问题:一是培训工作应从系统的开发和应用的全局出发,不仅要注意技术开发人员的培训,还要重视系统维护人员的培训;二是培训工作应比人员的工作安排具有一定的超前性;三是培训应采用多种方式进行;四是培训工作应分阶段、分层次进行。

对系统维护人员培训的主要内容有项目的背景和调整、系统结构、系统文档、典型的用户问题、故障解决指导、处理突发事件、联机和外部帮助。

2. 系统使用人员培训

在人员培训中要注意进行思想教育,扭转个别人员对新系统的抵触情绪,使所有人员了解新系统的基本功能、新系统对使用人员的要求、建设该系统的目的和获得的效益等,要真正从技术、心理、习惯上完全适应新系统。

为用户单位培训系统使用人员是信息系统开发过程中不可缺少的重要环节。对人员的培训应该尽早进行:一方面,系统开发的各个阶段都必须有用户参加,尽早培训可以方便系统分析人员与用户进行沟通;另一方面,系统集成测试之后将投入试运行和实际运行,用户接受培训后可以更好地配合开发人员进行系统测试。

一般对系统使用人员的培训与编程和调试工作同时进行,培训的主要内容包括:系统整体结构、系统概貌;系统分析设计思想和每一步考虑;系统输入方式和操作方式的培训;系统可能出现的故障以及故障的排除;系统文档资料的分类以及检索方式;数据的收集、统计渠道;运行操作注意事项等。

如果系统使用人员对计算机技术不了解，对信息系统缺乏基本的认识，则在系统开发早期还应对用户进行 MIS 及计算机基本知识的培训。在系统试运行前还应对计算机系统的基本操作、汉字输入方法等内容进行培训。

7.3.3 数据转换

数据转换通常是一个费时和复杂的过程。在这个过程中，新系统的所有数据经用户确认后装入数据库。如果新系统代替的是一个计算机系统，可以用特殊的程序将数据转换成新系统能使用的格式。在建立了新系统的运行环境并进行必要的培训之后，就开始转换过程，即把对系统的操作从旧系统转换到新系统。转换工作包括两个主要活动：数据转换和系统转换。

在数据转换中，现有数据被装入新系统，这个转换工作的成本可能会比较高，需要用户和 IS 项目组成员的参与。当新系统要取代的是一个计算机化的旧系统时，应尽可能使数据转换工作自动化。旧系统可将数据以新系统可接受的格式或标准格式如 ASCII 码输出，否则必须开发相应的程序从旧系统提取数据并转换成新系统需要的格式。

即使数据转换能自动进行，新系统通常还需要一些额外的数据项。这些数据的输入会成为主要的工作，而且工作量也比较大。当新系统要取代的是一个手工系统时，数据转换工作量会更大，因为所有的源文档数据都必须依靠联机输入或批输入。

在数据转换过程中，考虑到很难保证数据的正确性，必须有严格的输入控制。应启用所有的系统控制措施，以保护数据不受未经授权的访问和避免错误的输入。

尽管交互式的显示能使工作更容易，但转换过程通常是费时和费力的。为了防止错误的输入，在转换过程中，大多数组织要求用户核实所有的数据、纠正所有的错误以及检查所有遗漏的数据项。

7.3.4 维护活动

通常由于系统环境的变化，用户要求提高系统的性能或者加某些新的功能，操作人员在系统运行过程中发现了错误或系统出现了故障时，需要对系统进行维护。系统维护的主要内容如下。

1. 程序的维护

一般来说，一个信息系统都与某个具体的业务处理流程有密切的关系，如果该业务处理的流程或数据量发生变化，就会引起程序的变化。通常，系统的主要维护工作量是对程序的修改。程序维护通常都充分利用旧有程序，对部分程序进行改写，并在变更通知书上写明新旧程序不同之处，修改后还要填写程序修改登记表，表明程序名称、原程序设计员、修改内容、批准人和修改日期等。对程序的维护不一定非要在条件变化时才进行，对效率不高的程序和功能不完善的程序也应不断加以改进。

2. 数据文件的维护

系统的业务处理对数据的需求是不断变化的，要经常对数据库文件进行修改，增加数据库的新内容或建立新的数据库文件等。如对某些重要数据库文件的定期备份，对受到破坏的数据库文件、索引文件进行恢复或重建索引等。

3. 代码的维护

随着系统环境的变化,旧的代码不能适应新的要求,有必要变更代码时(如对代码进行订正、添加或删除等),则必须对代码进行改革。代码的变更包括制定新的代码系统或修改旧的代码系统,应由代码管理部门讨论制定新的代码体系。确定之后必须填写代码修改登记表后再贯彻。为此,除了代码管理部门外,各业务部门都要指定负责代码的人员,以便明确职责,确保新代码的正确使用。

4. 机器的维护

系统使用的计算机及其外部设备保持良好的运行状态是保障系统正常运行的重要条件之一。计算机硬件维护人员应对机器设备加强保养,定期检修,做好机器设备的日常管理维护工作,一旦机器发生故障,应及时修复。

由于软件产品的特殊性,施行软件维护十分困难,一个处理过程的修改,往往会影响其他过程或其他系统,维护工作可能须追溯到软件生命周期的前几个阶段,须重新定义、重新设计、重新编码、重新调试和重新验收。因此,系统的维护工作一定要特别慎重。在这个过程中,稍有不慎,就可能导致严重的后果。此外,由于引起正确性维护、适应性维护和完善性维护的原因始终存在,这就使对信息系统的维护不是一项应急措施,而是伴随整个系统生命周期,持续时间比开发阶段要长很多的工作。所以,必须有计划、有组织地进行软件维护,建立一套严密的工作程序和审批制度,以防止维护产生的副作用。通常,对于重大的修改项目要填写变更申请表,由审批人正式批准后,才能进行工作。维护工作的审批人要对系统非常熟悉,能够判断各种变更的必要性、影响范围和产生的后果。

综上所述,从维护申请的提出到维护工作的执行可分为以下几个步骤。

① 提出修改要求。由系统操作人员或业务负责人提出对某项工作的修改要求,申请形式是书面报告或填写专门申请表。

② 领导批准。由系统维护小组的负责人审批各项申请。

③ 维护任务。根据维护的内容对程序员或系统的硬、软件人员进行任务分配,并制定出完成期限和其他有关要求。

④ 验收工作成果。当有关人员完成维护修改任务后,由维护小组和用户双方人员验收结果,并将新的成果正式投入使用。同时验收有关的资料,如程序版本的修改说明书及源程序等。

另外,对于某些重要的修改,甚至可看成一个小系统的开发项目。因此,也要按照系统开发的步骤进行。

维护费用在系统的运行周期内变化很大,包括支持维护活动的一切费用。维护活动包括对程序、过程和文档的修改以确保系统的正确,调整系统以适应需求变化,通过正确性、适应性和完善性维护来保障系统正确运行。正确性维护主要是修正错误,适应性维护主要是提高系统性能,而完善性维护则主要是提高系统的效率。因此,日常维护也应该包括适应性维护和完善性维护等方面。

当系统刚实施时,维护费用通常很高。这是因为有很多问题需要被检测、调查和改正。经过一段时间之后,维护费用通常会回落到一个较低的水平,而且主要是适应性维护。再经过一段时间后,适应性维护和完善性维护活动都会随着业务环境的变化而有所增加。

在系统的使用周期快结束时,维护费用会因适应性维护和更高层的完善性维护而迅速增加。

(1) 正确性维护

正确性维护是指对运行系统的错误进行诊断并修正。除了系统初始版本中的错误之外,正确性维护通常还要解决先前维护所产生的错误。为了避免出现新的问题,所有的维护工作在做任何修改之前都需要进行认真的分析,即对信息系统的改进要经历调查、分析、设计和测试等几个阶段。实际上这是一个小规模的生命周期过程。

可以采用不同的方式来处理错误,具体的方式要依赖问题本身的特点和严重程度。大多数组织对于小错误的修改都有一套标准的程序,如修正错误的报表标题或格式不适当的数据元素。在典型的修改程序中,用户先提交一个系统需求,然后系统审查委员会对其进行评估、考虑优先次序和安排进度。如果需求得到认可,维护小组就开始设计解决方案,再经过测试、记录文档,最后实施。

对于严重的问题,如不正确的输出总计、客户记录丢失等,用户在提交系统需求时还需要提供足够的证据。这类问题具有高度的优先权,需要维护小组立刻进行处理。

有时出现非常紧急的情况,如整个系统出现故障等。当此类问题发生时,维护小组将跳过所有的初始步骤立刻修正错误。同时,用户或 IS 部门人员要准备一份书面的系统需求并加入维护日志。当系统重新运行后,维护小组才开始确定问题出现的原因、分析问题、设计一个永久的方案;然后,IS 人员还要更新测试数据文件,彻底地测试系统以及准备完整的文档。

(2) 适应性维护

适应性维护将对运行系统进行改进。一个改进可以是一个新的性能或功能完善,也可以是一个提高效率或可维护性的修改。当业务环境发生改变时,如出现新的产品或服务、新的制造技术或需要支持新的站点,通常都会产生适应性维护的需求。

适应性维护的步骤与规模较小的正确性维护相似。用户先提交一个系统需求,然后系统审查委员会对其进行评估、考虑优先次序和安排进度。接着维护小组就开始设计改进方案,再经过测试、记录文档,最后实施。尽管这两种类型的维护步骤很相似,但是适应性维护需要更多的 IS 部门资源。

适应性维护项目就像一个小规模的生命周期项目,因为它们的开发过程十分相似。适应性维护可能比新系统的开发更困难,因为改进必定会受现有系统的约束,所有改进都要在现有系统的限制之内进行。

(3) 完善性维护

完善性维护目的是将运行系统变得更加高效、可靠。在系统运行的过程中,用户活动或者数据模式的改变可能导致系统的效率降低,而完善性维护可以提高系统性能。例如,用户发现系统的响应时间过长了,完善性维护项目就应考虑是否能提高系统的响应时间和效率。

完善性维护还可以提高系统的可靠性。例如,输入问题可能会导致程序异常结束,而通过修改数据输入程序,可以突出错误并且告知用户必须输入正确的数据。

在完善性维护和 SDLC 其他阶段中，可以使用两项重要的技术：逆向工程和再造工程。

逆向工程技术是一种 CASE 工具，它可以将程序的源代码转变成一系列的逻辑图表、结构图表以及文字说明，以便系统分析员可以从设计角度而不是代码角度来研究程序。

有些逆向工程技术还提供提高程序质量或性能的建议。这些工具又被称为再造工程工具，系统分析员可以利用这些工具，交互式地修正程序错误或改进程序设计。对于需要大量修改的程序，可以考虑使用再造工程的方法来进行。

在一般情况下，程序变动得越多，效率降低的可能性就越大，维护就越困难。所有维护工作的详细记录会有助于正确地认识一个系统，这些记录包括正确性维护、适应性维护或完善性维护的维护过程等。

在许多组织中，完善性维护并不经常进行。因为不少管理人员都会认为开发新系统、适应性维护和正确性维护比完善性维护重要得多。实际上，完善性维护可以作为另一个项目的一部分来完成。例如，如果系统要增加新功能，可以在适应性维护项目中将完善性维护包括进去。

在系统运行周期的中间阶段，完善性维护通常是有成本效益的。在系统运行的初期，一般不需要完善性维护。在系统运行的后期，可以进行完善性维护，但是成本很高。特别是管理层已经计划停止使用此系统，那么完善性维护就会变得毫无意义。

7.4 信息技术管理

传统上人们更关心信息系统的开发活动，而对信息系统的维护、信息系统的日常运行和信息服务的关心则置于第二位。但是，现在绝大多数组织的日常业务活动都是通过信息系统来完成的，信息系统的失败将导致企业业务无法进行、失去客户，造成无可估价的损失，所以人们也越来越重视信息技术的管理。对于信息技术管理，可以分为五个部分：制定信息系统运行战略、制订信息技术规划、衡量和管理计算机容量、系统运行计划和控制、结果控制。

7.4.1 制定信息系统运行战略

当今的信息系统从根本上改变了企业的产品和服务、企业与客户的关系及企业所扮演的角色，因此，信息系统运行的管理人员需要不断努力使信息系统部门能够对组织提供有力的支持。20 年前，管理人员和下属的主要工作就是对信息系统的硬件资源进行调度、保证足够的通信能力、管理大量的蓝领工人，对计算机能力和信息系统人员的工作进行规划。但是，如今的信息系统部门需要运行整个组织的系统，以提供一天 24 小时、一周 7 天的服务，支持成千上万的可能分布在世界各地的微机和终端，以有效的成本满足用户短期或长期的需求。信息系统部门不仅需要管理具有更高水平技能、更专业化、人数更少的信息系统部门的员工，还要评价外部组织提供的服务。

组织的高层管理人员需要根据信息技术运行是否能够满足组织的战略目标来评估信息技术运行的质量。组织的高层经理和信息技术管理人员所面临的主要问题就是现有的信息技术的运行是否能够有效地支持企业。

信息系统运行战略必须解决下述主要问题：保证构造合理的信息系统结构并将其实现；保证新系统开发方式可以满足企业长期维护的目标；保证内部和外部采购的决策能得到认真的考虑；决定信息技术运行是由一个部门管理还是分成一系列小单元管理，按照小单元进行管理虽然成本高，但是能为用户提供更好的服务。

良好的信息技术运行必须在设计阶段就开始考虑。用户、负责信息技术系统运行的人应该参与信息系统开发的设计阶段，这样信息技术的运行问题在一开始就可以得到足够的重视。信息系统开发人员往往容易忽略硬件失败、程序非正常退出、文档说明和支持不足等产生的问题。设计阶段要保证防止用户使用错误的快捷方式，还要考虑新老系统转换的细节。如果是购买其他公司提供的软件包，这些问题会更加复杂。

7.4.2　制订信息技术规划

系统运行的技术规划是一个反复检查企业存在的问题和机遇的一个过程。这种反复检查的范围和活动是根据组织的业务性质和信息技术的本质决定的。银行业往往应用多种信息技术，商品邮购企业更多使用办公室支持方面的技术，批发商往往使用计算机和通信技术。为了提高效率，这个反复检查过程必须由能力强、有想象力的信息技术人才完成，还要考虑未来的两三年的时间内信息技术发展的可能性，这种发展的可能性应该建立在科学的技术预测的基础上。

如果企业希望通过信息技术的应用而比竞争对手具有更多的优势，技术规划必须使用各种各样的资源。如果企业只是想利用技术和竞争对手保持相同的水平，并且把信息技术作为一种支持，那么只要比照竞争对手或者行业的领先者制订规划就足够了。一些企业要求信息技术供应商定期对系统投标，以保证信息技术部门能跟得上信息技术的发展。这种情况下企业要求投标并不一定是系统改造的需求，但是可以保证他们能了解最新的技术，并且保证可以得到合理的价格，但是如果一个企业长期使用一个供应商所提供的服务，则往往费用会比较高。

检查的结果是产生一个技术的更新优先级清单。预先确定何时技术更新对企业非常重要，提前两年决定更新和替代老的信息技术比提前6个月能使新旧技术的转换更平稳并减少系统工作中断的时间，当然技术进步过程中出现的突破会减少预先规划的准确性。

为了能更好地定义未来信息服务的结构，规划活动还应该实地对供应商、教育机构进行考察，或者搭建实验环境帮助了解最新技术。

对各个系统运行情况建立档案，记录该系统开发或者最后一次大规模修改的时间，是技术检查的一个很好的方法。运行时间超过10年的信息系统，是最需要更新的系统；重新设计开发这类系统可以减少维护的成本，提高运行的效率。例如，一个大型的国际性银行发现60%的CPU使用和开发维护活动的50%都用在了维护与运行多年前建造的业务处理系统，所以它决定重新开发这个业务处理系统。

如果新技术包括更新硬件或者新系统将以与以往不同且更有效的方式使用当前硬件，那么新技术的实现活动应该对用户保持透明。其他类型的技术更新，因为提供了不同的服务或者改进了的服务，用户容易意识到技术已经更新了，如数据库报表生成器的更新和更新终端等。基本上,这类更新往往是更好地支持用户而不是改变运行的方式。仍然有些技术更新会影响用户的使用习惯,这样的更新需要以用户为导向,由用户负责更新的实施,才能保证更新的成功。每一次技术更新都需要预先制订详细的计划,确保服务不会中断,并且让用户能了解如何使用该服务。

一个全面的技术规划应该包括用户准备情况、现有系统使用的状况、技术的发展趋势以及新技术的实验项目。例如,在一个大型的消费品制造公司中,信息技术人员了解新的信息技术,他们为公司的每个部门都准备了一个不断更新的日志,记录当前正在使用的技术服务和现存问题的评估。他们现在开始使用一个支持办公的软件(包括在一个进行实验的部门的全部档案),通过24个月的计划,可以记录起点、获得利润的评估、运行中的问题和进展。进行实验可以测试组织使用新技术可能带来的问题以及帮助用户认识新技术带来的机遇,从而使企业在其他部门更好地应用该技术。

先在一个部门使用和管理该技术,然后再推广到其他部门,是企业运用全新技术的一个好方法。可以将首先使用新技术的人称为新技术组(emerging-technology group,ET Group),它一般设立在信息技术部门内,与应用开发部门处于同等级别;也有一些企业将该组放在信息技术部门之外,以防止该组被信息技术部门控制。

ET组的管理和组织结构应该采用比较宽松和非正式的策略,组里的气氛应该是实验性的。为了保证创新,企业应该不强调该部门的效率和成本。在ET组的实验成功之后,就需要将新的技术推广开来,在组织的其他部门实现。从实验到广泛推广,企业可能面临很多问题,可以让ET组成员和其他部门的用户共同负责技术的推广或者通过联络人——系统分析员来负责技术推广以保证技术能够在其他部门成功实施。这个阶段是新技术运用的管理控制阶段,强调的是技术运用的效果,可以称为创新阶段。在其他部门实施了新技术之后,企业需要关心新技术的效率,传统的信息系统部门就可以很好地进行管理。

7.4.3 衡量和管理计算机容量

计算机的容量是指计算机的处理能力或者存储能力。事实上,人们对计算机的硬件、软件和网络技术越了解,就会越少重视计算机的容量,因为计算机容量的价格增幅一直在不断下降。但是,当前计算机的硬件、软件和网络相互连接的方式越来越复杂,人们想要诊断这些部件中的"瓶颈"或者制订一个长期的计划也越来越困难。管理计算机的容量问题需要考虑以下因素。

① 计算机容量的增幅要远远超过价格的增幅。容量的过量和短缺呈现为"不对称结构",也就是计算机容量短缺的成本是非常昂贵的,而容量过量的成本则较低,所以对很多组织而言,可以考虑购买过量的容量。

② 计算机容量不足往往是突然发生的。比如,一个企业,在半年的时间里,高峰处理时间CUP的占用率高达77%。而总经理没有听取信息技术部门的警告,不允许订购新的设备。在其后的6个月时间里,由于新增加了系统,导致CPU的占用率达到85%。这就极大地影响了系统响应时间,开始有一些批处理的程序不能按时完成,信息技术部门的人员不得不加班工作。所以计算机的容量问题需要预先制订规划。

③ 可以利用诊断工具帮助了解计算机容量的利用状况和存在的问题,如利用软件包监督和模拟系统的状况。系统分析员利用这些工具分析本来的需求,可以更好地进行预测。对那些利用信息系统完成业务活动的企业,这些工具更为重要。

④ 当前市场上有越来越多的计算机外围系统供应商,而且越来越多的计算机系统采用开放式的结构,所以大多数公司不再从一家公司购买所有的设备。从大量的厂商中挑选供应商,可以得到更加有利的价格,但也会使组织的网络结构更加复杂。

⑤ 组织需要仔细平衡创新和保守。如果企业利用信息技术极大地节约成本或者增强竞争优势,那么企业更强调信息技术的创新,而那些需要系统在任何时间都保持正常运行的企业,在引进新技术时需要特别慎重。引入未经规划的新技术会危害现行系统的可靠运行。

⑥ 引入新技术带来的新增成本和系统运行的中断,可能会抵消新技术所带来的好处。所以在一些情况下,企业不必随着每一代新软件的推出而更新自己的系统。企业一旦决定购买新软件,在购买时要考虑:如果购买小的软硬件供应商的产品,供应商的可靠性和产品的维护需要格外重视;小的供应商容易倒闭,所以要考虑该供应商的产品是否有替代产品,该系统是否可以长期运行,替换为新系统的成本又是多少。此外,还要考虑供应商是否提供源程序代码和文档、供应商提供什么样的维护、维护费用有多少等。

7.4.4 系统运行计划和控制

系统要想平稳运行,必须对运行活动进行计划,并在系统运行中进行控制。企业的信息技术系统需要完成各种各样的工作,既包括联机处理企业的业务活动(如订单录入、建立客户档案等),也包括成批的处理活动(如月末生成和打印各种类型的财务报表、打印工资单等)。所以,系统要想完成这些复杂的活动并保证运行平稳,必须对运行活动进行计划和控制。

1. 设定目标

系统运行计划具有多个目标,所以非常复杂,一般目标包括以下几方面。

① 保证高质量、无错误地运行。系统必须能正确无误地处理企业的业务,提供所需信息、没有遗漏等。

② 根据企业的标准满足企业长期的安排。

③ 处理计划之外的作业,只能使用1%的CPU的处理能力。计划之外的作业能在几分钟、几个小时内完成。

④ 为运行关键应用程序的终端提供一个平均响应时间,一般这个时间应限制在几秒钟,只有1%左右的程序响应时间可以在秒级以上。

⑤ 日常的运行成本应该控制在一个预先设定的水平,从而保证信息技术部门的成本不会超出预算。

2. 建立优先级

可以看到信息技术系统运行的目标往往是冲突的,无法同时让它们达到最优,所以需要给这些目标设定优先级。如果信息技术运行的支持对企业的使命非常重要,就需要由企业的高层管理人员设定优先级,否则,可以由信息技术部门和其他应用系统部门的管理人员来共同讨论设定,如果在讨论中出现冲突,可以交给高层管理人员最终定夺。比如,企业可以设定订单处理系统和库存进货出货系统的优先级最高,然后是应收账系统和工资系统,最后是综合查询系统。

3. 运行的控制和运行的衡量

我们应当看到控制运行的指标、标准适合企业特定阶段的要求,而不能适合任何的企业或者企业的任何阶段。需要针对企业的目标建立对应的性能指标和性能标准。这样就可以把描述系统状况的数据同企业的标准相比较。一般的性能指标如下。

① 成本性能、总的性能和不同的信息技术服务的性能。
② 信息技术人员的周转率。
③ 服务的平均响应时间,5%最差服务的响应时间。
④ 服务的质量,如系统死机的时间。
⑤ 用户对服务不满的次数。
⑥ 未完成报表的个数和不正确输出的个数。
⑦ 服务的利用率,如字处理、电子邮件等。
⑧ 计算机高峰时间的利用率。
⑨ 用户对服务的满意度。

通过对比实际状况和性能指标,企业可以决定何处需要改进。比如,用户不满意次数的标准是某项服务一月用户抱怨次数为 3 次,如果实际统计的指标高于这个标准,企业就应该检查系统哪里出了问题,需要做哪些改进。

记录企业各项指标的报表应该每个星期或者每个月产生一份,这些数据可以帮助企业以量化的形式评价系统的性能,反映系统运行是否达到了各个部门的要求。

7.4.5 结果控制

组织可以利用结果控制信息技术组织中的应用,可以采用将信息技术应用的成本分摊或不分摊给组织中应用信息技术的部门来控制信息技术应用活动。

1. 免费使用信息技术资源

很多组织使用信息技术而不将成本分摊到各个应用部门,这样做有很多的好处,因为信息技术免费,所以很多用户提出需求而且乐于进行实验创新,这就特别适合信息技术创新和推广阶段。信息技术部门也容易将自己提供的服务推广到组织的各个部门,相应地组织不用开发和使用信息技术应用的记账系统,也节省了成本。

这种方式适合信息技术预算少或者创新要求高、财务预算充裕的企业。这种方式也存在问题,因为信息技术是免费的,所以所有的用户都提出使用资源的申请,用户提出的申请由于数量太多,信息技术部门不能一一满足,导致申请积压,重要申请得不到重视,同时信息资源在组织内的分配问题也会演变成为政治斗争。

信息技术的免费使用也会导致信息技术部门没有竞争压力,无法衡量性能情况,效率降低。一些企业也可能根本无法免费使用信息技术资源。

对企业而言,一个更好的方法是免费使用信息技术资源,但非正式地通知用户如果核算成本他们使用的信息服务价值多少,这样让用户了解他们所使用的信息资源并不是真正免费,而且让他们知道他们花费的资源是多么巨大,他们就会更珍惜和更好地利用信息技术资源。

2. 分摊信息技术资源成本

分摊信息技术资源成本到各个应用部门最大的好处是用户可以诚实地提出使用信息技术的请求。这种方式适合信息技术应用的管理控制阶段,因为此时用户已经广泛接受了新技术,组织更强调新技术运用的效率。一般信息技术运行成本的分摊会在企业引起广泛的争论,但是其带来的好处也是明显的。事实上,传统分摊成本的企业往往是将信息技术资源的成本分摊到各个部门。

在组织中将信息技术运行成本分摊到各个应用部门并不容易,并存在如下问题:分摊过程中存在很多的主观因素;分摊的计算公式非常复杂,难以向用户说明,也难以获得用户的理解;分摊除非经过仔细的管理,否则往往会打击用户使用信息技术的积极性,而且辅助分摊的记账系统本身就非常复杂、昂贵。

为了有效实现分摊,首先应该取得用户的理解,也就是分摊系统应该简单,用户无法理解系统将不能通过这种方法有效地引导用户的行为;其次分摊系统应该公正而且合理;最后应该将信息技术的效率同用户的利用率分开,信息技术人员负责低效率的问题。月末、年末处理的成本问题无助于成本控制,只能使用户和信息技术人员产生对立情绪,所以不应分摊。

一个比较好的方法是通过不要将100%的信息技术成本分摊到用户部门,从而鼓励用户使用信息技术。还有一部分成本是信息技术维护和开发的成本,这部分成本与信息技术的运行成本的管理不同。一般信息技术部门在开发和维护之前会与用户签订开发和维护合同,合同规定以下内容。

① 预计的开发和维护活动的成本,信息技术部门应该对超出合同规定的成本部分负主要责任。

② 一旦开发活动需要重新评估时,评估应该包括哪些步骤,在开发或维护的范围变化时取消该活动应该包括哪些步骤。

③ 一旦开发和维护活动的成本计算需要按照消耗的时间和材料计算,则需要预先得到用户的理解。

7.5 信息系统组织管理

信息系统组织的管理首先需要确定信息系统部门在组织中的地位,信息系统部门在组织中的地位将决定信息系统部门的作用。信息系统部门的人员管理有一般的原则。信息系统人员的管理也要考虑信息系统人员所担任的职位、不同职位的不同职责。信息系统人员的招聘也与其他部门的招聘不同,因为信息人员同其他组织的管理人员和技术人员相比有其特殊性,他们的专业技能要求非常高。信息系统人员也需要定期培训。信息系统人员管理还需要考虑当前新出现的一种工作方式——电子办公的特点和管理形式。

7.5.1 信息系统部门在组织中的定位

信息系统部门在组织中的定位需要考虑三个问题：这个部门归谁领导，它是集中的还是分散的；如何在整个组织中建立起信息系统部门的良好形象以得到其他职能部门的支持；高层管理者的支持对信息系统部门的成功有至关重要的作用。

1. 信息系统在组织中的地位

在组织结构中，如何设置信息系统部门，也就是该部门由谁领导，是单独设立一个部门还是将其设立在某个部门内，是由组织的高层管理人员决定的。在信息系统发展的过程中，一些企业将信息系统方面的功能是放在财务会计部门的，也有一些组织，将信息系统部门交由组织的行政副总裁、运营部门的高级主管、常务副总裁或总经理直接领导。在后一种情况下，首席信息官（CIO）为组织的副总裁。

信息系统部门负责人有什么头衔，谁是其上司，这些都反映了组织高层管理人员对信息系统部门的重视和支持程度。信息系统部门的隶属从另一方面还反映了它的主要功能。比如，若信息系统部门的功能归属财会部门，那么该信息系统多侧重财务与会计方面的应用，而在某种程度上忽略组织的市场、生产和运营等方面的应用。若信息系统部门被作为信息资源管理部门或行政服务部门，就意味着组织希望信息系统部门所实现的功能远远超出仅提供单纯的数据处理方面的服务。这时，部门的功能通常包括为整个组织制订计划和提供全面的信息服务。在目前办公自动化日渐普及、数据处理和数据传递过程的融合以及其他新技术日益出现的情况下，大多数组织采取将信息部门独立设置，由高层管理者直接领导的组织方式。

在将信息系统部门定位时，应该遵循两个基本原则：第一个原则是，组织应该意识到，部门的隶属尤其是它是否直接归总经理领导，直接关系到部门的功能，关系到部门工作的成功与否。根据很多企业的经验，如果总经理能够意识到信息系统的功能与组织的其他业务之间密不可分的关系，就会把信息部门置于他的直接领导之下，信息系统功能成功的可能性就会大大提高。第二个原则是，设置一个行政副经理或信息系统主管远胜于将信息系统的功能包括在某一职能部门（如财务部门）内。这有两个原因：首先是前面已经提到的，部门在考虑信息系统各部分优先级时，应站在一个较高的层次，有较宽的视野；其次，技术在企业中不仅具有支持功能，而且更是创新和获得竞争优势的基础，组织不能再将信息系统的功能局限于数据处理和计算机技术。

2. 集中或分散

从目前的计算机软硬件环境来看，更适宜于将设备和数据分散于组织的各个部门。这就是通常所指的分布式数据处理。另外，还可以将开发功能和开发过程的管理控制分散。集中还是分散的基本模式主要有以下几种。

分散开发功能。项目的计划、实施、监督、咨询等功能被分散到组织内的不同部门和不同的管理层。

分散开发过程。比如，成立项目组，但责任分散到用户组织的各个部门，由每个部门来领导项目中与其相关的部分。

数据处理部门内项目组。整个项目完全由用户组织内数据处理部门的项目组承担。

数据处理和系统开发过程的管理控制是集中还是分散的模式,需要由组织的高层管理人员做决定,并为信息部门经理提供所需要的环境。通常,信息部门提出方案供上级参考。此外,没有必要完全放弃对信息系统功能的中央计划和控制。资源(特别是负责系统的人员)的分散在某些情况下会相当有效,但必须仔细选择参加人员,并有相应的管理体系来保证同中央数据处理功能以及组织的整体运行相协调。

集中和分散的开发组织各有其优缺点。一般来说,一种方式的长处恰恰是另一种方式的短处。

集中的优点如下。

① 更容易完成对财务和运营数据的合并以对组织的运行机制情况做出报告与评价。如果没有集中的方式,由于系统、系统设计和数据格式的不同,难以进行数据合并。

② 集中的体系对专业人才更有吸引力,也更便于对人员的管理。而且,部门大,人数多,人员的流失对工作的影响相对会小一些。同时,也可以吸收一些如计算机容量计划或数据通信专家这样的一些专门人才。这在分散的情况下很难做到。

③ 组织中的各部门使用统一的信息报告系统,高层管理人员更容易进行控制。如果报告系统是各个部门分别开发的,那么在数据使用、数据定义和报告格式等多方面都会产生不一致甚至冲突。集中的系统开发有利于保证一致性。

④ 将开发人员集中起来往往还可以产生一种规模效应,可以减少重复劳动、更好地控制系统分析和编程任务的分配,还可以提高系统的效率。

分散的优点如下。

① 开发功能分散,开发人员更专注某一个方面的应用,更了解用户的工作。用户的需要得到了更好的满足,提高了对系统的满意度。

② 把人员和设备分散到用户部门以后,用户部门可以根据自己的需要来安排、分配资源。用户不必在资源的问题上和其他部门竞争。

③ 把计算机设备和开发人员分散到用户部门,可以更容易分配费用,而且用户部门会更仔细地权衡相应的收益,因为信息系统费用将直接影响本部门的经济效益。

集中人员和设备适合以下情况。

① 最高层管理者使用的信息系统。

② 需要在整个组织范围内统一管理的功能,如工资、人事和一般财务等。

③ 不需要实时数据的工作,集中操作更为经济一些。

④ 组织内的一些规模很小、不值得单独分配设备及人员的功能。

⑤ 技术本身需要集中处理的情况,如航空订票等。

分散人员和设备最适合以下情况。

① 开发或生产要求有迅速而灵活的反应时间。

② 组织的部门或分支的业务运行很特殊,需要有相应的特殊系统。比如,一些大的企业集团,它们下属的各部门往往经营的是完全互不相关的业务,因此都要有各自不同的信息系统。

③ 一些没有原因需要集中的信息系统,如独立的存盘系统。

3. 管理层的支持和形象的加强

信息系统部门组织成功的两个重要因素是：高层管理者对信息系统部门的支持和信息系统部门在组织中的形象。总经理用行动来支持信息系统部门可以增进他的形象。

比较明显的支持行为包括以下方面。

① 把信息系统副总经理的办公室安排在总经理办公室的旁边。

② 支持对主管进行信息系统知识的培训，并积极参加这些培训。

③ 将信息系统部门的负责人任命为由总经理直接领导的副总经理。

除此之外还有一些行为不那么明显，如通过奖励来支持信息系统，公开撤换不支持信息系统的部门负责人，留给信息系统充足的预算并着手大型信息系统项目等，来表现对信息系统部门的支持。高层管理对信息系统部门的支持、信息系统部门良好的形象以及信息系统副总经理良好的管理是组织信息系统功能有效性的决定因素。管理人员对信息系统部门的成功领导应该做到以下几点。

① 将信息系统职能放在组织中的一个明显的位置，使其能得到高层管理的注意，能有足够广泛的信息来源。

② 为信息系统部门提供足够的资金。

③ 利用组织的奖励制度，对那些为信息系统及其应用作出贡献的个人和集体给予奖励。

④ 优先选择管理者而不是技术专家当信息系统经理，他们有能力在高层管理集体中工作，而且要把他们视为高层管理集体的一员。

领导关系、集中或分散的程度和高层管理所表现出来的支持程度，都对信息系统的成功有着至关重要的作用。

7.5.2 信息系统组织的人员管理

企业应用信息技术的不断发展，特别是互联网为企业提供了广阔的电子商务新机遇，使得信息系统人员短缺的问题比以往更加突出。2000年美国信息系统专业人员的短缺达到了一半，即有一半的职位由于招不到合格的人而空缺。1998—2000年，信息系统行业是工作机会增长最多的行业。企业比以往更加关注信息系统的人员管理问题，成功的人员管理必须考虑信息系统部门应该设立哪些职位，这些职位又具有哪些职责，如何在竞争中为企业招聘最好的信息系统人员，如何通过培训使信息系统人员能跟上信息技术的不断发展，如何使信息系统人员符合职业道德，如何对日益增长的电子办公人员进行有效的管理。

信息系统组织的人员管理将围绕以下五个部分说明组织如何对组织中的信息系统人员进行管理。

① 信息系统人员的素质要求。

② 信息系统的职位。信息系统通常设有哪些职位，应该具有哪些职责，如何进行管理。

③ 信息系统人员的招聘。如何为企业招聘到合格的信息系统人员。

④ 信息系统人员的培训。如何通过培训使信息系统的人员满足组织的新要求。

⑤ 电子办公的管理。信息系统人员中对电子办公者如何管理。

7.5.3 信息系统人员素质要求

大多数信息系统职位都要求有工作经验和本科学位,对更复杂的工作往往要求有硕士学位。信息系统专家应该具有以下基本素质。

① 能够很好和他人相处。信息系统人员常常和其他信息系统专家或者用户一起工作,有很多的时间会花在讨论和解释上,乐于与人相处并具有良好的社交能力有助于工作的开展。

② 能将技术术语表达成易理解的形式。用户没有计算机知识,必须将计算机术语表达成通俗易懂的形式。

③ 友好的态度、耐心的倾听及良好的行为模式有助于了解和解决用户的问题。

④ 技术问题有很多解决方法,创造性的思考会产生不同的思路从而找到最好的解决方案。

⑤ 严格按照进度工作。通常信息系统人员的工作需要根据法律或者合同在规定的时间提供数据或程序。

7.5.4 信息系统的不同职位

不同的组织可能设有不同的职位。根据组织的规模、行业特点和自身发展的需要,可以在组织中设定不同的职位。通常组织中的信息系统职位可以分为系统开发人员、运行维护人员和技术支持人员。信息系统人员在组织中最高层的职位现在一般是CIO。这里以一个组织信息系统部门所设职位的机构图作为参考(见图7-3)。

1. CIO

当今大多数组织的战略层,都有首席执行官(chief executive officers,CEO)、首席财务官(chief financial officers,CFO)等职位,现在又出现了一个新职位——首席信息官(chief information officers,CIO)。CIO负责整个组织的信息资源,负责管理信息系统及其从业人员,并向组织的最高管理层报告。

CIO是现代组织中最富有挑战性的职位。组织对CIO寄予了极高的期望。由于信息技术人员一直是组织中最短缺的人员,组织对CIO的需求也一直很难得到满足,因而很多没有足够经验的人担任了组织的CIO,这对整个组织的发展和信息系统的成功是极为不利的。那么,一个成功的CIO应该具备什么样的背景、经验、管理素质呢?

一个成功的CIO应该具有整体企业的观点,能将整个信息系统的发展纳入整个企业的发展计划,保证信息系统的战略规划与整个组织的战略规划一致,并且应该有很强的口头和文字表达能力。除此之外,还应具有领导能力、公平对待下属、推销和劝说的能力、对技术的理解能力、建立和维护与组织之间的有效关系的能力、广泛的知识、对长期项目和短期项目的管理能力。

CIO的教育背景最好是企业管理专业和信息技术专业的结合。比如,一种比较好的教育背景是本科念信息技术专业,然后读MBA,或者管理信息系统方向的MBA。当然人文科学的本科和MBA的结合也是一种选择。具有信息系统技术经验和管理经验的职业

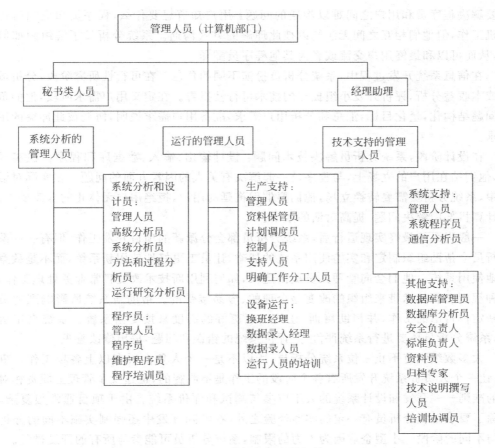

图 7-3 一个组织的人员机构

背景对 CIO 是很有帮助的。

大多数 CIO 的职业经历都是从技术开始的,一般都有实际开发信息系统的经验。他们通常首先做程序员、系统分析员、系统管理员,最后成为 CIO。

做 CIO 最重要的是有强烈的组织观念。往往信息系统部门有面向技术的倾向,CIO 应使自己和信息系统部门员工避免这种倾向,一切从组织出发,了解组织,使信息系统能服务于组织的战略目标,利用信息技术解决组织的问题,创造组织发展的新机遇。他们应将组织的用户视为客户,信息系统服务应以客户为出发点。

2. 信息系统开发人员

1) 系统分析员

系统分析员(systems analysts)是负责开发、实现和维护信息系统的技术人员。系统分析员研究组织中存在的问题,决定以计算机的方式利用什么方法、技术或者过程来解决问题。他们收集和分析数据,编写系统文档并测试系统。

另外,他们也作为用户和计算机人员的桥梁,解释用户的需求,为系统开发编写用户需求,还负责为不了解计算机的用户解释计算机的能力和局限。他们负责处理用户的抱怨,在用户和程序员发生争执时充当调解人。事实上,最初设立系统分析员职位的目的就是要解决程序员和用户之间难以沟通的问题：用户知道想要什么，程序员知道如何让计算机工作，但他们相互之间无法能以彼此理解的方式沟通。系统分析员了解组织如何运作，从而可以和最终用户交流或者为其他程序员翻译。

在信息系统开发过程中，系统分析员扮演不同的角色。在可行性研究阶段，分析员进行成本收益分析，评价开发小组提出的技术可行性报告。在定义用户需求阶段，他们负责将问题结构化，量化目标，汇总和分析用户需求，准备用户需求说明，协调彼此冲突的用户需求。

在设计阶段，系统分析员解决技术问题：设计输出、输入、数据库和程序。在实现阶段，他们站在用户的立场上，与程序员一起解决有关人的因素方面的问题。在实际对话过程中，系统分析员需要转换立场，他们要催促拖延的用户，拒绝用户无休止的修改要求，帮助计算机部门解决问题，提高对话的效率。

一般当系统最终实现运行后，系统分析员都会分派新的项目开发工作，但有一些系统分析员会帮助组织制定和实施使用系统的战略，让员工更好地使用新系统，而不是敌意被动地使用系统。他们会向管理人员提出建议，如何利用新技术改变日常业务处理工作，在何种程度上新技术带来组织的改变是合理的、容易接受的。帮助新系统所影响到的员工重新定位自己的工作，并帮助培训，让员工以更好的态度来接受新系统。系统真正运行后，系统分析员还要进行系统评价，并评价系统的错误和问题，提出修改意见。

大多数组织有不止一位系统分析员，所以不是一个人负责所有以上各项工作。事实上，让一个人负责系统开发所有各个阶段的工作是不明智的，也违反了管理上职责相对独立的准则——开发和设计系统的人不应参与测试和评价系统。由于项目通常很复杂，所以除了要求系统分析员有一定的实践经验之外，在实际开发中还强制实施不同的分析员参与不同的阶段。小型企业因为人力的限制，系统分析员可能参与所有的开发过程。

好的分析员应具有如下所示的一些素质。第一，系统分析和设计的技术经验。第二，硬件、软件、数据库、操作系统和通信的知识。第三，程序设计语言的具体知识。第四，创造力。第五，抽象能力。第六，解决问题、分析和设计不同方案的能力。第七，培训专业人员和非专业人员的能力和耐心。第八，良好的倾听能力。第九，项目管理的能力。第十，乐于与人合作。第十一，对人的影响比较敏感。第十二，在非结构化、含义模糊、存在冲突的环境中工作的能力。第十三，在压力下工作、解决冲突、讨价还价的能力。第十四，群体工作的能力。

对系统分析员的素质要求如此之高，这也就是为什么好的分析员是如此难得。处理与人有关问题的能力和技术能力同等重要，所以很多组织会从自己的员工中雇用系统分析员。一些人有良好的表达能力和易与人相处的能力，即使缺乏工作所需要的其他技能，也可以经过适当培训担任系统分析员的工作。有人认为，这样培养出来的系统分析员比组织从其他公司招聘来的具有技术能力但对组织的运作不了解的人对组织更有价值。

2) 程序员

程序员(programmer)的工作是编写和测试令计算机运行的指令。系统分析员是人和计算机之间的桥梁，要处理人难以预测的事情，而程序员则在机器环境下运用逻辑来解决问题。他们首先决定如何解决问题,然后画程序流程图,使用一种程序语言来编写程序,建立输入输出格式、测试程序、分配存储空间和编写文档。

有一些程序员的职责可能会和分析员重合,但他们不需要程序员和人打交道的技巧。通常程序员乐于独处,独自工作,不需要社交和管理的知识。他们常会拒绝强加的制度规定,其中大部分人不希望进入管理层或者成为经理。程序员往往是一些喜欢自由自在、热爱技术的年轻人,因此程序员工作的周转率很高。

一些小型企业无力雇用大量的信息技术人员,因此常常出现既是程序员又是分析员的情况。即使大型企业也会有分析程序员,这可以减少通常分析员和程序员交流中出现的无法相互理解的问题,同一个人担任该工作就不会相互推诿。但是找到合格的分析程序员却比较困难。随着程序设计语言的不断发展,程序设计比以往要容易,很多分析员开始编写程序,分析程序员变得越来越普遍。

互联网革命和 Web 的发展更强调了程序员的作用。由于程序员的短缺,雇用合格的程序员往往要付比较高的工资。程序员热爱技术并且乐于加班,不喜欢受约束,所以充分发挥他们对技术的热情,以宽松方式进行管理,是合理管理程序员的关键。

3) 数据库管理员

数据库管理员(database administrators,DBA)利用数据库管理系统软件进行工作,决定如何组织和存储数据。他们的工作包括建立数据库、测试数据库和统一协调地修改数据库。他们通常也负责设计系统的安全性,规划和协调使用不同的安全方法。

数据库管理员应当负责数据的管理(修改、增加、删除和数据库的重组织)、数据的维护(比如将数据从一个存储介质转移到另一个存储介质,以便更快速和高效率地访问数据)、维护历史数据(如根据数据元素的变动修改文件)以及清除无用的数据。所有对数据库的修改、数据目录或者数据字典都必须提交给数据库管理员,须经过数据库管理员的批准,由数据库管理员进行管理。如果用户之间对数据分类、由谁来创建数据发生冲突,应由数据库管理员负责解决这种矛盾,数据库管理员还应为部门数据库或者重复数据库建立对应的政策,决定数据的分布。

数据库管理员的作用既包括技术的也包括非技术的:数据库管理员主要与技术人员(分析员和程序员)和最终用户打交道。从事该工作的人一般要经过以下几个方面的培训:数据库管理系统、物理和逻辑数据库设计、数据规划、关系模型、数据规范化、数据字典、数据安全和操作系统。

数据库管理员的活动涉及面广,所以通常会为数据库管理员提供辅助人员(如数据专家和在公共关系及与用户联络方面比较有经验的系统分析员),数据库管理员向信息部门负责人汇报。

4) 数据管理员

与数据库管理员一起共同管理和控制数据的另一类专家是数据管理员(data administrator,DA),他们负责处理全组织范围的数据的协调和使用。在一些组织中,如果数据管理员负责数据的逻辑组织,那么数据库管理员负责物理数据库设计。数据管理员负责组织信息的全局管理、控制和归档,数据库管理员设计、实现和维护数据库及数据库管理系统。在另一些组织中,数据管理员和数据库管理员职责的区分可能会有所不同。

数据管理员和数据库管理员的职位还比较新,仍在发展之中。不同企业对数据控制和管理工作的描述与职位名称可能都会有所不同。作为数据管理人员的上级应注意让这些人员协调工作,而不是对抗和竞争。

5) 信息系统运行维护人员

信息系统运行维护人员包括负责文件服务器管理、网络管理、网络集线器、缆线、转接器管理。他们应该乐于组装计算机、处理各种计算机硬件问题,还要熟悉操作系统、配置硬盘。

文件服务器管理员负责三个方面的职责。第一,根据硬件的配置安装操作系统,并能和现行系统交互,防止网络地址冲突等问题的出现。第二,负责日常的维护和系统调整,如做磁带备份、监督系统的性能参数。第三,如果计算机系统出错了,文件服务器管理人员要负责检查和修复。

网络管理员建立和维护用户账户;保证用户随时能够登录网络、访问所需要的文件;提供安全措施,保护系统免受非法用户、黑客的入侵和病毒的破坏。虽然安装系统的人愿意担当网络管理员,但是最好由专门的管理员完成。

网络集线器、缆线、转接器管理员通过缆线可以将服务器和组织中的用户连接起来,缆线铺设的记录要归档,需要时可以方便地找到缆线。他们负责安装维护网络集线器、缆线、转接器,了解协议和路由结构的信息系统专家适合这方面的工作。他们负责设计网络,使通信容量最大化。此外,还要负责防火墙和其他设备的管理,以控制何种数据在网络中的流动以及哪些用户可以访问网络。

3. 信息系统支持人员

信息系统支持人员包括桌面支持专家、办公人员、培训人员和技术招聘人员。

桌面支持专家是信息系统的前台,直接和用户打交道。对用户而言,他们就是整个信息部门,信息系统的成功取决于对用户的支持。他们应乐于和其他人一起工作,能正确应对态度比较激动用户的指责,应该首先对遇到问题的用户进行安慰。工作中要表露出能够修复系统的自信心和理解力。

办公人员是非技术人员,也是组织中的办公人员,如他们为购买新产品去下订单。信息技术产品非常复杂,采购信息技术的软硬件也非常复杂。比如,不同硬件,其需要的接头也不同,所以在同办公人员合作时,一定要下精确的指令。

培训人员指导人们学习使用复杂的系统。培训人员不仅要对演讲涉及的硬件和软件应用非常熟悉,还要会演讲。一些组织也会雇用第二职业的老师来做培训。大公司在培训上有较多经费,可能会请有经验的老师来做培训,并提供专门的培训技术工具。信息系统专家也可以做培训,前提是他们有公共演讲和准备讲义的能力,并且乐于演讲。

技术招聘人员是组织中负责信息系统人员招聘的专职人员,因为组织通常对信息系统人员的素质要求比其他部门更高,也更复杂。信息系统部门要准确、详细地告诉招聘人员部门空缺的职位需要的是什么样的人。与其他部门招聘不同的是,信息系统人员的奖惩、工作规则可能与公司其他部门有所不同。他们加班、在周末工作应给予额外的奖金,给予股权可能对信息系统人员有更大的诱惑力。

本 章 小 结

新系统正式投入运行后,研制工作即告结束。信息系统是随着环境的不断变化而变化的,运行管理和维护工作是系统开发工作的自然延续。信息系统在投入运行后要不断地对其运行状况进行分析评价,并以此作为系统维护、更新以及进一步开发的依据。

信息系统运行管理工作包括信息系统的运行管理、信息技术管理和信息系统组织管理,信息系统运行管理的目标是使信息系统能够根据企业的需要,提供持续可靠的业务支持和管理决策服务。

通过了解信息系统运行管理阶段的过程、信息系统管理与维护的组织和信息技术管理的内容,可以掌握信息系统进入维护阶段后的管理要点。

思考与练习

1. 如何评价信息系统?主要依据是什么?
2. 简述系统试运行阶段的主要工作。
3. 试述结构化系统开发方法中系统运行阶段的主要任务。

管理信息系统应用篇

第8章 企业资源计划

企业资源计划(ERP)是指建立在信息技术的基础上,以系统化的管理思想,将企业物资资源管理(物流)、人力资源管理(人流)、财务资源管理(资金流)、信息资源管理(信息流)集成为一体,为企业决策者及员工提供决策运行手段的管理平台。ERP 的运用可以有效整合企业内部的生产经营活动及供应链上各环节的资源,并对企业运作全过程进行合理规划、统筹安排和严格控制,达到企业各项资源的最优组合,对改善企业业务流程、提高企业核心竞争力具有显著作用。

本章主要介绍 ERP 的基本概念及发展历程,并选取了目前主流的 ERP 系统作简要介绍。

学习目标

1. 掌握 ERP 的基本概念,包括产生的背景、定义、特点和作用等。
2. 了解 ERP 的形成和发展阶段。
3. 了解目前主流的 ERP 系统及其特点。

引例

美的厨电的 G-ERP 信息化项目案例

一、概述

2013 年,为适应互联网的挑战,实现制造转型升级,确保智能制造的成功,美的开始进行信息化升级的建设。美的 G-ERP 是美的 632 项目其中一个版块的子板块。632 项目旨在通过统一流程、统一数据、统一系统构建内通外连的 IT 系统。作为"一个美的、一个体系、一个标准"的重要载体,以"统一流程、统一主数据、统一 IT 系统"为工作目标,632 项目涵盖 6 大运营系统(PLM、ERP、APS、MES、SRM、CRM)、3 大管理平台(BI、FMS、HRMS)、2 大技术平台(MIP、MDP)。632 项目的实施,通过流程、数据、系统三统一进一步夯实了美的企业管控的管理与营运的基础,对集团各业务领域从客户体验、管理规范、运营透明、内外协同多个维度进行了整体的优化与提升。在这一背景下,G-ERP 项目分别在家用空调和厨房电器两个事业部成功上线。

G-ERP 在整个 632 项目中主要起到拉通、规范、协同的作用。主要目标是建立同其他信息系统(G-PLM、G-APS、G-SRM、C-ERP、G-IMS、G-OMS 海外营销系统、集团主数据系统等)核心流程互通机制,构建执行数据全集,实现上游方案对接,积小改为大成,并且充分发挥执行力的作用为企业创造价值,实现效益和效率的双赢。G-ERP 系统包括了 MRP、销售、库存、采购、物料清单、应收/付、车间管理等,在其外围还包括 APS、SRM、

CRM、PLM 等,集成方案涉及 29 个外围系统,超过 500 个信息集成点。

二、G-ERP 系统制造方案

G-ERP 系统主要包括销售、采购、库存、成本、车间、排产、计划、其他八大模块。

1. 基础数据管理

物料 ITEM 管理的业务主要包括分类类别维护、物料模板维护、物料单位维护、物料编码创建、物料属性维护、物料生命周期、物料关系维护等。通过业务和流程的改善,可以在物料编码管理中实现"一个美的、一个体系、一个标准"的全球化运营管控需求,建立与其他系统的接口管理规范,规范及细化物料全生命周期管理,并与其他业务系统协同,用于指导和控制系统间的相关业务,重新梳理物料属性、物料关系维护,为计划、采购等各模块的管理提供物料数据支撑,优化生产码和销售码的维护,避免重复工作。

工艺路线管理的业务主要包括日历班次建立与维护、资源定义与维护、部门定义与维护、标准工序定义与维护、基准产品工艺路线定义、订单工艺路线定义、替代工艺路线定义、工艺路线更改等。经过改善,可以为未来制造成本的扩展应用和更精细化成本监控奠定基础;根据每一道工序采集到的实际完成数据,企业管理人员可以了解和监视生产进度完成情况;为精细化管理和决策,提供科学、准确的基础数据参考信息,同时为向数字化企业迈进奠定基础。

物料清单业务主要包括基准 BOM 建立、订单 BOM 建立、替代 BOM 建立、BOM 物料替代、ECO 更改、成批更改 BOM 等。预期可以提高 BOM 创建的效率,提高 BOM 准确性,完善了业务操作流程,实现多组织 BOM 清单统一或共享。

2. WIP 管理

WIP 管理业务主要包括工单创建、工单计划调整、工单发放、工单工序/物料需求、推式物料发料、拉式物料发放、跨组织工单发料、车间转产/换型/调机物料处理、车间生产过程中不良物料处理、工单取消/延期退料处理、跨组织工单退料、拆机退料、工序流转及完工等。其主要改善点包括增加工序流转的工作量、加强工序流转管理、明晰工序报废的管理规范等。

思考题

1. G-ERP 项目的实施对美的的信息化建设起到什么作用?
2. 该项目可以为企业成功解决哪些问题?
3. 试为 G-ERP 项目的实施制订合理的工作计划。

8.1 ERP 概念

为了应对当前日益加剧的市场竞争环境,越来越多企业使用 ERP 系统建立一个有效、科学的决策管理平台,实现对整个企业供应链的高效管理。目前,关于 ERP 的定义并未形成统一的标准,在此我们认为 ERP 是将企业的内、外资源进行整合,对企业的生产、经营等过程进行合理规划和统筹安排,从而达到帮助企业获得最佳效益的现代企业管理思想和方法。此外,我们也可以通过学习 ERP 的特点及其作用来加深对 ERP 概念的理解。

8.1.1 ERP 产生的背景

随着顾客需求不断趋于多样化,市场竞争日益加剧,企业与企业之间的竞争,已经不再是传统意义上"大鱼吃小鱼,小鱼吃虾米"的竞争关系。换句话说,现代企业之间的竞争已不是单一企业与单一企业之间的竞争,而是一个企业供应链与另一个企业供应链之间的竞争。

供应链是指围绕核心企业,通过对商流、信息流、物流、资金流的控制,从采购原材料开始,制成中间产品以及最终产品,最后由销售网络把产品送到消费者手中的将供应商、制造商、分销商、零售商,直到最终用户连成一个整体的功能网链结构。它将产品供应的源点到销售的终点所涉及的各相关者看作一个整体,形成无缝衔接。而供应链管理(supply chain management,SCM)就是对企业供应链中的各个环节进行组织、计划、协调和控制,强调通过企业间的协作,以谋求供应链整体的最优,在一定程度上可以有效帮助企业共同应对外部复杂多变的市场。因此,供应链管理已经成为企业成功的关键因素。

与此同时,信息技术的快速发展,使企业越来越依赖于利用先进的信息系统进行企业供应链管理,以整合资源、创造价值,提高快速响应市场与客户需求的能力,从而增强企业核心竞争力。在此大背景下,专门针对企业资源管理而设计的 ERP 系统应运而生,为企业管理人员提供一个有效、科学的决策管理平台,实现对整个企业供应链的高效管理。

8.1.2 ERP 的概念

1. ERP 的含义

ERP 的名称产生于产业界,它最初被定义为软件包,但迅速为全世界商业企业所接受,现已成为现代企业的重要管理理论之一。目前,关于 ERP 的定义并未形成统一的标准,但可以从管理思想、软件产品、管理系统三个角度对 ERP 的含义进行理解。

1) 从管理思想的角度

ERP 是在 MRP II(manufacturing resources planning,制造资源计划)的基础上发展而成,20 世纪 90 年代由美国著名的计算机技术咨询和评估集团 Garter Group Inc. 提出的面向供应链(supply chain)的管理思想。

2) 从软件产品的角度

ERP 是综合应用了客户机/服务器体系、关系数据库结构、面向对象技术、图形用户界面、第四代语言(4GL)、网络通信等信息产业成果,以 ERP 管理思想为灵魂的软件产品。

3) 从管理系统的角度

ERP 是整合了企业管理理念、业务流程、基础数据、人力物力、计算机硬件和软件于一体的企业资源管理系统。

综合以上定义,并结合目前专家、学者们提出的 ERP 一般看法,可以认为,ERP 是利用网络和信息技术,将企业物资资源管理(物流)、人力资源管理(人流)、财务资源管理(资金流)、信息资源管理(信息流)集成为一体,根据客户需求对企业内部的生产经营活动以及供应商上各个环节的资源进行整合,并对采购、生产、库存、销售、运输、财务、人力等全过程进行合理规划、统筹安排和严格控制,达到人、财、物、信息等各项资源的最优组合,从而帮助企业获得最佳效益的现代企业管理思想和方法。ERP的主要功能模块包括供应链管理、销售与市场、分销、客户服务、财务管理、制造管理、库存管理、工厂与设备维护、人力资源、报表、制造执行系统、工作流服务和企业信息系统等。

2. ERP的核心管理思想

ERP的核心管理思想就是实现对整个供应链的有效管理,主要体现在以下四个方面:

1) 体现对整个供应链资源进行管理的思想

在知识经济时代,为了在激烈的市场竞争中占有一席之地,企业间逐渐形成合作联盟关系,将生产、经营过程中的各方如供应商、厂商、分销网络、客户等纳入一个紧密的供应链中,使企业能快速有效地安排产、供、销活动,以满足消费者日益多样化的需求,进一步提高效率并在市场上获得竞争优势。ERP的出现实现了对整个企业供应链上的人、财、物、信息等所有资源及其流程的管理,使得企业内部的信息通行无阻,再加上供应链管理,通过网络与系统的有效结合,可以使客户与厂商间形成水平或垂直整合,真正达到全球运筹管理的模式。

2) 体现精益生产、敏捷制造和同步工程的思想

ERP支持对混合型生产方式的管理,其管理思想表现在两个方面:一是"精益生产"(lean production),即企业按大批量生产方式组织生产时,把客户、销售代理商、供应商、协作单位纳入生产体系,企业同其销售代理、客户和供应商的关系,已不再是简单的业务往来关系,而是利益共享的合作伙伴关系;二是"敏捷制造"(agile manufacturing),当企业遇到特定的市场和产品需求时,企业的基本合作伙伴不一定能满足新产品开发生产的要求,这时,企业会组织一个由特定的供应商和销售渠道组成的短期或一次性供应链,形成"虚拟工厂",把供应和协作单位看作企业的一个组成部分,运用"并行工程"组织生产,用最短的时间将新产品打入市场,时刻保持产品的高质量、多样化和灵活性。因此,ERP可以促进企业运用同步工程组织生产和敏捷制造,以保持产品的高质量、多样化和灵活性,实现精益生产。

3) 体现事先计划与事前控制的思想

ERP系统中的计划体系主要包括生产计划、物料需求计划、能力需求计划等,并且这些计划功能与价值控制功能已完全集成到整个供应链系统中。

此外,ERP系统通过定义事务处理(transaction)相关的会计核算科目与核算方式,以便在事务处理发生的同时自动生成会计核算分录,保证资金流与物流的同步记录和数据的一致性,从而实现可根据财务资金现状来追溯资金的来龙去脉,并进一步追溯所发生的相关业务活动,改变资金信息滞后于物料信息的状况,便于实现事中控制和实时做出决策。

4) 体现业务流程管理的思想

在应用的过程中,ERP常与企业的业务流程重组密切相关。企业的业务流程决定了各种资源的流速和流量,若要提高企业供应链管理的竞争优势,就必然带来企业业务流程的改革,以适应内外部环境的变化,而系统应用程序的使用也必须随业务流程的变化而进

行相应的调整。

8.1.3 ERP 的特点

从 ERP 的定义上看，ERP 是从 MRP（物料资源计划）发展而来的新一代集成化管理信息系统，它扩展了 MRP 的功能，其核心思想是供应链管理。可见，ERP 跳出了传统企业边界，充分体现了先进的管理思想，对改善企业业务流程、实现企业价值增值的作用是显而易见的。

1. ERP 承载了先进的管理思想

ERP 是现代管理思想的产物，它将许多先进的管理理念和方法，如 BPR、供应链管理、敏捷制造、精益生产、并行工程、准时生产（JIT）、全面质量管理等体现在 ERP 软件系统中，极大地扩展了管理信息系统的范围，成为崭新的现代企业的管理手段。ERP 系统是企业在信息化社会、知识经济时代繁荣发展的核心管理模式，其核心思想就是供应链管理，强调了供应商、制造商与分销商之间的新的伙伴关系。相较于 MRP Ⅱ 系统，现代 ERP 软件包容了 JIT、LP、OPT 等更多新的生产管理思想、理论和方法，适用于不同生产类型和多种计划模式的企业，是各种有效管理方法的综合计算机化。同时，ERP 又吸收了供应链管理的敏捷制造技术和同步工程的思想，适应面向客户的管理模式和动态联盟型企业，各项功能模块也在不断地丰富和改进。ERP 是当今制造企业管理理论与实践经验的汇总，代表着目前最先进的管理思想和技术。

2. ERP 是高度集成的管理信息系统

与传统的管理软件相比，ERP 系统是高度集成的。在 MRP Ⅱ 系统中，企业各种管理业务数据经过统一设计，或存放在一个统一的数据库中，或采用分布式数据库，但同一数据必须是单一数据源，实现的是企业横向业务过程"物流—信息流—资金流"的集成。ERP 则是企业的三维集成系统，即除"物流—信息流—资金流"的集成外，还实现了全供应链从"采购—制造—分销"各环节的资源集成和"办公自动化—业务事务处理—决策支持"的集成。

3. ERP 是企业的战略工具

ERP 不仅仅是信息系统和管理思想，也是一种商业战略工具，实施 ERP 或 MRP Ⅱ 对任何企业来说都是一笔不小的投入，企业必须面临较长的实施周期且在短时间内并不能带来显著的收益，业务流程再造会带来巨大的工作量和阻力，管理层是否具有足够的决心、毅力和对全局的控制能力等问题。这些都是企业在运用 ERP 战略工具时必须注意到的与之相伴的风险。

4. ERP 发展的最终目的是实现整个产业系统的增值

在企业供应链上，最根本的目的是要实现价值的增值，即要有增值流。各种资源在供应链上流动，链上的每一环节都要做到价值增值，因而供应链的本质是增值链。从形式上看，客户是在购买商品或服务，但实质是在购买商品或服务所带来的价值。供应链上每一环节的增值、增值的数额都会成为影响企业竞争力的关键因素，同时各个企业的供应链又组成了错综复杂的整个产业系统的供应链。由此可见，ERP 发展的最终目的就是使整个产业系统内的供应链达到最合理的增值，这里的最合理首先应是最优，其次是实现效益的最大化。

8.1.4 ERP 系统的作用

ERP 的作用主要包括以下几个方面。

1. ERP 能够解决多变的市场与均衡生产之间的矛盾

市场需求不是一层不变的,而多变的市场会使企业的销售预测和客户订单变得不稳定、不均衡。若企业直接根据简单的销售预测和订单量来安排生产,必然会导致企业出现时而加班加点,时而资源闲置的现象。为了解决该类问题,企业必须通过 ERP 系统进行人工干预,制订主生产计划。通过这一计划层次,由主生产计划员均衡地对产品或最终项目做出生产安排,使在一段时间内主生产计划量和市场需求在总量上相匹配,而不追求每个具体时刻上均与市场需求相匹配,从而得到一份相对稳定、均衡的计划,以解决多变市场与均衡生产之间的矛盾。

2. ERP 帮助企业将对客户的供货承诺做得更好

在传统管理模式中,由于生产制造部门与市场销售之间的协调配合力度不够,或信息传递不通畅,企业面对随时发生的变化很难做出准确、及时的反映。这时销售人员在做出供货承诺时,只能凭着经验,无法做到心中有数。而 ERP 系统可向销售人员提供自动产生的可承诺量数据,专门用来支持供货承诺。同时,根据产销两方面的变化,ERP 系统还会随时更新该数据,提高准确性。销售人员只要根据客户订单把客户对某种产品的订货量和需求日期输入 ERP 系统中,就可以得到如下反馈信息。

- 客户需求可否按时满足;
- 如果不能按时满足,那么在客户需求日期的可承诺量是多少?不足的数量将在何时可以提供?

这样,销售人员就可以把对客户的供货承诺做得更好,更具体。

3. ERP 能解决既有物料短缺又有库存积压的库存管理难题

库存积压和物料短缺同时存在是制造企业中常见的棘手问题,而 ERP 的核心部分 MRP 恰好能够帮助企业解决这样的问题。MRP 期望达到的目的正是既要满足生产对物料的需求,又要确保没有库存的积压,即在准确的时间以准确的数量得到准确的物料。

4. ERP 可以帮助企业提高产品的质量

通过 ERP 系统,企业的经营计划和生产计划这些高层管理计划可以非常顺利地转换成明细计划,这样企业员工的工作变得更加有序,而无须忙于对出乎意料的情况做出紧急反应。在这种情况下,企业的工作质量和生产率得到提高,成本则相应地降低了。

5. ERP 可以改变企业中的部门本位观

传统的企业被看作一个个部门的组合,而 ERP 强调的则是企业的整体观,将采购、生产、财务、销售等各个部门集成在一起,实现整个企业的通信系统。不仅信息可以实现准确和及时地传递,而且企业整体合作的意识得到加强,每个部门可以更好地了解企业的整体运作机制,更好地了解各个部门在企业整体运作中的作用和相互联系,从而可以改变企业中的部门本位观。

8.2　ERP 的发展历程

ERP 是在物料需求计划(material requirement planning, MRP)的基础上发展而来的。MRP 是指将企业最终销售产品分解,按提前期长短来计算所需物料的需求量和需求时间,从而能够帮助企业解决库存积压和物料短缺同时存在的问题。20 世纪 70 年代,在 MRP 推行 10 多年后,一些企业又提出了新的要求,希望 MRP 在处理物料计划信息的同时,还能够处理财务信息。因此,MRP Ⅱ 应运而生,实现了物流、信息流、资金流的集成。到了 20 世纪 90 年代,为了应对瞬息万变的全球市场,提高企业迅速响应市场的能力,MRP Ⅱ 向一个新的阶段迈进——ERP,它将企业整个供应链的资源进行整合,扩展为围绕市场需求而建立的企业内、外部资源计划系统,充分满足企业对资源全面管理的需求。

具体来说,ERP 的发展主要经历了五个时期:订货点法、MRP 阶段、闭环式 MRP 阶段、MRP Ⅱ 阶段、ERP 阶段(见图 8-1)。

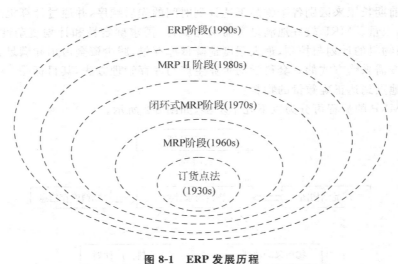

图 8-1　ERP 发展历程

8.2.1　订货点法阶段

订货点法于 20 世纪 30 年代由西方经济学家提出,指的是对于某种物料或产品,由于生产或销售造成库存减少,当这个值低于订货点时,即开始发出订货单来补充库存,直至库存量降低到安全库存时,发出的订单所订购的物料(产品)刚好到达仓库,补充前一时期的消耗。从订货单发出到所订货物收到这一段时间称为订货提前期。

订货点法考虑安全库存量和订货提前期,根据企业生产需求及供应情况,规定了各种物料的安全库存储备量和订货点库存量。当物料产生耗用之后,一旦库存量少于预先设定的订货点,就要采取订货来补充库存,从而避免缺货现象的发生。关于订货点的一般计算方法如下:

订货点=订货提前期×日需求率+安全库存量

即假设企业某种物料的需求量为每天 25 件,订货提前期为 10 天,安全库存为 100

件,则该物料的订货点应为 25×10+100=350(件)。

订货点法基于以下假设。

① 假定库存项目的需求是常数,即需求是连续的,库存消耗是稳定的。

② 对多项库存设定一个固定的安全库存,而不考虑需求的变化与库存项目之间的联系。

③ 假设物料的提前期是固定的,而不考虑现实中各因素的影响。

④ 假设物料需求是相互独立的。

可见,订货点法本身具有一定的局限性。例如,某种物料的库存量虽然已经低于订货点,但是可能在近一段时间的企业并未收到新的订单,所以近期内没有新需求产生,暂时可以不用考虑补货,而此时采用订货点法就会造成一定程度的库存积压和资金占用。

8.2.2 MRP 阶段

20 世纪 60 年代,美国 IBM 公司的约瑟夫·奥列基博士(Dr. Joseph A. Orlicky)提出了物料需求计划,解决了订货点法存在的缺陷。MRP 是指将企业销售的每个物品进行分解,按提前期长短来区别各个物品下达计划时间的先后顺序,并通过计算机准确计算所需物料的需求量。MRP 较好地满足了需求相关性、需求确定性和计划复杂性等特点,是一种以加强物料的计划与控制,最大限度地降低库存量,减少资金占用和满足企业生产为目标,基于按需采购方式的一套科学的企业生产与库存管理方法,其目标是:在正确的时间、正确的地点到达正确数量的物料。

其中,MRP 的流程可分为以下几个步骤,如图 8-2 所示。

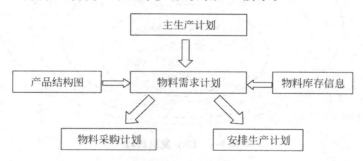

图 8-2 MRP 的流程

① 企业根据市场预测和客户订单,编制可靠的主生产计划(main production schedule,MPS),包括生产作业计划和采购作业计划等,它帮助企业回答三个问题:企业要生产什么、生产多少以及什么时段完成。

② 正确编制产品结构图(即产品物料清单,BOM),确定生产产品所需的各种物料的用料明细。

③ 正确掌握各种物料的实际库存信息。

④ 正确规定各种物料的采购交货日期,以及订货周期和订购批量。

⑤ 通过 MRP 逻辑运算确定各种物料的总需求量和需求时间。

⑥ 向采购部门发出采购通知单或向本企业生产车间发出生产指令。

使用 MRP 能够确定在具体时间内的物料需求,它比较适合于均衡的生产过程,但仍存在一些问题。由于没有考虑企业内部的生产能力和各种资源的变化,因此并不能保证生产计划能够成功实施。

8.2.3 闭环式 MRP 阶段

20世纪70年代,人们在MRP的基础上作了改进,提出了一个结构较为完整的生产计划及其执行控制系统,即具有反馈功能的闭环式MRP。在闭环MRP的相关概念中,将企业的产能充分考虑进去,在基本MRP的基础上补充了"能力计划"功能,对主生产计划进行生产能力负荷分析,即对企业的能力进行校检、执行和控制,同时通过反馈信息对主生产计划进行调整来保证计划的可行性和有效性,其工作过程是一个"计划—实施—评价—反馈—计划"的封闭循环过程,如图8-3所示。

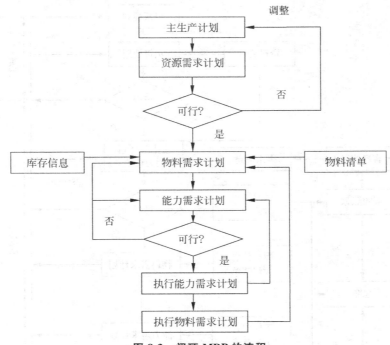

图 8-3 闭环 MRP 的流程

在闭环MRP系统中,把关键工作中心的负荷平衡称为资源需求计划,或称为粗能力计划,用以验证主生产计划的可行性;把全部工作中心的负荷平衡称为能力需求计划,或称为详细能力计划,主要验证物料需求计划的可行性,从而使企业生产计划的各个子系统得到协调和统一。

虽然,随着闭环MRP系统的出现,企业各生产子系统得到了统一,但各子系统与财务系统之间仍缺乏交互,使数据无法实现共享,此时的财务管理信息系统几乎完全独立,成为一个信息孤岛。企业经营的相关数据、信息在生产与财务部门重复录入和存储的情况时有发生,造成数据的不一致性,从而导致企业决策者无法获得完整信息资料,大大降低了最终所需数据的可靠性,造成工作效率低下,甚至决策的失误。

8.2.4 MRP II 阶段

MRP II 系统即制造资源计划(manufacturing resource planning)系统,其缩写还是

MRP，为了与物料需求计划进行区分，故将制造资源计划记为 MRP II，它是在闭环 MRP 系统的基础上添加了财务管理功能，将生产、财务、销售、工程技术、采购等各个子系统集成为一个一体化的系统，共用一个统一的数据库。MRP II 在内容和能力上都有了很大的扩充，涵盖了整个企业生产经营活动，包括对所有的生产资料、库存、人力资源、设备、财务、销售等方面进行综合计划、组织和控制，实现企业物流、信息流、资金流的集成。

MRP II 的流程如图 8-4 所示。图中主要由三部分组成，其中左侧主要是财务系统，这里仅列出应收账款、总账和应付账款；中间是基础数据，除了物料清单、库存信息、工作中心、工艺流程等数据，还包括会计科目、成本中心的数据，这些数据以数据库的形式储存

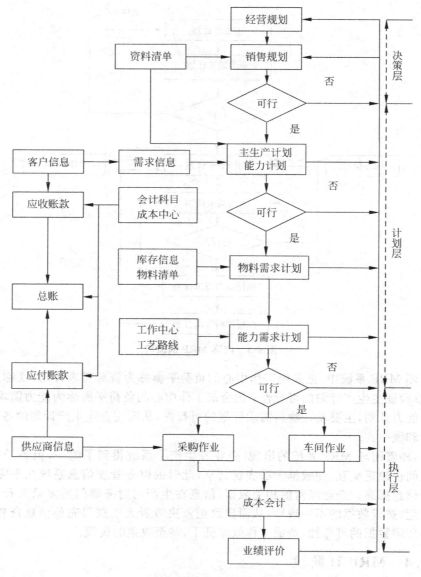

图 8-4　MRP II 的流程

在数据库管理系统中,以便于各部门的沟通和共享;右侧主要是计划和控制系统,它包括决策层、计划层和执行层,构成了企业的经营管理计划流程。

据了解,在应用 MRP Ⅱ 之后企业一般可取得显著的成效,例如,库存资金降低 15%～40%,资金周转次数提高 50%～200%,库存盘点误差率降低到 1%～2%,短缺件减少 60%～80%,劳动生产率提高 5%～15%,加班工作量减少 10%～30%,按期交货率达 90%～98%,成本下降 7%～12%,采购费用降低 5%左右,利润增加 5%～10%等。总的来说,MRP Ⅱ 可帮助企业有效利用各种制造资源、控制库存资金占用、缩短生产周期、提高劳动生产率及降低成本。

8.2.5 ERP 阶段

随着经济全球化和科学技术的发展,以面向企业内部信息集成为主的 MRP Ⅱ 系统已无法满足新形势下的企业管理需求。企业不仅要依靠自身的资源,还必须把经营过程中的有关各方如供应商、制造商、分销商、客户等纳入一个紧密的供应链中,才能在市场上获得一定的竞争优势。此时,准时生产(JIT)、精益生产(lean production)、敏捷制造(agile manufacturing)、并行工程(concurrent engineering)、供应链管理(supply chain)等先进的现代化管理技术和理论相继产生,使 MRP Ⅱ 不断沿着纵深方向发展。

ERP 是在 MRP Ⅱ 的基础上发展而来的,采用了更先进的 IT 技术,如 Internet 网络技术、图形界面、第四代计算机语言、关系型数据库、客户机服务器型分布式数据库处理、开放系统和简化集成等。在功能方面,ERP 的功能更为强大,能够支持多种制造类型和混合制造。更重要的是,ERP 实现了企业内部与外部信息的集成,它具备更多的功能模块,除了供应、制造、销售、财务等过程外,还增加了分销管理、人力资源管理、运输管理、仓库管理、质量管理、实验室管理、设备管理、过程控制接口、数据采集接口、电子通信、项目管理、市场信息管理等内容,并将系统延伸到供应商和客户,体现了对企业整个供应链资源管理的思想。

可见,经过半个多世纪的发展,企业管理系统的集成化程度越来越高,涉及的功能也越来越全面。现在的 ERP 系统,已能够将企业供应链上的各个业务流程进行较好地优化和整合,使企业与供应商、客户能够真正集成起来,成为企业进行生产管理及决策的平台和工具。未来,随着信息技术和管理理念的发展,ERP 也将继续前进的步伐,不断地发展和完善。

8.3 典型的 ERP 系统

在过去几年中,全球制造业 ERP 市场的规模一直在稳步增长,据市场研究公司 Forrester 的一份最新研究报告称,2015 年全球制造业 ERP 的市场规模达到 503 亿美元。目前市场上 ERP 系统产品众多,不同产品之间功能差异也较大,本节主要介绍几项主流的也是较为典型的 ERP 软件系统。

8.3.1 SAP 公司的 R/3 系统

SAP 公司成立于 1972 年，总部设在德国南部的沃尔道夫市，是全球最大的企业管理和协同化商务解决方案供应商、全球第三大独立软件供应商。全球有 120 多个国家的超过 21 600 家用户正在运行着 69 700 多套 SAP 软件。SAP 在全球 50 多个国家拥有分支机构，并在多家证券交易所上市，包括法兰克福和纽约证交所。1995 年 SAP 集团在中国设立了子公司。

SAP 的一整套程序是针对所有企业的一种数据和应用集成方法，它将业务和技术进步融入了一个综合性的高品位的标准系统，即商品化软件系统。R/3 系统又是一个建立在三维客户机/服务器上的开放的新标准软件，其功能涵盖企业的财务、后勤（工程设计、采购、库存、生产销售和质量等）和人力资源管理等各个方面。2005 年，此软件更名为 mySAP ERP。

SAP R/3 是为客户服务设计的，其中"R"指的是实时 realtime，"3"则表示组成 R/3 系统的三层架构（数据层、应用层、表示层），该软件主要由生产计划系统、销售与分销系统、物料管理系统、财务会计系统、管理会计系统、财产管理系统和人事管理系统等功能模块组成。

SAP R/3 系统的主要特点如下。

① 功能性。R/3 以模块化的形式提供了一整套业务措施，其模块几乎囊括了全部所需要的业务功能并把用户和技术性应用软件相连而形成一个总括的系统，用于公司或企业战略上和运用上的管理。

② 集成化。R/3 把逻辑上相关联的部分连接在一起，使重复工作和多余的数据完全消除，规程被优化，集成化的业务处理取代了传统的人工操作。

③ 灵活性。R/3 系统中方便的裁剪方法使之具有灵活的适应性，从而能满足各种用户的需要和特定行业的要求。R/3 还配备适当的界面来集成用户自己的软件或外来的软件。

④ 开放性。R/3 的体系结构符合国际公认的标准，使客户得以突破专用硬件平台及专用系统技术的局限。同时，SAP 提供的开放性接口，可以方便地将第三方软件产品有效地集成到 R/3 系统中来。

⑤ 可靠性。作为用户的商业伙伴，SAP 始终不断地为集成化软件的质量设立越来越多的国际标准。

⑥ 国际适用。R/3 支持多种语言，而且是为跨国界操作而设计的。此外，R/3 可以灵活地使用各国的货币及税务要求。

⑦ 服务。R/3 系统实施过程中，用户将得到 SAP 技术专家的全面支持与服务，包括组织结构方面与技术方面的咨询、项目计划与实施方面的协助，以及培训课程等。

总体来说，SAP 产品以其强大功能、高度集成性、实时性、灵活性、开放性、可靠性以及国际普遍适用性等优势得到了业界的广泛赞誉并占有了包括中国在内的广阔的 ERP 软件市场，包括长虹、康佳、海尔空调、李宁、联想集团、中化、中航油在内的数十家企业先后采纳了 SAP 公司的 R/3 产品作为企业的应用解决方案。

8.3.2 用友公司的 U8 系统

用友(集团)成立于 1988 年,是亚太地区领先的企业管理软件、企业互联网服务和企业金融服务提供商,是中国最大的 ERP、CRM、人力资源管理、商业分析、内审、小微企业管理软件和财政、汽车、烟草等行业应用解决方案提供商。截至 2014 年,中国及亚太地区超过 220 万家企业与公共组织通过使用用友企业应用软件、企业互联网服务、互联网金融服务,实现精细管理、敏捷经营、商业创新。其中,中国 500 强企业超过 60% 是用友的客户。

用友 ERP-U8 企业应用套件(简称用友 ERP-U8)是中国 ERP 普及旗舰产品,是中国用户量最大、应用最全面、行业实践最丰富的 ERP,并与中国企业最佳业务实践相结合,形成了中国企业最佳经营管理平台。它传承"精细管理、敏捷经营"设计理念,符合"效用、风险、成本"客户价值标准,代表了"标准、行业、个性"的成功应用模式,充分适应中国企业高速成长且逐渐规范发展的状态,为广大中小企业连接世界级管理,是蕴涵中国企业先进管理模式,体现各行业业务的最佳实践,有效支持中国企业国际化战略的信息化经营平台。在今天,它不仅成为管理者进行企业运营与管理的桌面工具,更是企业实现精细管理、敏捷经营的利器。

UAP 平台是 ERP-U8 的核心技术平台,提供系统底层的基础设施支持,即提供了 ERP-U8 运行所必需的基本运行时框架,封装了 ERP-U8 各层运行必须的基本构件,保障各层之间通信的畅通,并制订了相关技术标准。同时 UAP 是一个集成应用平台,提供一系列的设计、开发、集成、安装和部署工具。基于 UAP 平台,可以开发 U8 的标准产品,开发满足行业需求的行业插件,开发企业的个性化应用,以及对第三方系统的集成;客户和实施人员可以通过可视化的规则定义工具进行个性化的配置,满足企业的个性化需求。因此,强大的 UAP 平台就是中国企业信息化的集成应用平台。

用友 ERP-U8 是一套企业级的解决方案,可满足在不同的制造、商务模式下,不同运营模式下的企业经营管理。U8 可以提供财务管理、供应链管理、生产制造管理、客户关系管理、人力资源管理、办公自动化和商业智能等集成化功能,并整合各种合作伙伴的方案。此外,用友 ERP-U8 是以集成的信息管理为基础,以规范企业运营,改善经营成果为目标,最终实现从企业日常运营、人力资源管理到办公事务处理等全方位的产品解决方案。

8.3.3 金蝶公司的金蝶 K/3 ERP 系统

金蝶国际软件集团始创于 1993 年,是香港联交所主板上市公司。运用前沿科学技术,金蝶以管理信息化产品服务为核心,为超过 400 万家企业和政府组织提供云管理产品及服务,是中国软件产业领导厂商,亚太地区管理软件龙头企业,全球领先的中间件软件、在线管理及全程电子商务服务商。据国际权威调查机构 IDC 的最新数据表明:金蝶 2013 年在中国中小企业应用软件市场占有率再次位居第一,这是其连续十年蝉联榜首。

金蝶 K/3 ERP 系统整合企业内外部资源,为企业管理者搭建了完整的信息化管理平台,集供应链管理、财务管理、人力资源管理、客户关系管理、办公自动化、商业分析、移动商务、集成接口及行业插件等业务管理组件为一体,以成本管理为目标,以计划与流程控制为主线,通过对成本目标及责任进行考核激励,推动管理者应用ERP等先进的管理模式和工具,建立企业人、财、物、产、供、销科学完整的管理体系。

经过多年实践与经验积累,金蝶K/3 ERP在帮助企业实现全面业务应用的基础上,进一步提出"精细管理,快速成长"的产品理念,从管理方法、流程控制、管理对象等方面,引导企业从常规管理迈向深入应用,使企业在激烈的竞争环境中,最大限度减少管理占用的资源、降低管理成本、规避管理风险、快速响应客户需求,从容应对国际经济局势变化,化危为机,帮助企业快速、持续成长,创造卓越价值。其中,金蝶K/3 ERP系统具有如下特点。

① 管理方法精细化。金蝶K/3 ERP针对不同业务领域、不同行业应用、不同管理模式,将标准成本管理、作业成本管理、日成本管理、车间工序管理、精益生产、MTO计划、绩效过程管理等管理方法充分融合,帮助企业逐步迈入管理精细化阶段。

② 流程控制精细化。金蝶K/3 ERP借助灵活可变的流程将系统模块、功能、单据、数据、角色等要素紧密关联,通过参数精确控制,帮助企业实现管理流程的规范化和精细化。

③ 管理对象精细化。金蝶K/3 ERP以企业的人、财、物为基本分类,将产、供、销等业务运营过程中涉及的物料、产品、伙伴等基本对象从数量、价值、时点、质量、状态多纬度进行全面细致的监控,实现对管理对象的精细化管理。

金蝶K/3 ERP构建于金蝶K/3 BOS平台之上,具有极强的灵活性,通过K/3 BOS业务配置可以实现模块、功能、单据、流程、报表、语言、应用场景和集成应用等环节的灵活配置,帮助企业实现个性化管理需求的快速部署;同时还可以通过K/3 BOS集成开发快速实现新增功能的定制开发和第三方系统的紧密集成,支持系统的灵活扩展与平滑升级,从而最大程度的保护企业信息化投资,降低总体拥有成本(TCO)。

本 章 小 结

ERP是一种先进的现代企业管理思想和方法,它将企业内、外部资源整合在一起,对采购、生产、库存、销售、运输、财务、人力等全过程进行合理规划、统筹安排和严格控制,从而达到资源最优组合,获得最佳收益。通过合理利用ERP系统,企业可以加快市场响应速度,大幅度提升竞争力。

ERP系统的发展经历了五个阶段:订货点法、MRP阶段、闭环式MRP阶段、MRP II阶段、ERP阶段。MRP是一种分时段的优先计划物料管理方法,能够帮助企业解决库存积压和物料短缺同时存在的情况。MRP II的诞生使企业在处理物料计划信息的同时,还能够处理财务信息。以生产计划为主线,实现物流、信息流、资金流的集成,是MRP II区别MRP的一个重要特征。为了应对瞬息万变的市场,及时响应用户需求,ERP应运而生,将企业供应商、分销网络和客户等整个供应链的资源进行整合,将原来的MRP II系统扩展为围绕市场需求而建立的企业内、外部资源计划系统,从而满足了企业对资源全面管理的需求。

思考与练习

1. 如何理解 ERP 的概念？它具有哪些优点，在实施的过程中又会出现哪些问题？
2. 简述 ERP 的发展历程。
3. 请分析 MRP II 与 MRP 的区别和联系？
4. 通过调研，你认为 ERP 系统应具备哪些基本的功能模块？
5. 你对 ERP 系统未来的发展趋势有什么看法？

第9章 决策支持与商务智能

MIS 的出现使企业信息获得了系统的开发与利用,将企业的管理水平提高到一个新的层次。然而随着时代的进步,管理者对信息和知识的需求大大增加,为了便于决策,原先简单的查询和报表机制已不能满足企业的需要,再加上管理科学和人工智能的迅速发展,都促使信息系统朝决策支持和商务智能的方向演化。

 学习目标

1. 了解什么是决策支持系统。
2. 理解决策支持系统的结构和功能。
3. 了解决策支持系统与管理信息系统的区别和联系。
4. 理解新一代决策支持系统。
5. 了解决策支持系统的技术层次。

美国学区应用数据驱动型决策支持系统

越来越多的研究报告显示,与其他国家的孩子相比,美国的儿童在学习上正趋于落后,因此对美国来说,提升学校的教育质量已成为一项提议迫切的任务。然而,真正完成该任务却是个大难题。途径之一就是更多地使用信息系统从个人和学校两个层面衡量教育绩效,找出需要额外的资源投入和干预的问题。

位于马里兰州洛克维尔市的蒙哥马利县市推动在学校应用数据驱动型 DSS 的先驱,该县的公立学校系统有 139 000 名学生。借助 DSS 系统,学区共同责任办公室(Office of shared Accountability)的 40 位工作人员针对学生是应该在初中还是更低年纪学习代数这一问题进行了研究并得出结论,学区的 Edline 和 M-Stat 系统能够提醒校长哪些学生有退步迹象,以便给予他们额外的帮助,如课后辅导、举办学习班或召开特殊的家长会。

21 世纪初,蒙哥马利县立学校校长杰里·韦斯特(Jerry Weast)预测,他所称的"绿色区域"学生(白人和富裕学生)和"红色区域"学生(贫困学生和少数族裔学生)之间的差距日益增大,将给整个学区造成负担。用尽各种办法后,管理人员开始实施这一项新计划,即创建用于收集考试成绩、绩点及其他数据的系统,这些数据可用于识别问题学生并加快干预,以提高他们的学习成绩和表现。

校长们能获取并分析学生的成绩数据,从而协助制订全年的教学计划,而不只是在每年标准化考试的结果出来后再提出反对意见。用这种方法,教师们能够在某些学生落后之前对他们进行必要的额外辅导或其他干预。考试成绩、绩点和其他数据会实时进入系统,并且能被实时访问。过去,学校的数据时杂乱无章的,学生的个人成绩和整体素质的变动趋势很难判断出来。幼儿园的老师现在能够用手持的个人数字助理设备来监听学生在阅读时单词的发音是否正确,并记录学生们尚未掌握的单词。这些设备会计算出学生阅读每段文字的准确度和超时时间,并提供学生经常出现的问题的相关信息。另外,当学生开始偏离其正常的学习模式(如几门课的成绩突然变差)时,系统会向其父母和学校的管理人员发出警示。在多数情况下,这种更快速的反馈足以帮助学生在退步之前及时做出调整。

蒙哥马利县的很多家长都表达了这种担心:新系统是一项超前且不必要的开支。从短期来看,美国总统奥巴马的激励计划在未来两年内给学校提供了更多的资金。像这样的一些项目即有可能变得越来越流行,因为数据驱动型系统能带来可观效果这一事实已更加明显。但是,这些项目会成为美国所有学校的标准吗?这些系统的长期可持续性目前尚不清楚。

在蒙哥马利县学区,实施数据驱动型系统的主要目的之一是消除低年级白人学生和少数族裔学生成绩的差距。教师和管理人员可利用DSS系统找到不同类型的信息,及早发现有天赋的学生并以一套更合适的、包含更多选修课的课程方案来培养他们。从每个学生身上收集的数据能帮助老师洞察对每个人最有效的教学方式。

实施这些系统所取得的效果令人印象深刻。在蒙哥马利县学区,90%的幼儿园学生能够以标准化考试所要求的水准进行阅读,这一数字在不同的种族和社会经济群体间仅有细微差异。仅仅7年前,这一数字还是非收入家庭的学生为44%。另外,系统还能有效地识别出年纪很小就崭露头角的学生。通过至少一次AP考试的非裔美国学生的数量从21世纪初的199位上升到了如今的1 152位,拉美裔学生的数量从218位增加到1 136位。

有反对者声称,强调消除不同学生群体成绩的差距是对有天赋学生和能力不强学生的一种欺骗。"绿色区域"学生的家长质疑,学校过多地关注提高"红色区域"学生的成绩,他们的孩子是否得到足够的重视和资源。蒙哥马利县"绿色区域"学校每个学生的培养费是13 000美元,"红色区域"学校则为15 000美元。"红色区域"学校的幼儿园每班只有15名学生,一年级、二年级各有17名,而在"绿色区域"学校的相应数字为25名、26名。学校管理层反驳称,系统不仅为那些表现不佳的学生提供适当的帮助,而且为有天赋的学生提供对他们的发展至关重要的额外训练。

另一份证据表明,儿童时期减少成绩差距上所取得的效果会随着孩子的不断成长而消失。在蒙哥马利县的八年级学生中,约有90%的白人和亚裔学生在州统考中表现出对数学很精通。而在非裔美国学生和拉美裔学生中该比例仅为50%。非裔和拉美裔美国学生的SAT成绩比那些白人和亚裔学生低了300多分。然而,数据驱动型系统实施后的情况还是比过去统计的结果有较大改善。有些"红色区域"学校的考试成绩和毕业率有显著提升。

这些系统的建立还得益于大量的标准化考试,这是在布什担任总统期间通过的《不让一个儿童落后法案》(*No Child Left Behind Act*)中确立的。有些家长和教育工作者抱怨说标准化考试的次数和频率过高,暗示孩子们应当花费更多的时间完成项目研究和创造性的任务。但是,对处于艰难时期的学区来说,开发可行的替代战略来加快改革是十分困难的。

不仅仅学生受到数据驱动型系统的影响,蒙哥马利县的教师们也受到类似方案的影响,该方案能识别区域落后的教师,提供数据帮助他们自我提升。在大多数情况下,处于合约和任期的原因,学校很难解雇绩效差的教师。为尝试解决这一问题,教师工会和校方管理者联手开发了一套同行评审方案,它为每位表现不佳的教师配备一位导师来提供指导和支持。

两年后,那些未取得成果的教师浮现出来,校长需要决定是终止其合约还是延期到下一年的同行评审再议。但是,在该方案下,很少有教师会被解雇。学校给出的确凿的证据表明,他们做得很好并且能够提升自己。这些证据是基于所收集的关于他们的日常表现、学生的学习成绩及其他多项指标的数据。

并非所有的教师都拥护这一数据驱动型方案。该县主要的教师工会"蒙哥马利教师联盟"(Montgomery Education Association)估计,要保持学生在阅读评估和其他测试上的成绩不断进步,教师每周会增加三四个小时的工作量。银泉市 Highland 小学校长雷蒙德·默特尔(Raymond Myrtle)说:"这需要做大量艰苦的工作,多数教师都不愿意去完成。对于那些不喜欢该方案的教师们,我们建议他们做点别的事情。"到目前为止,Highland 小学的 33 为教师中有 11 为离开了该学区,或者到蒙哥马利县的其他学校执教。

数据来源:John Hechinger. Data-Driven Schools See Rising scores[J]. The Wall Street Journal, June 12,2009;Daniel de Vise. Throwing a Lifeline to Struggling Teachers[J]. Washington Post, June 29,2009;Daniel deVise. The Reaults, Warts and All, of Data-Driven Problem Solving[J]. Washington Post, May 1,2007.

思考题
1. 找出并描述该案例中讨论的问题。
2. 数据驱动型 DSS 是如何帮助解决该问题?这些系统的输入和输出分别是什么?
3. 该解决方案中必须包含哪些人员、组织和技术因素?
4. 该方案是否成功解决了问题?给出你的回答并解释原因。
5. 所有的学区都应该在教学上使用数据驱动型方案吗?为什么?

9.1 决策问题的概述

所谓决策,是指人们为了达到一定目的而进行的有意识的、有选择性的活动。它是人在一定人力、设备、材料、技术、资金和时间等条件的约束下,为了实现一定的目标,运用科学的理论、方法和手段制造出多种可能的选择方案,并依据多种方案作出分析、计算和评价,以求达到最优或次优效果的过程。即决策过程是指人们为实现一定目标而制订行动方案,并准备实施的活动过程,这个过程也是一个提出问题、分析问题和解决问题的过程。

9.1.1 提高决策水平的商业价值

对企业来说,能够制定更好的决策意味着什么?提高决策水平对企业有何财务上的价值?表 9-1 展示了提高决策水平对美国一家年收入 2.8 亿美元、拥有 140 名员工的小型制造企业的商业价值。该公司认识到,投资新系统能够提高许多关键决策的质量。该表给出了提高决策水平为几个业务领域创造的年总价值的估计值(表现为节约的成本或增加的收入)。

表 9-1 提高决策水平的商业价值

决 策 示 例	决策制定者	每年决策次数/次	单个决策质量的提升带给企业的估计价值/美元	年总价值/美元
支持最优价值客户	会计经理	12	100 000	1 200 000
预测呼叫中心的日需求	呼叫中心经理	4	150 000	600 000
决定零部件每天的库存水平	库存经理	365	5 000	1 825 000
识别主要供应商的有竞争力的报价	高级经理	1	2 000 000	2 000 000
按订单安排生成	生产经理	150	10 000	1 500 000

从表 9-1 可以看出,企业各层次都要制定决策,而有些决策是平常的、例行的,且为数众多。尽管提高单个决策质量的价值可能很小,但是成百上千个"小"决策的质量提升能给企业带来很高的价值。

9.1.2 决策问题的层次

组织中有不同的层次,每一个层次需要制定不同类型的决策,因此有不同的信息需求以支持决策,如图 9-1 所示。西蒙教授按照结构化把决策问题划分为三种类型:结构化、半结构化和非结构化。

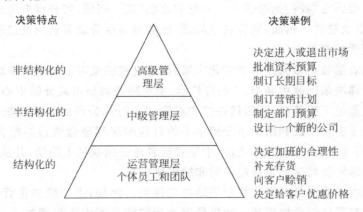

图 9-1 企业中关键决策制定群体的信息需求

1. 结构化决策(structered decisions)

结构化决策是指不断重复的、常规的且可依照明确的程序来制定的决策,因此不必每次都将它们视为新的决策。这类问题的决策过程和决策方法可以遵循固定的规律、规则，能用确定的模型或语言加以描述，能够建立适当的模型和规则，并能够实现决策过程的基本自动化。这类决策问题一般相对比较简单、直接，可以通过适当的决策方法（如运筹学方法、预测方法等）产生多个决策方案，并能从中选择出最优方案。

2. 非结构化决策

非结构化决策是指决策者必须进行判断、评估、洞察进而解决问题的决策。非结构化决策没有固定的规律、规则可以遵循，不能用确定的模型或语言加以描述，只能依靠决策者的经验、直觉、个人偏好、习惯等主观行为做出决策。

3. 半结构化决策

半结构化决策介于结构化和非结构化决策之间，决策过程和决策方法有一定的规律和规则可以遵循，但是不能完全确定。这类问题一般可以建立模型，从决策方案中选择出次优方案，无确定最优方案。

每一类决策问题又可分为三个层次，即作业调度、运筹管理和战略规划，从而构成九种决策类型，如表9-2所示。

表9-2 决策问题的性质分类

类型	决策问题		
	作业调度	运筹管理	战略规划
结构化	库存报表零件订货	线性规划生产调度	新工厂位置选择
半结构化	股票管理贸易	开发市场经费预算	资本获利分析
非结构化	为杂志选取封面	聘用管理人员	研究与开发分析

一般来说，结构化决策在较低组织层次中更普遍，非结构化问题则在企业的较高层次中更常见。

高层管理者面临许多非结构化决策，如制订企业的5年或10年目标，或者决定是否进入新市场。要回答"我们是否进入一个新的市场"这一问题，需要综合考虑新闻、政府报告、行业前景以及绩效。然而，回答这个问题，还需要高层管理者利用其经验做出判断，并征求其他管理者的意见。

中层管理者面临更多的是半结构化决策，但是这些决策可能会包含非结构化的成分。一个典型的管理决策问题可能是："报告显示，明尼阿波利斯市某分销中心在过去的6个月中订单完成量呈下降趋势，原因何在？"中层管理者可从公司的企业系统或分销管理系统获得一份关于明尼阿波利斯市该分销中心的订购情况和经营效益的报告，这是该决策的结构化部分。但是在得到答案之前，中层管理者还必须找员工面谈，并从外部资源中获取更多关于当地经济情况或销售趋势的非结构化信息。

运营管理者和普通员工则往往制定结构化决策。例如，生产线的主管要判断按时计酬的员工是否有资格领取加班费。如果员工在特定的某天中工作超过了8小时，那么主管就要例行对工人当天8小时以外的时间支付加班费。销售客户代表经常要根据客户数据库的信用信息来决定是否向客户赊欠。如果客户符合企业预先制定的赊购标准，销售客户代表就可以统一向该客户赊销完成交易。上面两个例子中的决策都是高度结构化的,许多大公司每天要做成千上万次这样的例行决策,而决策方案已被预先编进企业的工资支付和应收账款系统程序中。

9.2 决策支持系统概述

20世纪70年代中期,Keen和Scott Morton首次提出了决策支持系统(decision support system,DSS),这标志着利用计算机和信息技术支持决策的研究和应用进入了一个全新的阶段,并形成了决策支持系统新科学。

9.2.1 决策支持系统的概念

Scott Morton最先提出了DSS的概念,当时他称之为"管理决策系统",他把这样的系统定义为"基于计算机交互式系统,用以帮助决策者使用数据和模型去解决问题的结构比较差的问题"。后来Keen和Scott Morton对此进行了修正,并给出一个较为经典的定义:"DSS把个人的智能资源和计算机的能力结合在一起以改善决策的质量,它是基于计算机的支持系统,用以帮助管理决策者处理半结构化问题。"上述定义经过不断地扩展和完善后,概括为:决策支持系统是以管理科学、运筹学、控制论和行为科学为基础,以计算机技术、模拟技术和信息技术为手段,用于半结构化、非结构化决策问题,辅助支持决策活动的有智能作用的人机系统。

DSS充分运用了管理学、运筹学、数据库、人工智能和计算机等学科的最新成果,是MIS的进一步发展。

DSS是指用于支持决策的人力、过程、数据库和设备的一个有组织的集合。它主要用于非结构化、半结构化决策,仅仅是对决策进行支持,而不是代替人进行决策。

【例9-1】 某制造企业为决定它的生产规模和合适的库存量,建立一个决策支持系统。

模型库由生产计划、库存模拟模型(如预测、库存控制模型)等组成。

数据库中存有历年销售量、资金流动情况、成本等原始数据。

决策者通过计算机终端屏幕,根据DSS提供最佳订货量和重新订货时间,以及相应的生产成本、库存成本等信息,进行"如果……将会怎样?"的询问,系统对所提方案进行灵敏度分析,或者以新的参数进行模拟而得到一个新的方案。

9.2.2 决策支持系统的特征

DSS的目标是在人的分析和判断能力的基础上借助计算机与科学方法支持决策者对半结构化和非结构化问题进行有序的决策,已获得尽可能令人满意的客观解决方案。它是为了提高决策的有效性而不是提高决策的效率。DSS具有以下基本特征。

① 对准上层管理人员经常面临的结构化程度不高、说明不充分的问题。
② 把模型或分析技术与传统的数据存取技术检索技术结合起来。
③ 易于为非计算机专业人员以交互会话的方式使用。
④ 强调对环境及用户决策方法改变的灵活性及适应性。

⑤ 支持但不是代替高层决策者制定决策。
⑥ 充分利用先进技术快速传递和处理信息。

DSS 的结构如下。
① 数据库及其管理系统。
② 模型库及其管理系统。
③ 交互式计算机硬件及软件。
④ 图形及其他高级显示装置。
⑤ 对用户友好的建模语言。

9.2.3 决策支持系统的功能

为了能够辅助决策者有效地做出决策,决策支持系统一般具有如下功能。

① 管理并随时提供与决策问题有关的组织内部信息。如订单要求、库存状况、生产能力与财务报表等。

② 收集、管理并提供与决策问题有关的组织外部信息。如政策法规、经济统计、市场行情、同行动态与科技进展等。

③ 收集、管理并提供各项决策方案执行情况的反馈信息。如订单或合同执行进程、物料供应计划落实情况、生产计划完成情况等。

④ 能以一定的方式存储和管理与决策问题有关的各种数学模型。如定价模型、库存控制模型与生产调度模型等。

⑤ 能够存储并提供常用的数学方法及算法。如回归分析方法、线性规划、最短路径算法等。

⑥ 上述数据、模型与方法能容易地修改和添加。如数据模型的变更、模型的连接或修改、各种方法的修改等。

⑦ 能灵活地运用模型与方法对数据进行加工、汇总、分析、预测,得出所需的综合信息与预测信息。

⑧ 具有方便的人机对话和图像输出功能,能满足随机的数据查询要求,回答"如果……则……"之类的问题。

⑨ 提供良好的数据通信功能,以保证及时收集所需数据并将加工结果传送给使用者。

⑩ 具有使用者能忍受的加工速度与响应时间,不影响使用者的情绪。

【例 9-2】 美国冶金公司的子公司负责运输公司的油、煤以及成品,后来它也向市场开放。该公司采用的海运估价系统能够计算财务上和技术上的运输细目。财务计算包括船时的成本、燃料、工时,出口各种货物的运费率以及口岸开销。技术细目包括船舱的容量、速度、口岸距离、燃料和水的消耗以及装载模型(即对不同口岸装载的位置不同)等。以前这种计算是在一个后台大型机上,只有一名专业人员能运行这个程序,他要用几周的时间改变参数才能完成计算,而且在已知调度计划和运费率的情况下,他很难回答出为使利润最大应指定哪个船只,还有满足要求,利润最好,船速应是多少? 由马来西亚到美国西海岸,船的装载模型结构怎样? 后来改进了系统,装设一个高性能的桌面微机并提供一个手册,所有操作均由管理人员自己进行,这样就获得了很好的效果。

9.2.4 DSS 与 MIS 的关系

DSS 是在 MIS 的基础上发展起来的,二者都以数据库系统为基础,都需要进行数据处理,也都能在不同程度上为用户提供辅助决策信息。但是二者也有根本的区别,主要体现在以下几点。

① MIS 是面向中层管理人员,为管理服务的系统。DSS 是面向高层人员,为辅助决策服务的系统。

② MIS 是按事务功能(生产、销售、人事)综合多个事务处理的 EDP。DSS 是通过多个模型的组合计算辅助决策。

③ MIS 是以数据库系统为基础、以数据驱动的系统。DSS 是以模型库系统为基础的、以模型驱动的系统。

④ MIS 分析着重于系统总体信息的需求,输出报表模式是固定的。DSS 分析着重于决策者的需求,输出数据的模式是复杂的。

⑤ MIS 系统追求的是效率,即快速查询和产生报表。DSS 追求的是有效性,即决策的正确性。

⑥ MIS 支持的是结构化决策。这类决策是已知的、可预见的,而且是经常的、重复发生的。DSS 支持的是半结构化决策。这类决策既复杂又无法准确描述处理原则,且涉及大量计算,既要应用计算机又要用户干预,才能取得满意结果。

9.2.5 新一代 DSS

决策支持系统是一个集管理科学、计算机技术、行为科学、心理学、控制学等多学科和多技术与一体的集成系统。随着这些科学和技术的不断发展,决策支持系统的应用也不断深入,向集成化、交互性、智能化方向发展。20 世纪 80 年代末 90 年代初,人工智能(artificial intelligence,AI)领域的研究是人的知识开发和利用上的进步,促进决策支持系统融合人工智能技术形成智能决策支持系统(IDSS);20 世纪 90 年代中期出现了数据仓库和联机分析处理的新技术,它们与 DSS 结合成为更高级的综合决策支持系统(SDSS);此后,随着 Internet 的普及,在计算机网络基础上,DSS 发展为能够支持多个决策者共同参与决策的群体决策支持系统(GDSS);在 GDSS 的基础上,有机集成分布式数据库、模型库和知识库等资源,以服务器的形式在网络上提供并发布共享信息,形成了分布式决策支持系统(DDSS)。

1. 智能决策支持系统(IDSS)

在早期 DSS 两库结构的基础上,随着 DSS 向非结构化问题领域的拓展,不可避免地要引入人工智能的手段和技术,因此需要增加知识部件,即应将 DSS 与专家系统(ES)相结合。这种 DSS 与 ES 结合的思想在 20 世纪 80 年代初提出,构成了智能决策支持系统(IDSS)的初期模型。IDSS 作为数值分析与知识处理的集成体,综合了传统 DSS 的定量分析技术和 ES 的符号处理优势,比 DSS 更有效地处理半结构化与非结构化问题从而形成了新的智能决策系统,IDSS 将传统 DSS 与 ES 相结合,增加了知识库、推理机和问题处理系统，人机对话部分增加了自然语言处理功能，如图 9-2 所示。

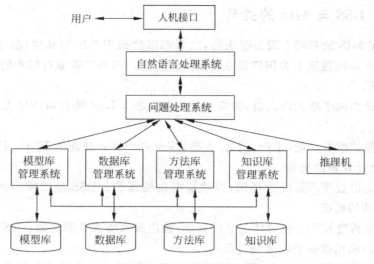

图 9-2　智能决策支持系统

　　IDSS 以知识库为核心，在模型数值计算的基础上引入了启发式等人工智能求解方法，使传统 DSS 原来由人承担的定性分析工作部分或者大部分转由机器完成。而知识的推理机制能获得新知识，知识的累计使系统的能力不断增强。在人机交流方面，IDSS 的人机对话系统采用自然语言处理技术，形成智能人机交互。智能人机交互接口能使用自然语言提出决策问题，自然语言处理功能将其转换成计算机能理解的问题描述，然后交付求解。与人的贴近，使决策者不必再依赖于熟悉计算机的助手而直接使用 DSS。

　　可见，IDSS 具有人工智能的行为，能充分利用人类已有的知识。IDSS 在用户决策问题的输入，机器对决策问题的描述，决策过程的推进，问题解的求取与输出方面有了显著的改进，很好地体现了人工智能的优越性。

　　目前，IDSS 的主要任务可包括以下几个方面。

　　① 分析和识别问题。
　　② 描述决策问题和决策知识。
　　③ 形成候选的决策方案（目标、规划、方法和途径等）。
　　④ 构造决策问题的求解模型（如数学模型、运筹学模型、程序模型、经验模型等）。
　　⑤ 建立评价决策问题的各种准则（如价值准则、科学准则、效益准则等）。
　　⑥ 多方案、多目标、多准则情况下的比较和优化。
　　⑦ 综合分析，包括决策结果或方案对实际问题可能产生的作用和影响的分析，以及各种环境因素、变量对决策方案或结果的影响程度分析等。

　　【例 9-3】　广东国税的业务系统在满足日常税收业务需求的同时也采集了大量的业务数据。例如：每年采集 2 000 多万份的申报数据和 2 000 多万份的税票数据，其中出口专用税票数据达 100 多万份；1999—2000 年全省共采集 5 000 多万份的专用发票数据。这些业务数据的背后隐含了十分丰富的信息和规律，也给税务信息化建设带来一些问题，主要体现在：业务数据分散在不同的应用系统中，数据共享度低且格式不统一；数据太多而信息太少；缺乏快速、高校、便捷的获取信息的工具；基层单位的管理手段日益先进，而上级管理机关却仍停留在以汇报和检查为主的传统的管理模式上；上级管理部门没有或很少信息，上下级税务机关形成信息不对称等方面。

为进一步加强税务信息化建设，实现税收业务和纳税人的纳税情况进行科学分析，为管理决策提供及时准确的信息，以进一步加强税收管理，加强业务监控，促进依法治税，广东省国税局提出建设税务分析与决策支持系统。该系统作为国家税务总局关于税务信息化"一个网络，一个平台，四个系统"的总体规划的重要组成部分，其目标在于通过建立规范统一、高度共享的综合性主题数据库，并在此基础上，建设一个能够对事物（如税收收入）的规模、构成、分布、发展速度、平均水平、平衡等特征以及增长变化规律和发展趋势，以及事物之间（如GDP与税收收入）的相关关系、轻度及平衡性等问题进行分析的平台。

广东省税务局引进一款税务分析与决策支持系统，该系统建立在商业智能平台上——BI.Office上，应用数据仓库、OLAP分析和数据挖掘等技术，实现税收宏观分析、税收收入分析、税收征管分析、出口退税分析、专用发票分析、纳税人分析、纳税人审计分析等功能。它可以对经济和税收综合数据进行科学分析，研究经济与税收增长的弹性、发展的均衡性等数量关系，揭示税收收入和税收负担等重大指标的长期增长趋势、波动规律、发展速度、地区分布、行业分布、所有制分布和月度时序特征；运用对比分析方法揭示事物之间的关系、强度及均衡性；对税收收入、出口及出口退税等重大税收指标进行精确监控和科学预测；根据纳税人的生产经营情况和纳税情况对其申报的真实性进行量化测评和科学分类。

2. 群体决策支持系统（GDSS）

随着跨区域与跨国家经济的发展，各种组织的布局由点向面，逐步走向全球化。依靠原有的方法进行群体决策在客观上已难以实现，群体决策不再仅仅是多人坐在一起分析问题评价方案的活动，它还要求多个决策者能在一个周期内异时异地合作协商寻求解决问题的方案。因此，在新的环境下，在更广泛的空间内，在不固定的时刻进行群体决策成了一个迫切需要研究的课题。群体决策支持系统就是在此背景下产生的。

GDSS是一种在DSS基础上利用计算机网络与通信技术，供多个决策者为了一个共同的目标，通过某种规程相互协作地探寻半结构化或非结构化决策问题解决方案的信息系统。GDSS由DSS的大部分构成元素，加上支持群体决策的GDSS软件组成系统，用来支持多个决策者的群体决策活动，GDSS的基本结构如图9-3所示。与传统的会议决策或传递式群体决策相比，GDSS有以下一些特点：不受时间与空间的限制；能让决策者相互之间便捷地交流信息与共享信息，减少片面性；能集思广益，激发决策者思路，使问题的方案尽可能趋于完美；可防止小集体主义及个性对决策结果的影响；可提高决策群体成员对决策结果的满意程度和置信度；群体越大效果越显著。

根据决策问题的类型、物理接近程度、人员的空间分布、决策周期的长短等因素，群体决策支持系统可以分为四种类型：决策室、局域决策网、虚拟会议室、远程决策网。

决策室是与传统会议室相似的电子会议室，当决策者面对面地集于一室在同一时间

管理信息系统

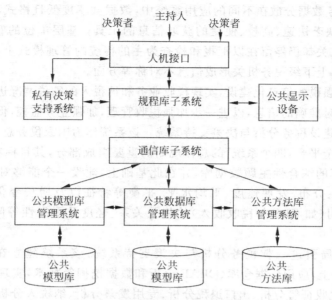

图 9-3 群体决策支持系统的基本结构

进行群体决策时,GDSS 可设立一个与传统的会议室,决策者通过互联的计算机站点相互合作完成决策事务,是相对较简单的 GDSS。

局域决策网是指当多位决策者在近距离内的不同房间(一般是自己的办公室)里定时或不定时做群体决策时,GDSS 可建立计算机局域网,网上各位决策者通过连网的计算机站点进行通信,相互交流,共享存于网络服务器或中央处理机的公共决策资源,在某种规程的控制下实现群体决策。其主要优点是可克服定时决策的限制,也即决策者可在决策周期内时间分散地参与决策。

虚拟会议是利用计算机网络的通信技术,使分散在各地的决策者在某一时间内能以不见面的方式进行集中决策。在实质上与决策室相同,它的优点是能克服空间距离的限制。

远程决策网充分利用广域网等信息技术来支持群体决策,它综合了局域决策网与虚拟会议的优点,可使决策参与者异时异地共同对同一问题做出决策。这种类型还不成熟,开发应用也很少见。

3. 分布式决策支持系统(DDSS)

分布式决策支持系统(distributed decision support system,DDSS)的概念是 20 世纪 80 年代初期由 Scher 和 Thomas 等人提出的。Swanson 将 DDSS 定义为支持分布式决策的 DSS,并从分布式决策支持的环境及支持策略方面对 DDSS 的概念进行了探讨;Chung 等人认为,DDSS 是 GDSS 和 DSS 的扩展,并将其定义为支持组织中决策网络节点的决策、通信、协调和合作的 DSS。

随着 DSS 的迅速发展,人们很自然地希望在更高的决策层次和更复杂的决策环境下得到计算机的支持。许多大规模管理决策活动已不可能或不便于用集中方式进行。这些活动涉及许多承担不同责任的决策人。决策过程必需的信息资源或某些重要的决策因素分散在较大的活动范围,是一类组织决策或分布决策。分布式决策支持系统是为适应这类决策问题而建立的信息系统。

DDSS是由多个物理分离的信息处理特点构成的计算机网络,网络的每个结点至少含有一个决策支持系统或具有若干辅助决策的功能。与一般的决策支持系统相比,DDSS有以下一些特征。

① DDSS是一类专门设计的系统,能支持处于不同结点的多层次的决策,提供个人支持、群体支持和组织支持。

② 不仅能从一个结点向其他结点提供决策,还能提供对结果的说明和解释。

③ 有良好的资源共享。

④ 能为结点间提供交流机制和手段,支持人机交互,机机交互和人与人交互。

⑤ 具有处理结点间可能发生的冲突的能力,能协调各结点的操作。

⑥ 既有严格的内部协议,又是开放性的,允许系统或结点方便地扩展。

⑦ 同时系统内的结点作为平等成员而不形成递阶结构,每个结点享有自治权。

DDSS的研究涉及若干学科领域,范围相当广泛,它的研究与应用的内容相当丰富,可归纳成如下几项。

① 从理论上研究分布特征的决策过程的原理和结构,分布决策的策略和方法。

② 研究分布信息的表达、适用于分布决策的信息结构以及不完全信息条件下的决策方法。

③ 研究高效率、智能化的通信管理系统,设计适用于各种场合的通信方式。

④ 研究开发适合构成DDSS的模型和实用软件。研究适用于分布决策的分布式数据库、分布式模型库、分布式知识库的结构和管理,研究设计和分析网络的拓扑结构。

⑤ 研究能接纳异质结点的DDSS,研究能充分利用现有分散的DSS装配DDSS的方法。

⑥ 完善DDSS的概念,研究评价DDSS的指标体系和方法。

分布系统是近年来许多学科研究发展的趋势,国内在分布数据库、分布知识库等方面也有不少研究文献,但对DDSS的全面深入的研究还很欠缺。其原因:一是DSS的研究开发在我国起步很晚;二是我国经济基础薄弱,形成大面积实用网络尚需时日。尽管如此,开展DDSS研究不仅有学术价值,而且有现实意义。

9.3 决策制定与信息系统支持

制定决策是一个多步骤的过程。西蒙描述了决策制定过程的四个阶段:识别、设计、选择、实施。

① 识别阶段要发现、确定并理解组织中出现的问题,为什么会出现问题,问题出在哪里,以及问题对企业有什么影响。

② 设计阶段需要确定和探寻解决问题的各种方案。

③ 选择阶段是在各种解决方案中作出选择。

④ 实施阶段执行所选择的方案并持续追踪该方案的效果。

9.3.1 决策支持系统的概念模式

DSS 的基本模式反映了 DSS 本身与真实系统、管理者和外部环境的关系。DSS 概念模式的建立是开发中最初阶段的工作,它通过对决策问题与决策过程的系统分析来描述。如图 9-4 所示。图的左上方是管理者管理的"真实系统",它提出的问题和操作的数据都是输出流,而管理者的决策是输入流;图的右下方是最基本的 DSS,它由模型库系统、数据库系统和人机对话系统构成。人机对话系统是 DSS 与用户的接口,其突出特点是灵活方便。DSS 中的数据,既包括企业内部的数据,也包括与企业有关的来自外部的数据。在决策过程中,特别是对高层决策者来说,外部数据极为重要。但是,数据是面向过去的,因为它反映了已经发生过的事实,利用 DSS 中的模式,就可以把面向过去的数据转变成面向现在或者将来有意义的信息,模式体现了决策者解决问题的方法。图的中下方是与 DSS 相关的信息,包括来自"真实系统"并经过处理的内部信息(如管理信息系统的 MIS 信息、统计信息等)、来自外部环境的外部信息和人的行为有关的信息等;图的上方是管理者,他利用自己的知识和经验,通过借助 DSS 对决策问题进行决策,并反馈回真实系统加以运行。

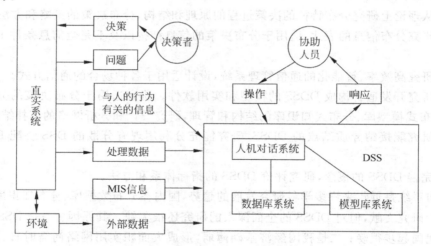

图 9-4 决策支持系统的概念模式

其中,决策者在 DSS 的基本模式中处于核心地位,这是由于决策过程所具有的复杂性,决策者的经验、风格、智慧、使用的方法等都有差异,导致决策过程的不确定性;决策者结合 DSS 的响应输出,对真实系统进行决策,因为 DSS 的应用更加倾向于在决策过程、用户环境等方面强调管理者的主观能动性。

DSS 的系统结构是指决策支持系统的上述各个部件之间的关系。不同功能的 DSS,其系统结构也不同,各部件之间的关系有多种形式,当前存在的结构包括三角式结构、串联式结构、融合式结构以及数据为中心的结构等,其中前两种结构是比较常见的。这里以简单的两库系统为例,图 9-5 所示为三角式结构,用户通过对话管理部分以各种对话形式直接与数据管理和模型管理对话,查询或者操作数据库,或运行模型库获得结果。三个管理部分之间都有直接联系,而且两两之间应有互相通信的接口。

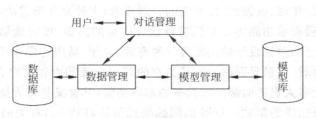

图 9-5 三角式结构

图 9-6 所示为串联式结构,其特点是对话部分不再与数据管理部分直接联系,这样增加了一个模型管理的功能,但是省去了一套接口,使结构更加简单,更易于开发和维护。

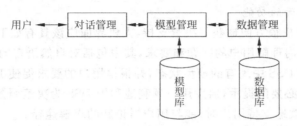

图 9-6 串联式结构

决策支持系统的基本结构大致有两大类:一类由语言系统、问题处理系统和知识系统为基本部件构成,称为基于知识的 DSS 结构;另一类是由各库和库管理软件以及对话生成管理子系统为基本部件构成的多库 DSS 结构。

9.3.2 人机界面和基于知识的 DSS

1. DSS 人机界面的构成与功能

1) DSS 人机界面的构成

人机界面(Human, Computer Interface, HCI)是人与计算机之间传递、交换信息的媒介和对话接口,人机界面系统由人、机器和界面三部分组成。其中作为主体的人,有独特的思维功能,人可以进行分析、综合感受各种外来刺激并做出相应的动作和反应;作为客体的机器,由若干子系统有机构成,并可以联合完成一系列动作,它是被操作的最终物体;界面是连接主体和客体的中间环节,主体通过界面来操作客体,而客体反映动作的效果通过界面反馈给主体或主体主动通过界面来感知客体的动作效果。

人机界面的功能则由 DSS 系统中的对话部件来完成,因此,从某种意义上讲,DSS 人机界面是由决策者、计算机硬件配置和对话部件组成。

(1) 计算机硬件配置

DSS 人机界面离不开计算机及其外围设备。根据 DSS 应用范围的不同,界面系统可以选择不同的硬件配置。一般地说,单击 DSS 系统中硬件配置有主机系统、彩色显示器、打印机。

(2) 对话部件

对话部件是连接决策者与计算机硬件系统的中间纽带。对话部件是一种控制对话的机制,它主要完成操作流、数据流、控制流的合理流通,多种交互形式的实现以及给决策者的反馈、帮助和错误提示功能等。对话部件设计质量的高低,极大地影响 DSS 对于决策者的支持能力,良好的对话设计给决策者一种有效、方便、易用的操作环境。

从广义的角度看,人机界面的功能是指它的问题处理能力和其对自然语言的理解能力。问题处理是所有人机界面都必须具备的基本功能,其含义是将人提出的问题和要求,转变成计算机能够接受的形式。DSS 的问题处理系统(PPS)由有关的软、硬件组成。因此,人机界面实际上是把人和 PPS 联系起来,或者说把人的要求转变成 PPS 能理解的形式。自然语言处理是十分困难的问题,很多初级阶段的 DSS 并不具备理解自然语言的功能。

2) DSS 人机界面的功能

通常,为了使用户很方便地获得决策支持,人机界面应该具有如下功能。

① 在规定的域内理解用户的问题和要求,其中包括对自然语言的理解能力。

② 向用户提供 DSS 中现有的模型状态,并根据用户的要求促使 PPS 生成新的模型。

③ 给用户某些必要的提示,启发用户顺利地利用 DSS 为决策服务,当 DSS 内部具有能力和知识不能有效地支持用户时,能与用户讨论新的求解途径。

④ 运行模型。当有多种模型并存时,应该是用户有选择模型的权力,系统可以给出必要的提示或帮助。

⑤ 给用户提供一个对话的环境,使用户能充分了解系统的运算结果和推理结论,并结合用户自己的经验分析、判断,做出决策。

⑥ 需要时可以按用户的要求,输出图形、表格、运算结果、推理结论及依据等。

2. 基于知识的 DSS

1981 年 R. H. Bonczek 等人提出了决策支持系统的三系结构形式,即基于知识的 DSS 结构。这种结构形式由语言系统(LS)、问题处理系统(PPS)和知识系统(KS)三个部分组成。

1) 语言系统

语言系统的功能是把自然语言转化为机器能够理解的形式,以及把机器对问题的解答或者系统内部的其他信息转化为自然语言的响应形式向用户输出。

一个语言系统既包含数据库语言(它可由用户或由模型检索数据的语言),也包含数值计算语言(它由用户操纵模型计算的语言)。

2) 问题处理系统

问题处理系统是对描述的决策问题进行识别、分析和求解问题的过程。

语言系统主要用于对问题、答案的形式化描述;知识系统用于对问题的分析和求解。

3) 知识系统

知识系统是问题领域的知识,它包含问题领域的大量事实和相关知识。最基本的知识系统是由数据文件或数据库组成,数据库的一条记录表示一个事实,它是按一定的组织方式进行存储的。

基于知识的 DSS 主要有以下几个特点。首先,强调问题处理系统的重要性。问题的解决先需要对问题进行形式化描述,再对问题求解提出方法和途径,在问题求解时利用知识系统中的知识。其次,强调语言系统,决策支持系统需要它特有的语言系统。最后,把数据、模型、规则统一归为知识系统,数据是实时性知识,模型是过程性知识,规则是产生式知识,它们统一构成知识系统。由于基于知识的决策支持系统中包含知识系统,不少人将它看成智能系统,把决策支持系统归于人工智能范畴。

知识管理系统能提高决策制定过程中所用知识的质量和利用率。知识管理(knowledge management)是指用于在组织中创造、存储、传播和应用一系列业务流程。知识管理能够提高组织从环境中学习知识并将其应用到业务流程和决策制定中去的能力。

知识如果无法在企业和管理者遇到问题时得以分享和应用,就不会给企业带来任何价值。知道如何采用其他组织无法复制的高效方式来做事,是获取利润和竞争优势的主要途径。为什么?因为从自身生产过程以及客户身上获得的知识通常都保留在公司内,无法从公开市场上购买到,从某种意义上讲,自主的商业知识是一种战略资源,能创造战略优势。如果这种独有的知识没能用于决策制定和持续经营,企业的经营绩效和效率都将下降。主流的知识管理系统有两种类型:企业级知识管理系统和知识工作系统。

(1) 企业级知识管理系统(enterprise-wide Knowledge management systems)

企业必须至少处理三种类型的知识。有些知识以结构化文本文件(报告和简报)的形式存在于企业中。决策者还需要半结构化的知识,如电子邮件、语音邮件、聊天室交流、视频、数字图片、宣传册和电子公告板。在这些情况下,不存在任何形式的或数字的信息,信息存储在企业员工的头脑中。这些知识大多数都是隐性知识,很少被记录下来。企业级知识管理系统处理所有这三种类型的知识。企业级知识管理系统是收集、存储、分配和应用数字内容与知识的通用企业系统,具备在企业中搜寻信息、存储结构化和非结构化数据以及为员工查找专业知识的功能。这些系统也包含门户网站、搜索引擎、协作工具以及学习管理系统的支持技术。

(2) 知识工作系统(knowledge work systems, KWS)

企业级知识系统所提供的许多功能是面向组织中的大多数而非供全体员工和小组使用的。企业也有专门供知识工人使用的系统,可帮助他们创造新知识,改进企业业务流程和决策制定。知识工作系统是工程师、科学家和其他知识工作者的专业化系统,旨在促进新知识的创造,确保新知识和技术专长被恰当应用到业务中。知识工作系统为知识工作者提供所需要的专业工具,如强大的绘图工具、分析工具、交流和文档管理工具。这些系统需要强大的计算能力来处理复杂的绘图或计算工作,以满足科研工作者、产品设计者和财务分析师等知识工作者的需求。由于知识工作者特别关注外界的知识,因此这些系统还必须能快捷方便地连到外部数据库。它们通过界面友好,用户无须浪费时间学习,就能使用系统执行必要任务。知识工作站通常是为执行特定的任务而设计和优化的。设计工程师需要足够强大的绘图能力来操作三维的计算机辅助设计(CAD)系统,而财务分析师对使用许多外部数据库和技术来有效存储和获取大量财务数据更感兴趣。

9.3.3 多库结构

20世纪80年代初,Sprague提出了DSS由人机对话系统、数据库、模型库三个部件构成，说明了 DSS 的基本组成要素，即两库系统。其后，依次加入了方法库和知识库则构成了三库系统和四库系统，即多库结构。

决策支持系统是由三个基本子系统所构成的，这些基本系统并非相互独立，而是在整个工作过程中互相会话、紧密相关的。同时，它们还必须与 DSS 用户有机地连接在一起，才能够发挥各自的作用。

Sprague 率先提出了 DSS 应有对话、数据、模型三大单元组成的观点，从而给出了 DSS 的两库（数据库、模型库）结构，如图 9-7 所示。

随着 DSS 向非结构化领域的拓展，不可避免地要引入人工智能的手段和技术，这就需要增加知识库，因此出现了三库结构（数据库、方法库、模型库），如图 9-8 所示。

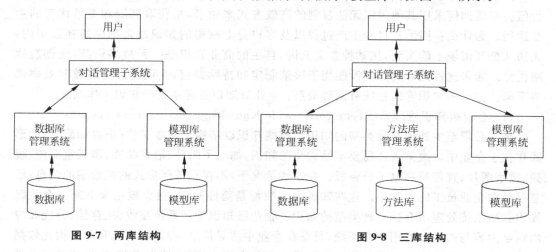

图 9-7　两库结构　　　　　　　图 9-8　三库结构

决策支持系统的三库结构是把模型与方法分离的系统结构形式。

为了提高决策支持系统功能，不少研究者在 DSS 三库结构的基础上增加知识库以提高智能效果。比较典型的是四库结构，如图 9-9 所示。

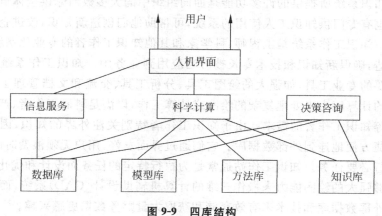

图 9-9　四库结构

四库结构主要有三个功能。一是信息服务，信息服务分为外部服务和内部服务两类。外部服务是指为决策者提供所需要的信息，也可以作为其他系统的信息资源。内部服务是为其他功能的实现提供基础数据。二是科学计算,科学计算是以信息服务为基础,科学计算既包括模型库和方法库的数值计算,也包括辅助决策时所需要的其他数值计算。DSS 的科学计算中还需要注意用户的干预和选择,提高科学计算效果。三是决策咨询,在科学计算的基础上,增加知识和推理功能后,就可以对决策起进一步的支持作用。支持和推理给系统增加了智能的效果,该系统可以看成一种初级的智能 DSS。

以下介绍这几个基本部件。

1. 人机对话系统

人机对话系统是 DSS 中用户与计算机的接口,起着在操作者、数据库、模型库和方法库之间传送、转换命令和数据的重要作用,是任何一个 DSS 都不可缺少的基本部件,核心是人机界面,结构如图 9-10 所示。

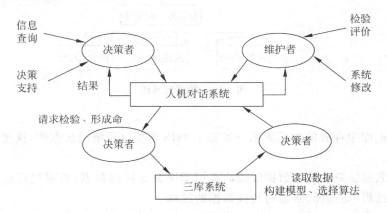

图 9-10 人机对话系统

从系统使用角度来设计对话接口的目标:一是对使用人员来说,人机对话系统需要了解系统现有的模型和数据情况,可以让用户通过"如果……则……"(what…if…)方式提问,并且对请求输入有足够的检验与容错能力,给用户某些必须的提示与帮助。当需要的时候,可以按照使用者要求的方式,很方便地以图形及表格等丰富的表达方式输出信息、结论及依据。通过运行模型使用户取得或选择某种分析结果或预测结果,当决策过程结束之后,用户能够把反馈结果送入系统,对现有模型提出评价及修正意见。二是对维护人员来说,系统提供接口应该能够帮助维护人员了解系统运行的状况,分析存在的问题,找出改进的方法,并保证迅速可靠地完成修改任务。例如,报告模型的使用情况(次数、结果、使用者评价和改进要求),利用系统分析工具偏差,以及根据要求自动迅速地修改系统等。

2. 数据库系统

数据或信息是减少决策问题不确定性的要素,是分析判断的依据。决策支持系统面向半结构化和非结构化的决策问题,其特点是数据面广且具有概括性,除了组织内部的数据外,更多的是组织外部数据。

数据库系统是存储、管理、维护、提供用于决策支持数据的 DSS 基本部件,是支撑模型库系统和方法库系统的基础。数据库具有如下特征:数据独立性、共享性、统一管理性、最小冗余性、可扩充性等。数据库系统主要由数据库、数据库字典、源数据库及数据查询模块等组成。如图 9-11 所示。

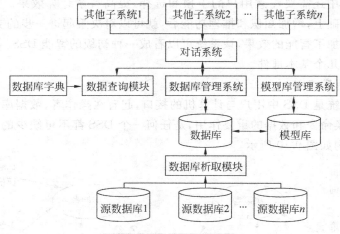

图 9-11　数据库系统

其中：

DSS 数据库中存放的数据大部分来源于 MIS 等信息系统的数据库，这些数据库被称为源数据库。

数据析取模块负责从源数据库提取能用于决策支持的数据，析取过程也是对源数据进行加工的过程，是选择、浓缩与转换数据的过程。

数据库字典用于描述与维护各数据项的属性、来龙去脉及相关关系，也可被看作数据库的一部分。

数据库管理系统用于管理、提供与维护数据库中的数据，也是与其他子系统的接口。

数据查询模块用来解释来自人机对话及模型库等子系统的数据请求，通过查阅数据字典确定如何满足这些请求，并详细阐述向数据库管理系统的数据请求，最后将结果返回对话子系统或直接用于模型的构建与计算。

3. 模型库系统

模型库系统是传统 DSS 的重要支柱，是 DSS 最具特色的部件之一，模型库系统是构建和管理模型的计算机软件系统，它是 DSS 中最复杂与最难实现的部分。数据库提供的是制定决策所需的原始数据，而模型库则提供对这些原始数据进行加工处理的模型，原始数据在进行加工处理后能够为管理人员提供推理、比较、选择、分析、解答问题的功能。与 MIS 相比，DSS 之所以能够对决策制定过程提供有效的支持，除了系统设计思想不同外，主要在于 DSS 中有能够为决策者提供推理、比较选择和分析整个问题的模型库。

模型库系统在不同条件下通过模型来实现对问题的动态描述，以便探索或者选择令人满意的问题解。用户是依靠 DSS 中的模型来进行决策的，因此，DSS 是以"模型驱动"的系统。对应于那些结构性比较好的决策问题，其处理算法是明确规定了的，表现在模型上，其参数值是已知的。对于非结构化的决策问题，有些参数值并不知道，需要使用数据统计等方法估计这些参数的值。由于不确定因素的影响，参数值估计的非真实性，以及变量之间的制约关系,用这些模型计算得出的输出一般只能辅助决策或对决策的制定提出建议。对于战略性决策,由于决策模型涉及的范围很广,其参数有高度的不确定性,所以模型的输出一般用于估计决策实施后可能产生的后果。

模型库系统主要由模型库和模型库管理系统组成,如图 9-12 所示。其中,模型库用于存储决策模型,是模型库系统的核心部件。实际上,模型库中主要存储的是能让各种决策问题共享或专门用于某特定决策问题的模型的基本模块或单元模型,以及它们之间的关系。使用 DSS 支持决策时,根据具体问题构造或生成决策支持模型,这些决策支持模型如有再用的可能性则也可存储于模型库。模型库管理系统的主要功能是模型的利用与维护。模型的利用包括决策问题的定义和概念模型化,从模型库中选择恰当的模型或概念模型化,从模型库中选择恰当的模型或单元模型构造具体问题的决策支持模型,以及运行模型。模型的维护包括模型的联结、修改与增删等。

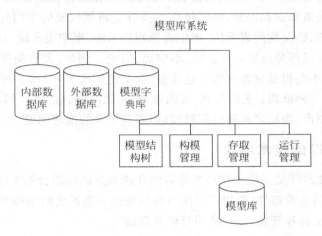

图 9-12 模型库系统

模型库子系统的作用主要有三个方面。首先,与数据库子系统的交互可获得各种模型所需要的数据,实现模型输入、输出和中间结果存取自动化;其次,与方法库子系统的交互可实行目标搜索、灵敏度分析和仿真运行自动化等;最后,与人机对话系统之间的交互,模型的使用与维护实质上是用户通过人机对话系统予以控制与操作的。

在使用 DSS 支持决策时,模型库及其管理系统根据具体问题构造或生成决策支持模型,如产量/消费预测模型、能源结构优化模型等,这些决策支持模型如果有再用的可能性也可存储于模型库中。应用模型最终获得的输出结果可以起到三种作用:直接用于决策,对决策的制定提出建议,用来估计决策实施后可能产生的结果。

4. 方法库

方法库是存储、管理、调用及维护 DSS 各部件要用到的通用算法、标准函数等方法的部件,方法库中的方法一般用程序方式存储。其目的是为 DSS 提供一个合适的环境,根据具体问题的决策模型的要求,从数据库中选择数据,从方法库中选择算法,然后将数据和算法结合起来进行计算,最终将结果提供给用户。

方法库中的方法一般用程序方式存储,一般包括排序算法、分类算法、最小生成树算法、最短路径算法、线性规划、整数规划、动态规划、各种统计算法、各种组合算法等。它通过描述外部接口的程序向 DSS 提供适合的环境,使计算过程实行交互式的数据存取,从数据库中选择数据,从方法库中选择算法,然后将数据和算法结合起来进行计算,并以直观清晰的呈现方式输出结果。

5. 知识库系统

当 DSS 向智能方向发展时,知识和推理的研究就显得越来越重要。开发知识库的关键技术包括知识的获取和解释、知识的表示、知识的推理以及知识库的管理和维护。知识库系统的组成可分为三部分:知识库管理系统、知识库及推理机。

知识库管理系统的作用:一是回答对知识库知识增、删、改等知识维护请求;二是回答决策过程中问题分析与判断所需知识的请求。

知识库存储的是那些既不能用数据表示也不能用模型方法描述的专家知识和经验,也即决策专家的决策知识和经验,同时包括一些特定问题领域的专门知识。常见的表示形式有逻辑表示法、语义网路表示法、产生式规则表示法、框架表示法、过程表示法等。

推理机一般由三部分组成:大前提、小前提、结论。例如,大前提是拖债达 3 级及以上的客户信用低,小前提是该客户拖债达 4 级,则结论是该客户的信用低。根据推理方向的不同,可以分出三种推理:正向推理、反向推理、正反向混合推理。例如,从某城市到一个无直达航班的城市,为确定坐哪些航班转达,即是简单的推理问题。

9.3.4 DSS 的技术层次

决策支持系统的开发一般采用目标导向法和原型方法相结合的方法。具体步骤是先研制一个个 DSS 的技术部件(应用原型法),然后按照一般系统的结构和系统生成方法组合成 DSS 的开发工具和开发环境(应用目标导向法)。

从开发一个系统的角度来分析,DSS 可以分成三个不同的技术层次:DSS 工具(DSST),即 DSS 的基本技术部件;DSS 生成器(DSSG),即组织 DSS 的通用框架;专用 DSS(SDSS),即针对具体决策问题由 DSS 生成器生成的实际应用系统。三个技术层次之间的关系如图 9-13 所示。

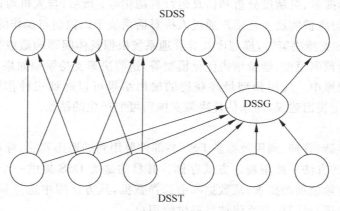

图 9-13 SDSS、DSST 和 DSSG 三者之间的关系

由图 9-13 可以看出，一个专用的 DSS，可以由工具组合而成，也可以由 DSSG 开发得到。一个 DSSG 也可把 DSST 联到 SDSS 中。决策过程常常处在不断变化的经济环境中，要求决策支持系统能对决策过程、模型、参数、约束条件、内部、外部影响因素等及时予以改变或扩充。因此，利用 DSS 生成器开发专用的 DSS 比直接用 DSS 工具开发更能灵活地适用各种变化。

专用决策支持系统（special decision support systems，SDSS）是指专门针对某种问题的决策支持系统，它是能够实际完成决策支持任务的计算机硬件和软件系统。如专用于电站投资的决策支持系统，专用于某地区货运汽车调度的决策支持系统等。

决策支持系统生成器（decosion support systems generator，DSSG）是通用决策支持系统，可以帮助决策者快速容易地建立各种专用 DSS，如 IFPS（interactive financial program sysytem）、Excel 等。它类似专家系统外壳，是一种开发环境。DSS 生成器是集成的开发软件包，可提供多种功能，包括建模、报告产生以及风险分析，如 Excel 等，以便快速、低费用和方便地构造专用 DSS。DSS 生成器有两个发展方向。一个方向是最初开发用于大型机的专用语言。许多商用 DSS 生成器包括计划或建模语言，通常还增加报告产生和图形显示功能，这类语言的例子是 interactive financial planning system（IFPS/Plus）。另一个方向是 PC 的集成软件系统，如 Excel、Lotus1-2-3。

决策支持系统工具（decision support systems tool，DSST）是指一些工具或是一些可用来构成专用 DSS 或 DSS 生成器的硬件或软件单元，如某种语言、操作系统、某种数据库软件等。DSS 技术的最低层次是 DSS 工具，它是指用于开发 DSS 最基础的技术，既可用于 DSS 生成器的开发，也可用于专用 DSs 的开发。目前，已经研制了大量的 DSS 工具，包括常用的程序设计语言、图形、编辑器、查询系统、随机数产生器等，以及新的特殊用途语言、支持对话功能的改进操作系统、彩色作图硬件及软件系统等。

在一般情况下，可把 DSS 工具分为以下两大类。

① 语言类。即提供一套开发语言，如开发模型库管理系统和数据库管理系统的各种语言等。

② 外壳（或称生成器）类。即提供决策支持系统的一个框架。当开发一个具体的 DSS 时，开发者只需根据使用说明填写"具体内容"（包括数据、模型与方法等），即可形成一个可运行的决策支持系统。

最基层的设计工作由专业软件人员完成，用户是最高层的使用者。从最基层到中间层的构造过程是系统工程师的任务；中间层是面对 DSS 建造者的，中间层到最高层的设计过程是系统分析设计人员的主要任务。DSS 的开发过程通常是针对具体目标，分为问题分析、可行性研究、开发方法和开发决策的选择、开发系统和支持决策五个阶段。在开发过程中，决策者必须参与其中，因为决策者是系统设计的直接使用者，他的需求就是系统所要达到的目标。

各阶段基本工作如下。

① 问题分析阶段。该阶段对所面临的问题进行实际调查和分析，达到明确求解问题的目标。

② 可行性研究阶段。依据前一阶段的分析，从实际系统开发在技术方面、可能性方

面、方案的有效性方面,以及经济和社会效益方面来研究确定系统开发的可能性。

③ 开发方法和开发策略的确定阶段。该阶段要明确系统开发的组织问题和采用何种开发方式进行,并且明确在开发过程中,所采用的工具、方法、手段和具体实现的途径。

④ 开发系统阶段,指开发一个针对实际问题领域的专用 DSS,包括 DSS 结构的确定、建立数据模型知识方法的结构、确定评价标准和指标体系等。

⑤ 支持决策阶段,指系统开发完成后的实际运行阶段,包括运行结果分析的方法,支持决策的形式,以及反映系统运行结果有效和实际效果的信息反馈数据的采集等。

【例 9-4】 DSS 的应用举例

一个企业基本的业务过程可以概括为进—存—销。进是指商品的采购;存是指商品的存储,即商品的库存;销是指商品的销售过程,即顾客的购买过程。如果经营者为防止市场的价格波动(主要来自两方面:采购环节、销售环节),在一定时期内保证经营成本在预先确定的范围内,或是保持营业利润在预先确定的范围,则要通过 DSS 的应用确定在现货市场采购。商品销售的决策,如果范围更广一些,可以涉及期货市场。企业决策的制定与市场中许多不确定因素有关。

首先,决策者要对形势做出自己的判断,如预计商品采购价格会上升,则可通过期货市场作一个套期保值的期货合同,锁定经营成本。

其次,决策者对市场信息采用的定量化分析方法和所得出结果,对决策过程有影响。

最后,还与决策者对经营管理和现货、期货市场的知识背景,以及经营者自身素质有关。

系统运行的过程如下:

① 决策者对市场价格波动的趋势和幅度做出估计判断,并选择技术分析模型,根据决策者输入的信息,通过推理,对趋势做出定性判断,并给出各种相关分析和预测算法来支持决策者在此基础上讨论的方案,并确定选取本次决策的模型。

② 系统对不同方案进行技术分析,得出预测结果和相关可行性分析,以支持决策者对市场发展趋势的判断。同时,系统还根据决策者个人对投资风险的态度计算出各种方案可能带来的结果。

③ 决策者此时可以得到一个是否有利于做出决策的参考意见,经过权衡做出最终的决策。

本 章 小 结

本章从决策问题引入,介绍了决策支持系统的相关概念、特点、功能等,并介绍了新一代的决策支持系统,如智能决策支持系统、群体决策支持系统等。

决策制定是一个企业发展的关键,决策很大程度上影响管理的成效。本章对决策的制定进行了详细阐述,对制定决策的基本步骤,以及决策类型等进行了详细叙述。

随着企业对决策支持系统的需求的增加,逐渐由传统的两库系统向多库系统发展,本文对多库系统进行了详细介绍,使企业用更多的决策支持系统模型对相关决策进行预测,做出有利于公司发展的决策。

思考与练习

1. 什么是决策支持系统？决策支持系统具有什么样的性质和特点？
2. 决策支持系统的结构模型，都有些什么功能？
3. 决策支持系统的多库结构的发展经历哪几个阶段，分别有哪些典型代表？
4. 结合实际，查找资料，了解哪些实例运用了决策支持系统。

第10章 电子商务

电子商务是以信息网络技术为手段,以商品交换为中心的商务活动;也可理解为在互联网(Internet)、企业内部网(Intranet)和增值网(VAN,value added network)上以电子交易方式进行交易活动和相关服务的活动,是传统商业活动各环节的电子化、网络化、信息化。

本章介绍电子商务概念、电子商务发展历程,阐述电子商务商业模式和应用,电子商务现状及发展趋势。

 学习目标

1. 理解电子商务的结构和环境、电子商务的关键技术、电子商务盈利模式。
2. 理解电子商务的定义与内涵。
3. 了解电子商务的特点与功能。
4. 了解电子商务的起源与发展历程。

 引例

团购鼻祖 Groupon 的发展

2008年年底团购网站鼻祖Groupon在美国创立,它是一家提供社会化团购的新型互联网企业,通过每天一团的创新商业模式提供在线团购服务,并依此整合SNS、微博客和LBS等平台,创建聚合本土商家、用户及广告主的产业链和商业生态圈。2010年10月,Groupon快速发展至全世界,在北美约有150个据点,欧洲100个据点,全球横跨49个国家500多个城市,拥有会员115 700 000人。

Groupon并不是一个纯粹的电子商务网站,它是电子商务、Web 2.0、互联网广告及线下模式的结合体。凭借其简单的运营方式和清晰的盈利模式,Groupon取得了爆发性的增长,成长速度甚至超过Twitter和Facebook,市值迅速突破10亿美元。Groupon团购网站的主要特点有:产品多为本地生活服务类产品;网站收入主要来自交易佣金(30%~50%);每天只提供一款团购产品;每人每天限拍一次,参与团购的用户达到一定数量即开启交易;庞大的线下商务拓展团队和社区化营销。

作为典型的"O2O"(线下到线上)模式,Groupon扮演着连接本地商家和用户需求的互联网中介:前者希望增加客户,后者希望更划算地消费。这项交易成功的关键是,商家需要让出部分利润,用户需要付出实际消费。通过对Groupon成功案例的研究,我们总结出了团购网站的三大核心竞争力。

① 本土化运营和强大的线下商务拓展团队。Groupon线下销售团队规模远超线上

团队,Groupon 需要在每个覆盖的城市部署大量销售人员与当地的商家谈判。较强的地域性是团购网站和传统电子商务网站在运营上的最大区别,依托本土的线下商务拓展团队,更有助于集中拓展当地商户资源,形成消费者集群,提高议价能力。低价和高折扣率则是提高团购网站用户活跃度的核心。

② 产品主打本地服务。Groupon 的团购产品多以餐馆、酒店、美容、健身、SPA 等服务性产品为主。和实物产品相比,服务类的产品的边际成本和物流成本较低,议价空间相对较高。而且服务类的产品无须商家考虑库存等因素,因此在团购的模式下较实物类产品有着较高的供应能力。

③ 社会化营销渠道,覆盖移动终端。网络社区平台是团购发展的加速器。Groupon 自上线以来一直通过 Twitter、Facebook 和 RSS,邮箱订阅等方式通知和联结用户,借助 SNS 平台的宣传效应进行高效的口碑营销,增加网络影响力和用户黏性。时效性是团购的一大特征,Groupon 通过收购实现 LBS 和团购业务整合,和移动互联网的结合能让用户利用碎片时间随时随地完成交易。

Groupon 成为继 Twitter、Foursquare 之后备受关注的新型 Web 2.0 模式,在中国也引起了创业者和投资者的关注。中国市场已出现了美团网、拉手网等 400 家以上的团购类网站。但由于中国特殊的市场行情和有待成熟的网络消费习惯,实现本土化创新仍是此类模式生存和发展的关键。

思考题

1. Groupon 网站属于哪一类电子商务模式?
2. 作为电子商务网站,Groupon 应具备什么特点和功能?
3. 试述 Groupon 网站采取的商业模式及其核心竞争力。

10.1 电子商务的概念

互联网的飞速发展,促使许多商务活动转化为高效率电子化的执行程序,这个电子程序就是电子商务,电子商务正在成为一切经济活动不可或缺的组成元素。

10.1.1 电子商务的起源与发展历程

随着互联网的普及以及信息技术的发展,电子商务已经不是一个新的名词,它广泛地出现在社会经济的各个角落,出现在人们的日常工作生活中。关于电子商务的概念,到目前为止还没有很清晰的定义,没有人能够对其外延准确地界定。电子商务应该是电子化的商务。商务是主体,是本质,电子是技术,是手段。实际上,电子商务可以是无边界的,它可以应用于人类商务活动的任何领域。电子商务已经深深地影响人们的生活方式、思维方式和行为观念。一般理解,电子商务是采用电子化的方式进行的商务活动,从这一点出发,早在 1839 年电报出现时,人们就开始使用电子手段从事商务活动了。随着电话、传真等工具的应用,现代商务逐渐成形,并更为紧密地与电子技术联系在一起。突出的表现在 20 世纪 60 年代末 70 年代初计算机开始普及以后,随着商务活动与计算机技术、网络通信技术的互动发展,电子商务逐渐出现和发展起来。总的来说,电子商务的发展主要经历以下几个阶段。

1. 电子商务的雏形——基于 EDI 的电子商务

真正意义上的电子商务始于 20 世纪 70 年代末。当时，一些世界知名的大公司为了加快企业之间的贸易流转速度，节约交易成本，纷纷在相关公司之间建立了专有的计算机通信网络，基于这个网络进行采购、销售、合同管理、支付结算等一系列商务活动，取代了效率较低、容易出错的手工商务。这时作为企业间电子商务应用系统雏形的是电子数据交换(electronic data interchange, EDI)和电子资金转账(electronic funds transfer, EFT)，而在接下来的 20 世纪 80 年代，更为实用的 EDI 商务得到了较大的发展。

在电子商务发展初期，基于 EDI 的电子商务主要呈现出以下的特点。

① 交易单证电子化。EDI 电子商务主要是通过增值网络 VAN（value-added networks）实现的，通过 EDI 网络，交易双方可以将交易过程中产生的询价单、报价单、订购单、收货通知单和货物托运单、保险单和转账发票等报文数据以规定的标准格式在双方的计算机系统上进行端对端的数据传送。应用 EDI 使企业实现了"无纸贸易"，大大提高了工作的效率，降低了交易的成本，减少了由于失误带来的损失，加强了贸易伙伴之间的合作关系。

② 应用范围局限化。基于 EDI 的电子商务在国际贸易、海关业务和金融领域得到了大量的应用。众多的银行、航空公司、大型企业等均纷纷建立了自己的 EDI 系统，在贸易界甚至提出了"没有 EDI 就没有订单！""EDI 引发了贸易领域的革命！"等口号。但是 EDI 电子商务的解决方式都是建立在大量功能单一的专用软硬件设施的基础上，同时 EDI 对技术、设备、人员有较高的要求，并且使用价格极为昂贵。因此，EDI 应用仅局限在先进国家和地区以及大型的企业范围内，在全世界范围内得不到广泛普及和发展，大多数的中小企业难以应用 EDI 开展电子商务活动。这使 EDI 的局限性凸显无疑：网络建设成本高、相关企业范围窄、无法全球化、不能全天候服务等。

2. 当代电子商务——基于互联网的电子商务

自 20 世纪 90 年代初开始，随着 Internet 和计算机网络技术的蓬勃发展，网络化和全球化已成为不可抗拒的世界潮流，为电子商务向广度和深度发展奠定了坚实的技术基础，推动电子商务进入了一个快速发展的阶段。作为一种崭新的商务交易活动方式，网上电子商务目前已经被公认为现代商业的发展方向，这是一个发展潜力巨大的市场，具有诱人的发展前景。电子商务已成为推动未来经济增长的最关键动力。

基于互联网的电子商务具有以下特点。

① 市场范围不断扩大。网络化与全球化使企业的原材料、销售市场范围变得更大，需求波动加剧，供需不平衡的矛盾相比以前更为突出，竞争对手也遍及全球。为了应对剧烈的全球性竞争要求，灵活应对变化、及时响应需求、加速新品上市、良好的性价比与售后服务成为企业制胜的关键，企业的经营模式也面临新的挑战，因此，电子商务的应用已经成为企业在商场上克敌制胜的关键技术，企业传统的商务活动进入新的电子商务时代。此时的电子商务一般是指基于互联网技术的商务，即电子商务＝互联网＋商务。

② 电子商务模式多样发展。电子数据资料的交换从专用的通信网络传送转移到公用的因特网进行传送，不仅如此，银行信用卡(credit card)、自动柜员机(ATM)、零售业销

售终端和联机电子资金转账(POS/EFT)技术的发展,以及相应的网络通信技术和安全技术的发展,使电子商务产生了很多新的模式,并得到了长足的发展。这种电子商务主要是以飞速发展的遍及全球的 Internet 网络为架构,以交易双方为主体,以银行支付和结算为手段,以客户数据库为依托的全新商业模式。它利用 Internet 网络环境进行快速有效的商业活动,从单纯的网上发布信息、传递信息到在网上建立商务信息中心;从借助于传统贸易的某些手段的不成熟的电子商务交易到能够在网上完成供、产、销全部业务流程的电子商务虚拟市场;从封闭的银行电子金融系统到开放式的网络电子银行,在 Internet 网上的电子商务活动给企业在增产值、降低成本、创造商机等方面带来了很大的益处。

③ 应用范围更加广泛。现代电子商务已不再局限在世界的一些大公司之间,而是可以被世界上任何两个或多个个体(包括企业、个人、社会团体)共同使用。电子商务作为 Internet 的一项最为重要的应用系统已呈现在我们眼前,其蓬勃发展的态势在 21 世纪的今天仍在继续。

全球使用电子商务的潜在用户群仍在不断扩大。根据 ITU(联合国下属机构国际电信联盟)发布的报告显示,2013 年年底,全球网民总数达到 27 亿人,中国的互联网用户数无疑是发展比较快的一个群体,目前已经成为占全球用户数最多的国家,[1]根据 CNNIC 发布的《第 33 次中国互联网发展状况统计报告》,截至 2013 年年底,中国网民规模达 6.18 亿人,全年新增网民 5 358 万人,互联网普及率为 45.8%。[2] 2014 年年底是 6.8 亿人,普及率 45.8%;手机网民 5 亿人,同比增长 19%;购物网民 3.02 亿人,也就是现在的网购用户,已经超过美国人口。

与此同时,电子商务也在不断发展,规模不断扩大。2013 年全球电子商务规模达到 9 630 亿美元,其中亚洲所占据的市场规模最大,达到 3 231 亿美元。[3] 在中国,电子商务的发展速度也非常可观,中国电子商务研究中心发布的《2013 年度中国电子商务市场数据监测报告》显示,2013 年中国电子商务市场交易规模达 10.2 万亿元,同比增长 29.9%。其中,B2B 电子商务市场交易额达 8.2 万亿元,同比增长 31.2%。网络零售市场交易规模达 18 851 亿元,同比增长 42.8%。在各级政府的高度重视和扶持下,B2B 电子商务市场规模得到了飞跃式的发展,在电子商务各细分行业结构中占比 80.4%,而大型团购网站的盈利推动了团购市场的规模,成为消费者最主要的消费形式之一。[4]

10.1.2 电子商务的定义与内涵

1. 电子商务的定义

电子商务(electronic commerce,EC)主要包含两方面内容:一是电子方式;二是商

---

[1] 资料来源:ITU:2013 年年底全球网民总数将达到 27 亿人[ol]. http://www.cnnic.net.cn/hlwfzyj/hlwxzbg/hlwtjbg/201403/t20140305_46240.htm.

[2] 资料来源:第 33 次中国互联网发展状况统计报告[ol]. http://www.cnnic.net.cn/hlwfzyj/hlwxzbg/hlwtjbg/201403/t20140305_46240.htm.

[3] 资料来源:2013 年全球电子商务销售规模将增长 19.4%[ol]. http://www.chinairn.com/news/20131211/134518783.html.

[4] 资料来源:报告:2013 年中国电商交易规模逾 10 万亿元[ol]. http://b2b.toocle.com/detail——6161595.html.

务活动。一般来说，它是指利用电子化手段进行商业、贸易等商务活动的过程，是商务活动的电子化、信息化和网络化。与电子商务紧密相关的另一概念是电子业务（electronic business，EB），它是电子商务的广义含义，除了买、卖商品和服务外，还包括通过内部网将组织内部联系起来以促进信息共享和传播，以及售后服务、与商业伙伴合作等活动。基于上述分析，电子商务（E-commerce）其实是电子业务（E-business，EB）的一部分，然而在许多场合，并未对两者作明确的区分。

电子商务这一概念从产生至今尚无一个广泛接受的统一定义。一些国际组织、政府、企业界人士、学者，从不同的角度和各自的理解，提出了对电子商务的定义和认识，如表10-1所示。

表10-1 电子商务的定义

类别	定义者	定义
政府组织	国际商会	**电子商务**指实现整个贸易活动的电子化。从交易方式角度可以定义为：交易的各方以电子贸易的方式而不是通过当面交换或直接面谈方式进行的任何形式的商业交易活动。从技术方面可以定义为：电子商务是一种多技术应用的集合体，包括交换数据（如电子数据交、电子邮件）、获得数据（如共享数据库、电子公告板）以及自动捕获数据（如条形码、IC卡应用等）
	世界贸易组织	**电子商务**是通过电信网络进行的生产、营销、销售和流通活动，它不仅指基于因特网（Internet）上的交易活动，且指所有利用电子信息技术（IT）来解决问题、降低成本、增加价值和创造商业和贸易机会的商业活动，包括通过网络实现从原材料查询、采购、产品展示、订购到出品、储运、电子支付等一系列的贸易活动
	联合国经济与发展组织	**电子商务**是发生在开放网络上的包含企业之间（business to business）、企业与消费者之间（business to consumer）的商业交易
	加拿大电子商务协会	**电子商务**是通过数字通信进行商品和服务买卖和资金转账，它还包括公司间和公司内利用E-mail、EDI、文件传输、传真、电视会议、远程计算机联网所能实现的全部功能（如市场营销、金融结算、销售、商务谈判）
专家学者	瑞维·卡拉科塔和安德鲁·B.惠斯顿	**电子商务**指利用因特网进行购买、销售或交换产品与服务，旨在降低成本、缩短产品的生命周期、加速服务的传递速度，以及改进服务的质量。从通信的角度来看，电子商务是利用电话线、计算机网络或任何其他电子媒介所进行的信息、产品/服务的传递以及支付过程。从企业流程的角度来看，电子商务是商业交易及工作流程自动化的技术应用。从服务的角度来看，电子商务是企业管理阶层想要降低成本，同时又要提高产品品质及加速服务传递速度的一种工具。从网络的角度来看，电子商务提供了网络上的采购与销售产品和提供服务的能力
	杨坚争	**电子商务**是指交易当事人或参与人利用现代信息技术和计算机网络（主要是因特网）所进行的各类商业活动，包括货物贸易、服务贸易和知识产权贸易
	王可	**电子商务**是指在计算机与通信网络基础上，利用电子工具实现商业交换和行政作业的全过程

续表

类别	定义者	定义
企业	IBM	**电子商务**是在Internet等网络的广阔联系与传统信息技术系统的丰富资源相互结合的背景下应运而生的一种相互关联的动态商务活动。它强调的是在计算机网络环境下的商业化应用,不仅仅是硬件和软件的结合,而是在因特网(Internet)、企业内部网(Intranet)、企业外部网(Extranet)下进行的业务活动,其定义公式为:电子商务(EB)＝IT＋Web＋Business
	惠普	**电子商务**是通过电子化手段完成商务贸易活动的一种方式,是商家和客户的一种联系纽带,应该包括商家之间、商家和最终消费者之间两种形式

综上所述,电子商务可以从广义和狭义两个角度加以理解。**广义的电子商务**是指各行各业,包括政府机构、事业单位以及企业利用电子工具实现各种业务的电子化、网络化,包括电子商务、电子政务、电子军务、电子医务、电子教务、电子公务、电子事务、电子家务等。**狭义的电子商务**是指在技术、经济高度发达的现代社会里,由掌握现代信息技术与商务理论及实务活动规则的人,系统化地运用网络手段和使用各类电子工具,高效率、低成本、安全、方便地从事以泛商品交换为中心的各种商务活动。一般认为,广义电子商务是指一切利用电子手段进行的业务活动,而狭义电子商务具体指基于互联网环境下的商品交易及以商品交易相关的商务活动。

一般而言,电子商务应包含以下5种含义,如图10-1所示。

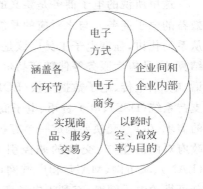

图10-1 电子商务所包含的含义

其中,电子方式包括初级的电话、电报、电视、传真、电子邮件、电子数据交换、电子计算机、通信网络,现在的信用卡、电子货币和Internet。电子商务通过这些电子方式实现商品及服务的交易,包括企业间的商务活动以及企业内部的商务活动,涵盖了包括询价、报价、订货、售后服务在内的各个环节。在电子商务中,电子方式只是实现交易的形式,而跨越时空,提高效率才是电子商务的最终目的。

2. 电子商务的内涵

电子商务的内涵可以从四个方面进行归纳:电子信息技术的应用是电子商务开展的前提条件;掌握现代信息技术和商务理论与实务的人是电子商务的核心;系列化、系统化的电子工具是电子商务的基础;以商品贸易为中心的各种经济事务活动是电子商务的对象。

1) 电子商务的前提

现代电子信息技术是以多媒体计算机技术为核心,以通信技术和网络技术为两大支撑,并结合人工智能技术的综合技术。电子信息技术的应用极大地改变了信息资源开发和利用的方式,也是传统商务转变为电子商务的必要前提。

当今信息技术已经在人类社会和经济生活的各个领域得到十分广泛的应用,无论是发达国家还是发展中国家,都把大力发展信息产业,加快推进信息化作为国家的战略任务,从而为电子商务的发展创造更加有利的条件。

2) 电子商务的核心

第一,电子商务是一个社会系统,它的中心必然是人;第二,商务系统实际上是由围绕商品贸易的各个方面并代表着各方面利益的人所组成的关系网;第三,在电子商务活动中,虽然充分强调工具的作用,但归根结底起关键作用的仍是人。因为工具的制造发明、工具的应用、效果的实现都是靠人来完成的,所以说,人才是电子商务的主宰者,在电子商务中起决定性作用。电子商务是信息现代化与商贸的有机结合,能够掌握运用电子商务理论与技术的人必然是掌握现代信息技术,掌握现代商贸理论与实务的复合型人才。这些复合型人才的数量和质量是一个国家、一个地区发展电子商务最关键的因素。

3) 电子商务的工具

这里所说的电子商务是狭义的电子商务,即具有很强时代烙印的高效率、低成本、高效益的电子商务。与之对应的是能跟上信息时代发展步伐的成系列、成系统的电子工具。从系列化讲,强调电子工具应该是从商品需求咨询、商品配送、商品订货、商品买卖、货款结算、商品售后服务等伴随商品生产、消费,甚至再生产的全过程的电子工具。如电视、电话、电报、电传、电子数据交换(EDI)、电子收款机系统(POS)、管理信息系统(MIS)、决策支持系统(DSS)、电子货币、电子商品配送系统、售后服务系统等。从系统化讲,强调商品的需求、生产、交换要构成一个有机整体,构成一个大系统,同时,为防"市场失灵",还要将政府对商品生产、交换的调控引入该系统。而能达此目的的电子工具主要为局域网(LAN)、城市网(MAN)和广域网(WAN)等。它们是纵横相连、宏微结合、反应灵敏、安全可靠的电子网络,有利于电子商务活动方便、可靠地进行。

4) 电子商务的对象

从社会再生产发展的环节来看,在生产、流通、分配、交换、消费这个链条中,发展变化最快、最活跃的就是中间环节的流通、分配和交换。我们又可以把这些中间环节看成以商品的贸易为中心来展开的,即商品的生产主要是交换,用商品的使用价值去换取商品的价值,围绕交换必然产生流通、分配等活动,它连接了生产和消费等活动。因此,电子商务的对象,是指以商品贸易为中心的各种经济事务活动,也就是商务活动。

10.1.3 电子商务的特点与功能

所谓商务,是指以盈利为目的的市场经济主体,通过商品交换获取经济资源的各种经济行为的总称。商务活动是商品从生产领域向消费领域运动过程中经济活动的总和。商业企业在订货、销售和存储等经营活动中与生产厂商、消费者发生的贸易、交易与服务行为以及其间的信息传递过程均属于商务活动的范畴。传统的商务活动一般采用面对面交易或纸面交易的方式进行,是一种直线结构,因而存在信息不完整、耗费时间长、花费高、产品积压、生产周期长和客户服务有限等方面的局限。与传统商务比较,电子商务在功能和特点上表现出比较突出的优势。

1. 电子商务的功能

电子商务是以互联网为基础，以电子信息技术为手段的新型商务模式，它支持商务交易和管理的全过程，其功能覆盖商务活动的各个环节。

1) 广告宣传

电子商务可凭借企业的 Web 服务器和客户的浏览，在 Internet 上发播各类商业信息。客户可借助网上的检索工具(Search)迅速地找到所需商品信息，而商家可利用网上主页(Home Page)和电子邮件(E-mail)在全球范围内作广告宣传。与以往的各类广告相比，网上的广告成本最为低廉，而给顾客的信息量却最为丰富。此外，社交媒体、移动商务等应用被逐步应用于企业的在线宣传中，进一步增强了电子商务的广告宣传功能。

2) 咨询洽谈

电子商务的咨询洽谈功能主要体现在两个方面：一方面是通过电子邮件(E-mail)、新闻组(News Group)以及讨论组(Chat)等非实时共同工具来了解市场和商品信息、洽谈交易事务；另一方面是通过即时聊天工具实现交易前的沟通活动，具有代表性的即时聊天工具包括腾讯 QQ、阿里旺旺等。现阶段，即时聊天工具的不断创新，进一步深化了电子商务的咨询洽谈功能，超越人们面对面洽谈的限制，提供多种方便的异地交谈形式。

3) 网上订购

电子商务可借助 Web 中的邮件交互传送实现网上订购。网上订购通常都是在产品介绍的页面上提供十分友好的订购提示信息和订购交互格式框。当客户填完订购单后，通常系统会回复确认信息单来保证订购信息的收悉。订购信息也可采用加密的方式使客户和商家的商业信息不会泄漏。

4) 网上支付

电子商务要成为一个完整的过程，网上支付是重要的环节。随着网上银行和第三方支付平台的发展和完善，消费者可用于网上支付的方式日益增加，在网上直接采用电子支付手段将可省略交易中很多人员的开销。而与此同时，网上支付将需要更为可靠的信息传输安全性控制以防止欺骗、窃听、冒用等非法行为。

5) 电子账户

网上支付必需要有电子金融来支持，即银行或信用卡公司及保险公司等金融单位要为金融服务提供网上操作的服务。而电子账户管理是其基本的组成部分。信用卡号或银行账号都是电子账户的一种标志。而其可信度需配以必要技术措施来保证。如数字凭证、数字签名、加密等手段的应用提供了电子账户操作的安全性。

6) 服务传递

在客户支付了交易货款之后，商家应该将客户所订购的货物尽快地传递到客户手中。对于一些以实物形式交付的商品，商家可以通过其在本地或异地的分销系统将商品送货上门，也可以委托有关货运公司或邮政部门将货物运送或邮寄到客户手中。客户则可以通过信息网络来及时了解自己所购商品的运送情况及到达时间。对于一些信息产品，是最适合在网上进行直接传递的，如软件、电子读物、信息服务、数据库检索等，它能通过网络提供从商家一端到用户一端的直接、实时的全过程服务。

7）意见征询

电子商务能十分方便地采用网页上的"选择""填空"等格式文件来收集用户对销售服务的反馈意见。这样使企业的市场运营能形成一个封闭的回路。客户的反馈意见不仅能提高售后服务的水平，而且能使企业获得改进产品、发现市场的商业机会。

8）交易管理

整个交易的管理将涉及人、财、物多个方面，企业和企业、企业和客户及企业内部等各方面的协调与管理。因此，交易管理是涉及商务活动全过程的管理。电子商务的发展，将会为交易管理提供一个良好的网络环境及多种多样的应用服务系统，以保障电子商务获得更广泛的应用。

2. 电子商务的特点

电子商务将传统商业活动中物流、资金流、信息流的传递方式利用网络进行整合，从而企业可以将重要的信息以全球信息网（Internet）、企业内部网（Intranet）或外联网（Extranet）直接与分布在各地的客户、员工、经销商及供应商连接，创造更具竞争力的经营优势。因此，电子商务与传统的商务活动方式相比（见表10-2），具有更多的优势及特点。

表10-2 电子商务与传统商务的对比

行　　为	传 统 商 务	电 子 商 务
产品信息发布	杂志、传单	网站、在线目录、移动工具
商业沟通	常规信件	电子邮件、网站、即时通信工具等
检查产品可用性	电话、传真、信件	电子邮件、网站、外联网
订单生成	打印形式	电子邮件、网页
产品确认	电话、传真	电子邮件、网站、电子数据交换
付款	现金、纸质发票	电子资金转账、信用卡、电子支票、电子现金、第三方支付等
发票生成	打印形式	网页
产品配送	实体形式	实体形式、电子形式
客户服务	电话、传真	网站、电子邮件、即时通信工具

1）商务性

商务性是电子商务最基本的特性，即为交易参与者提供一种方便、快捷的服务手段和机会。电子商务对传统商务下的竞争规则和市场格局带来巨大冲击，为不同规模的企业创造相对平等的竞争机会和共同的发展机遇，它将生产企业、流通企业以及消费者和政府带入了一个网络经济、数字化生存的新天地。

2）便利性

在电子商务环境中，客户足不出户即可大范围地比较、选择和查询商品，不仅能进行价格上的筛选，还能对不同商家的服务质量进行对比，消除或减少了信息的不对称，从而选择出最中意的品种。此外，电子支付和网络银行的全天候服务，使客户可以随时存取资金，快速查询支付过程及进行资金管理，为网上交易的达成提供了极大的便利。

3）集成性

电子商务是电子信息技术应用发展的重要成果，大量使用新的技术和产品，同时网络的商业价值使新老技术得到协调，用户能更加行之有效地利用他们已有的资源和技术，更加有效地完成他们的任务。电子商务的集成性，还在于事务处理的整体性和统一性，它能规范事务处理的工作流程，将人工操作和信息处理集成为一个不可分割的整体。这样不仅能提高人力和物力的利用率，而且能提高系统运行的严密性。

4）安全性

在电子商务中，安全性是极为重要的核心问题。不管是个人还是企业，即使网上的物品非常具有吸引力，如果对交易的安全性缺乏把握，他们根本就不敢在网上进行交易。欺骗、窃听、病毒和非法入侵等都在威胁电子商务，因此要求网络能提供一种端到端的安全解决方案，包括加密机制、签名机制、分布式安全管理、存取控制、防火墙、防病毒保护等，为网上交易的开展创造一个安全可靠的环境。

5）协调性

商务活动包括企业在订货、销售和存储等经营环节中与生产商、消费者发生的贸易、交易与服务行为以及其间的信息传递，它本身就是一种协调过程。电子商务除了传统商务需要的雇员和客户，生产方、供货方以及商务伙伴间的协调之外，更要求银行、配送中心、通信和技术服务等多个部门的通力协作，才能保证电子商务各个环节的通畅运作，从整体上体现出电子商务的高效率。

10.1.4 电子商务的影响与效益

1. 电子商务的影响

电子商务的兴起对社会各个领域产生了巨大的影响，它不仅仅是技术变革，还带来一种通过技术的辅助、引导、支持来实现前所未有的频繁的商务经济往来，是商务活动本身发生的根本性革命，并对企业的运行环境、经营管理理念与方式、企业形态，以及消费者的消费环境、方式、行为等均带来很大的冲击。

1）电子商务改变商务活动的方式

在电子商务环境下，传统商务中的买卖方式、贸易磋商方式、售后服务方式等都发生了根本性的改变。消费者完全能够足不出户，就可货比三家，同时还能够以一种轻松自由的自我服务的方式来完成交易。Web 技术使企业能够为每个客户定制产品和服务。电子商务使全球上亿网民都有可能成为企业的客户或合作伙伴，企业可以利用 Web 每天 24 小时轻松又实惠地发展潜在客户。联机客户服务程序可以把客户的问题及时传送到不同的部门并和现有的客户信息系统相集成。

2）电子商务改变企业经营管理的方式

对企业而言，电子商务既是一种业务转型，也是一场重大的革命。变换企业业务运作模式、改变企业竞争策略、提升企业间业务合作伙伴关系，是企业在电子世界中获得成功的关键。在电子商务环境下，企业能够将自身迅速融入整个市场环境，同供应商、经销商、消费者，甚至竞争者形成一个巨大的运营整体。真正的电子商务使企业从事在物理环境中所不能从事的业务，包括对新的子公司开放后端系统，使 Internet 成为一种重要的业务传送载体；生成新的业务，产生新的收入，使企业进行相互连锁交易；自适应导航，使用户通过网上搜索交换信息；使用智能代理，运用注册业务或媒介组织买方和卖方；使业务交往个人化，具有动态特征，受用户欢迎，更具效益。

电子商务对企业的影响不仅仅在于将企业原有业务电子化。随着信息技术的发展，企业内部管理机制不断变化，电子商务作为信息处理技术的一个飞跃，其影响不会仅仅停留在交易手段和贸易方式上，而由于这些因素的改变，尤其是供应链的缩短、市场核心的转移，以及各方面管理成本的大幅度降低，必然导致企业内部过程的变迁，因而使电子商务成为企业过程重组的一种根本的推动力。这对企业来说是一个改革自身、重新适应新环境、迅速投入新环境的最佳契机。

3）电子商务改变贸易组合的方式

电子商务将贸易社会视为一个有机体：当把视野从单个企业扩展到整个行业之后，又将继续放宽到整个贸易社会中所有的企业组织（供应商、运输商、分销商、银行等）中去，这时人们所看到的是一个单一的、复杂的有机体，将原材料变成成品，然后送到最终用户手里，是一个资金在其中连续流动并积累到效率更高的企业中去的结构。

当电子商务在整个贸易社会所有的个体中实现时，这个社会将作为一个联合的、有目的的、高效的实体而运行。当一个行业的主导企业已经将电子商务变成商业运作的基本标准，如果一个小企业想与大企业合作，就必须使用电子商务。企业似乎都在经历一个思想的转变，从"如果我不加入电子商务，我将失去最大的客户"到"如果我早知道电子商务使我的业务变得如此简单，我早就采用它了！"

4）电子商务对政策产生了冲击

电子商务是对传统商务的一场革命，由于电子商务的交易主体、交易对象、交易地点和交易完成方式等方面都呈现出不同于传统商务的特点，使电子商务为现行的制度、体制、信用体系以及政府管理带来了新的问题，对于税收和货币政策的影响尤为明显。一方面，电子商务对现行的税收制度、政策、管理、规则和法律带来了新的冲击；另一方面，电子货币的出现，加深了中央银行对于货币管理和控制的难度，对金融政策提出了新的挑战。

总之，电子商务是一种新的贸易形式，就其本质上说，它应该是一种业务转型：它在企业竞争和运作、政府和社会组织的运作模式、教育及娱乐方式等各方面改变着人类相互交往的方式和关于各种生活细节的思维、观念。电子商务可以帮助企业接触新的客户，增加客户信任度，合理运作和以更快的方式将产品和服务推向市场；同时还可帮助政府更好地为更多的市民服务，并因此提高公众对政府的满意度；可以更新人类的消费观念和生活方式，改变人与人之间的关系。

2. 电子商务的效益

企业通过电子商务所得的效益可以分为直接效益和间接效益两种。直接效益主要是指通过电子商务活动而得到的可以进行定量分析的货币价值。从测量方法来讲，可以通过比较企业在应用电子商务前后的各个方面指标，根据统计数据得到。间接效益主要是企业在更广泛意义上的收益或减少不利因素。

1）电子商务的直接效益

基于互联网的电子商务对于企业产生的直接效益主要体现在降低成本和提高收益两个方面。

(1) 电子商务降低企业成本

① 管理成本的降低。电子商务通过电子手段、电子货币大大降低了传统的书面形式的费用,大大节约了单位贸易成本。有统计显示,使用电子商务方式处理单证的费用是原来书面形式的1/10,可以有效节约管理成本。

② 库存成本的降低。大量的库存意味着企业流动资金的占用和仓储面积的增加,也意味着运转费用的增加和效益的降低。利用电子商务可以有效地管理企业库存,降低库存成本,这是电子商务在企业的生产和销售环节最突出的一个特点。通过电子商务还可以减少商品库存的时间、降低商品积压程度,进而可以实现"零库存"。库存量的减少意味着企业在原材料供应、仓储和管理开支上将实现大幅度的下降,尤其是在土地价格不断上涨的。

③ 采购成本的降低。企业的采购过程是一个复杂的多阶段过程,在这些过程中,购买方首先要寻找响应的产品供应商,了解他们的产品在数量、质量、价格等方面是否满足要求,然后再将详细的购买计划和需求信息传送给产品供应商,以便供应商能够按照顾客所要求的性能指标组织生产。产品生产出来后,如果达到顾客的要求,则向顾客发货,并进行相关的财务方面的工作。采购过程的费用是相当大的,而利用电子商务进行采购,可以降低大量的劳动力和邮寄成本。据统计,施乐、通用汽车、万事达信用卡等三个不同行业、不同性质的企业,通过电子商务在线采购后,成本分别下降了83%、90%和68%。

④ 交易成本的降低。虽然企业从事电子商务需要一定的投入,但是与其他销售方式相比,使用电子商务进行贸易的成本将会大大降低。例如,将Internet当作媒介做广告,进行网上促销活动,可以节约大量的广告费用并扩大商品的销售量。同时电子商务没有时间、空间的限制,可以全天候地进行网上交易。

(2) 电子商务提高企业收益

① 新的市场机会。新的市场机会是指网络突破了时间、地域的界限,拓展全球市场更加可能。利用互联网可以实行7×24小时的服务,同时可以突破传统市场中地理位置的分隔。利用互联网可以吸引新顾客,吸引那些传统营销渠道无法吸引的顾客到网上定购。

② 开拓新产品。利用互联网,顾客可以根据自身需要对企业提出新的要求和服务需求,企业根据自身情况针对消费者需求开发新产品或提供新服务,从而增加企业收益。

③ 提高服务能力。公司开展电子商务,可以从与顾客的交互过程中了解顾客,同时通过网络数据库营销更容易直接与顾客进行交互性沟通,获取顾客对服务的评价和意见,提高公司的服务能力,进而增加客户同企业进行商务活动的机会。

2) 电子商务的间接效益

间接效益主要包括以下几个方面。

① 更好地进行客户关系管理。通过电子商务在Internet上介绍产品,可以为客户提供商品的技术支持,客户可以自己查询已订购商品的处理信息,可以使客户服务人员从烦琐的日常事务中解放出来,以便更好地处理与客户的关系,从而使客户更加满意。

② 进信息经济的发展和全社会的增值。电子商务是目前信息经济中最具前途的、未来的贸易发展方向,它将推动信息经济的发展。同时,电子商务还能大幅度增加世界各国的贸易活动,大大提高贸易环节中多数角色的成交数量,从而促使全社会的增值。

③ 催生新行业的出现。在电子商务条件下,原来的业务模型发生了变化,许多不同类

型业务过程由原来的集中管理变为分散管理,社会分工进一步细化,因而会出现新的行业。

④ 其他效益。电子商务还有很多难以测算的其他潜在效益。例如:实施电子商务后,客户可更充分地实现"货比三家";数字化产品或交付更加便捷;城市与农村的商品交易更加深入;更多的人可以在家里办公和购物等。

10.2 电子商务的分类

电子商务可以按交易涉及的对象、交易所涉及的商品性质和进行电子业务的企业所使用的网络类型等进行分类。

10.2.1 按交易涉及的对象分类

按参与电子商务交易涉及的对象分类,电子商务可以分为以下几种类型。

1. 企业与消费者之间的电子商务(Business to Customer)

这是消费者利用因特网直接参与经济活动的形式,类同于商业电子化的零售商务。随着互联网的出现,网上销售迅速地发展起来。目前,在因特网上有各种类型的虚拟商店和虚拟企业,提供各种与商品销售有关的服务。通过网上商店买卖的商品可以是实体化的,如书籍、鲜花、服装、食品、汽车、电视等;也可以是数字化的,如新闻、音乐、电影、数据库、软件及各类基于知识的商品;还有提供的各类服务,有安排旅游、在线医疗诊断和远程教育等。

天猫商城是交易平台式 B2C 电子商务模式的优秀代表,商城为企业提供一个同消费者交易的平台,具有一定规模的企业以网上商店的形式直接面对消费者,完成销售活动。

2. 企业与企业之间的电子商务(Business to Business)

这种方式是电子商务应用最重要和最受企业重视的形式,企业可以使用 Internet 或其他网络对每笔交易寻找最佳合作伙伴,完成从订购到结算的全部交易行为,包括向供应商订货、签约、接受发票和使用电子资金转移、信用证、银行托收等方式进行付款,以及在商贸过程中发生的其他问题如索赔、商品发送管理和运输跟踪等。企业对企业的电子商务经营额大,所需的各种硬软件环境较复杂,但在 EDI 商务成功的基础上发展得最快。

我国较为知名的 B2B 电子商务网站包括为中小企业 B2B 服务的阿里巴巴;为大宗交易服务的中国化工网、我的钢铁网等;为农产品交易服务的广西糖网、中国棉花信息网等。

3. 企业与政府之间的电子商务(Business to Government)

这种商务活动覆盖企业与政府组织间的各项事务,如企业各种手续的报批、政府采购、电子化征税、政务公开等。企业与政府之间的信息化活动,从政府的角度来看,也可以称为电子政务。近年来,我国逐步提升对电子政务的重视程度,一方面有利于优化政府办事流程,提高政府办事效率;另一方面提升了各方面进行政府监督的可能性。

从个人的角度来看,消费者对行政机构的电子商务(Consumer to Administration,也可称为 Consumer to Government)指的是政府对个人的电子商务活动。这类的电子商务活动目前还没有真正形成。然而,在个别发达国家,如在澳大利亚,政府的税务机构已经通过指定私营税务,或财务会计事务所用电子方式来为个人报税。这类活动虽然还没有达到真正的报税电子化,但是,它已经具备了消费者对行政机构电子商务的雏形。

4. 消费者与消费者之间的电子商务(Consumer to Consumer)

这种方式是将大量的个人买主和卖主联系起来,以便进行商品的在线交易,它通过互联网为消费者提供互相交易的环境——网上拍卖、在线竞价。除了少数人设立的用于电子商务的网站外,有些专门的网站还为消费者之间进行网上买卖提供平台,出售者同时也可以是购买者。网络资讯流通方便的特性,可以让买卖双方以更快、更迅速、更透明的方式,清楚地了解价格、商品品质等影响交易过程的可能因素,以提高顾客对卖家的信任。

10.2.2 按交易涉及的商品性质分类

如果按照电子商务交易所涉及的商品性质分类,电子商务主要包括两类商业活动。

1. 完全电子商务

完全电子商务,也称直接电子商务或纯电子商务,它涉及的商品是无形的商品和服务,可以完全通过互联网络完成整个交易过程,包括计算机软件、娱乐内容的联机订购、付款和交付,或者是全球规模的信息服务等。完全电子商务能使双方越过地理界线直接进行交易,充分挖掘全球市场的潜力。

2. 不完全电子商务

不完全电子商务也称间接电子商务,它是针对有形的商品而言,完全依靠电子商务方式实现和完成完整的交易过程,而需要依靠一些外部要素,如鲜花、书籍、食品、汽车等商品的交易需要通过分销配送中心、邮政服务和商业快递服务等渠道来完成送货以完成交易的全过程。

图 10-2 所示为电子商务的三维理解模型。电子商务的产品、销售过程和销售代理这三个维度的虚拟程度不同,可以把电子商务划分为八个区域,其中三个维度都是数字化的即为完全电子商务,除此之外的至少有一个维度是数字化的就是不完全电子商务。

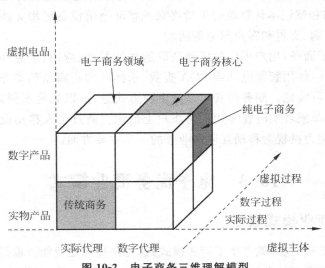

图 10-2 电子商务三维理解模型

10.2.3 按电子商务使用的网络类型分类

根据开展电子商务业务的企业所使用的网络类型框架的不同,电子商务可以分为如下四种形式。

1. EDI 网络电子商务(Electronic Data Interchange,电子数据交换)

EDI 是按照一个公认的标准和协议,将商务活动中涉及的文件标准化和格式化,通过计算机网络,在贸易伙伴的计算机网络系统之间进行数据交换和自动处理。EDI 主要应用于企业与企业、企业与批发商、批发商与零售商之间的批发业务。EDI 电子商务在 20 世纪 90 年代已得到较大的发展,技术上也较为成熟,但是因为开展 EDI 对企业有较高的管理、资金和技术的要求,因此至今尚不太普及。

2. 互联网电子商务(Internet 网络)

互联网电子商务是指利用连通全球的 Internet 网络开展的电子商务活动,在因特网上可以进行各种形式的电子商务业务,所涉及的领域广泛,全世界各个企业和个人都可以参与。基于互联网的电子商务是目前电子商务的主要形式。

3. 内联网络电子商务(Intranet 网络)

内联网络电子商务是指在一个大型企业的内部或一个行业内开展的电子商务活动。Intranet 是利用 Internet 技术组建的企业内部信息网络。Intranet 商务是企业内部 MIS 系统的体现,企业通过内联网将分布在各地的分支机构及企业内部有关部门连通起来,使企业各级管理人员能够通过网络读取自己需要的信息,利用在线业务的申请和注册代替纸质文件的内部流通,从而大大提高工作效率和降低业务的成本。

4. 移动电子商务

移动电子商务一般是指利用移动通信网络进行数据传输并通过移动信息终端参与商业活动的一种新型商业模式。其中,移动通信网络是指可以满足处于运动中的通信双方或至少有一方进行信息通信交换方式的网络类型。它通常是由手机、个人数字助理(PDA)、掌上电脑和笔记本计算机等手持终端或移动通信设备运用无线上网技术开展营销、供应、销售、采购、支付和客户服务等活动。

通过移动电子商务,用户可随时随地获取所需的服务、应用、信息和娱乐。他们可以在自己方便的时候,使用智能电话或 PDA 查找、选择及购买商品和服务。采购可以即时完成,商业决策也可实施。服务付费可通过多种方式进行,以满足不同需求,可直接转入银行、用户电话账单或者实时在专用预付账户上借记。通过个人移动设备来进行可靠的电子商务交易的能力被视为移动互联网业务的一个重要方面。

10.3 电子商务商业模式

10.3.1 商业模式概述

自从有了分工和交易,就产生了商务模式,这也是传统企业能否取得成功的关键。早在 20 世纪 50 年代就有学者提出了"商业模式"的概念,但直到 20 世纪 90 年代才开始被广泛使用和传播。泰莫斯认为,商业模式是指一个完整的产品、服务和信息流体系,包括每一个参与者及其所起到的作用,以及每一个参与者的潜在利益和相应的收益来源和方式。琼玛格和南斯通在其著作《什么是管理》中对商业模式的定义为:"商业模式就是指一个企业如何通过创造价值,为自己的客户和维持企业正常运转的所有参与者服务的一系列设想。它是一个企业赖以生存的模式和能够为企业带来收益的模式。"通俗地说,商业模式就是公司通过什么途径或方式来赚钱。例如,饮料公司通过卖饮料来赚钱;快递公司通过送快递来赚钱;网络公司通过点击率来赚钱;通信公司通过收话费赚钱;超市通过平台和仓储来赚钱;等等。

商业模式研究的兴起很大一部分原因在于网络经济的迅猛发展。现代社会,一个企业能否实现长期持续发展,主要取决于其是否具有核心竞争力。而企业拥有良好的商业模式,正是确保其具有核心竞争力的坚实基础。构建商业模式必须考虑产品、客户界面、基础管理和经济要素四方面,具体包括价值主张、目标客户、分销渠道、客户关系等九项内容(见表10-3)。

表 10-3　商业模式的九项内容

构面	组件	描述
产品	价值主张	对公司产品和服务的总体描述
客户界面	目标客户	对公司向其提供价值的客户市场的描述
	分销渠道	公司与客户联系的各种途径
	客户关系	公司与其客户市场之间的关系类型
基础管理	价值结构	公司对活动和资源的安排
	核心能力	执行商业模式所需要的能力
	伙伴网络	公司提供价值和客户化价值所需要的合作公司网络
经济要素	成本结构	对商业模式的经济结果的描述
	盈利模式	公司从不同收入流获利的方式

以下以沃尔玛为例,利用商业模式的九项内容解析它的具体做法,看它是如何实现其商业模式的。

1950年,山姆·沃尔顿开设了第一家杂货店。1960年,他已在小店所在城的周边开设了15家商店。当时,折扣店连锁经营在美国零售业方兴未艾。沃尔顿经过考察决定从杂货店转向百货业,成立了沃尔玛百货商店。目前,沃尔玛公司有8 500家门店,分布于全球15个国家,是全球最大的连锁零售商店,主要有沃尔玛购物广场、山姆会员店、沃尔玛商店、沃尔玛社区店等四种营业态式。

① 价值主张。沃尔玛在全美电视台播放的广告用语非常直接:"省得更多、过得更好(Save More,Live Better)。"显然,沃尔玛的价值主张是向顾客提供质优价廉的商品和服务。

② 目标客户。主要以中低收入人群为主。

③ 分销渠道。

- 沃尔玛平价购物广场主要面向中层和中低层顾客。

- 山姆会员店只针对会员提供各项优惠及服务。
- 沃尔玛综合性百货商店面向上层顾客。

④ 客户关系。
- 客户永远是对的。
- 实行会员制,建立稳定的消费市场。
- 企业积极参与慈善活动。

⑤ 价值结构。
- 通过避开批发商,直接大批量从厂商采购;仓储式经营,在商品销售成本上更充分体现出规模效益;新增卖场一般设在配送中心周围,以压低物流成本等方式降低成本,减少不必要开支。
- 建立全球第一个物流数据处理中心,全面实现信息化管理,提高工作效率、降低风险。
- 一站式购物。
- 提供免费停车、送货上门等附加服务。

⑥ 核心能力。为顾客提供质优价廉的商品和服务的能力。

⑦ 伙伴网络。为供应商(如宝洁等)建立稳固的战略合作伙伴关系,实现双赢。

⑧ 成本结构。主要指产品成本中的各项费用(如人力、原料、土地、机器设备、能源、资金等)所占的比例或各成本项目占总成本的比例。沃尔玛一直以削减开支的方法使自己的成本结构低于竞争者。

⑨ 盈利模式。
- 产品的进销差价。
- 降低供应链管理成本。

10.3.2 电子商务商业模式的分类

电子商务模式是网络企业生存和发展的核心,Timmers 是给电子商务商业模式分类的第一人,他从供应链的角度将电子商务分为电子商店、电子采购、电子商城、电子拍卖、虚拟社区、写作平台、第三方市场、价值链整合商、价值链服务供应商、信息中介、信用服务和其他服务,共 11 类。

业界许多学者都对电子商务商业模式作了一定的研究,一个基本的电子商务模式主要分为 5 类共 18 种,如表 10-4 所示。

表 10-4 基本电子商务模式

模式种类	子类别	说明
网上商店/服务	销售商的网上商店	批发商和销售商的在线销售
	制造商的网上直销	制造商通过该模式直接出售产品并提供服务
	在线服务	传统服务业的在线实现
	网上采购	网上商店与服务的买方主动模式

续表

模式种类	子类别	说　　明
网络经纪商模式	信息中介	为撮合买卖双方的交易建立的信息发布平台
	网上拍卖	传统拍卖的在线实现
	第三方交易市场	有第三方建立的网络交易平台，常为行业性的交易场所
	电子购物中心	汇集众多电子商店，为消费者提供类似商场的购物环境
	金融经纪商	金融业务的网上经纪与咨询
	其他服务经纪	旅游、保险等服务行业的网上经纪模式
价值链服务提供商	内容订阅	有偿提供高质量的内容订阅服务
	网上银行	支持网络交易的电子支付和资金划拨
	第三方物流	由第三方建立，支持网络交易的物流配送的商务模式
	软件支持	为网络交易的实施提供软件支持
	通信服务	为交易者的网络接入与维护提供支持服务
	CA认证机构	网上安全电子交易认证、签发数字证书等服务
	广告商模式	以网络广告为主要收入的模式
	虚拟社区	网上论坛、互联网用户沟通与交流的场所

目前，我国电子商务企业比较热衷的商业模式主要有以下四大类。

1. 直接销售模式

B2C企业通过独立的网络销售平台，依靠销售实物商品、在线商品、数字产品和服务来盈利，具有成本低、容量大、经营品种越多收益越大的特点，如当当网、京东商城等。这类企业最突出的优势是商品价格远远低于传统卖场同类商品的价格，因其免去了传统卖场所必需的货架和场地租赁成本。

2. 中间平台模式

为买卖双方提供交易平台，通过会员会费、佣金、付费广告等方式盈利，如阿里巴巴旗下的淘宝网、携程网等。

3. 增值收费模式

通过基础服务免费、增值服务收费来盈利，如腾讯QQ的基础通信服务是免费的，而QQ空间、QQ秀等增值服务是收费的。

4. 第三方市场模式

通过免费的信息、网络工具等内容吸引用户，提升访问量，进而依靠广告收入盈利，如新浪、搜狐、网易等门户网站。

10.3.3　电子商务商业模式的应用

1. 企业间的B2B商业模式

B2B(Business to Business)，是企业和企业之间通过互联网或其他网络进行商务活动的电子商务模式，它将企业内部网，通过B2B网站与客户紧密结合起来，通过网络的快速反应，为客户提供更好的服务，从而促进企业的业务发展。此种电子商务模式的功能主要包括发布供求信息及信息的搜索，初步订货及签订购销合同，价格支付及票据的签发、传递和接收，确定配送方案并监控配送过程等。

1) B2B 电子商务的基本模式

B2B 电子商务是构成电子商务市场规模的重要组成部分，当前的 B2B 电子商务模式主要包括垂直 B2B 模式、水平 B2B 模式及自建 B2B 模式。

① 垂直 B2B 模式。垂直 B2B 模式分为上游和下游两个方向，供企业同上游供应商和下游经销商完成交易活动，如 Dell 和芯片供应商之间的采购系统，就属于垂直 B2B 模式的电子商务。

② 水平 B2B 模式。水平 B2B 模式又称为面向中间交易市场的 B2B，这种模式利用网上中介服务网站将买方和卖方相近的交易过程集中到一个场所，实现网上交易，如阿里巴巴、慧聪网等。

③ 自建 B2B 模式。自建 B2B 模式是指具有相当规模的企业，自建电子商务平台，串联起行业的整条供应链，供应链上下游企业通过该平台实现咨询、沟通、交易。这种模式的电子商务平台较少，一般只有大型企业才有，如 Cisco 的直接订货网站。

2) B2B 电子商务的经营模式

电子商务平台的 B2B 商业模式，主要是为从事电子商务的企业之间提供网络平台，以促成其完成商务交易。B2B 电子商务平台首先广泛吸收免费会员，免费会员虽然不能直接为平台带来利润，但他们也是平台所需信息的免费提供者，大量免费会员使电子商务平台形成了网络效应，进一步提升了平台的内在价值。随着会员企业对网络平台认知的不断提高，越来越多的企业为了能够获得更多、更全面的服务就会成为收费的注册会员，这些注册企业所缴纳的会员费就是网络平台服务企业的直接收入。除此之外，平台还会为付费会员提供一定的增值服务，而帮助其在众多的同类产品中脱颖而出。针对注册会员的增值服务费用是 B2B 平台最主要的营业性收入之一。可见，一些电子商务服务业的 B2B 模式，主要是利用出租平台空间、收取相应的注册费和增值服务费来获得利润的一种模式，并不是直接从商品或服务的交易中获利的。典型的 B2B 电子商务平台有 Alibaba、Directindustry、TOXUE 外贸网、慧聪网、中国制造网、采道网、环球资源网等。这一类网站既不是拥有产品的企业，也不是经营商品的商家，它只提供一个平台，在网上将销售商和采购商汇集在一起，采购商可以在其网上查到销售商的有关信息和销售商品的有关信息。

虽然电子商务平台能够帮助企业规范业务流程，提高客户挖掘能力和客户服务质量，有效管理客户资源从而提高销售成功率，但是也存在一些弊端，如对中小企业来说，租用 B2B 电子商务平台会拉高企业成本，并且其收费不透明、平台服务人性化较差也将许多中小企业拒之门外。另外，B2B 电子商务平台很多生存周期短且平台管理者信用监管不健全等负面影响在一定程度上限制了此类电子商务平台的发展。

2. 企业与消费者之间的 B2C 商业模式

B2C(Business to Customer)，是企业对消费者之间的电子商务，企业通过网上商店，完成对消费者的零售交易。B2C 商业模式最大的特点是供需双方直接交易、速度快、信息量大、费用低，这类电子商务主要是随着互联网的普及而快速发展起来的模式，在未来电子商务发展中将占据举足轻重的地位。

1) B2C电子商务的基本模式

B2C电子商务已经广泛地被企业所应用,以减少销售环节,缩减成本。现阶段的B2C电子商务主要包括专业商城、综合商城及导购引擎型三种。

① 专业商城。专业商城型B2C电子商务平台专门为某一行业的产品搭建销售渠道,如专门做3C产品的京东商城、专门做鞋类产品的好乐买以及专门做母婴用品的红孩子等。近年来,越来越多的专业商城开始向综合型商城转变,慢慢削弱了其专业化程度。

② 综合商城。综合商城对平台上经营的产品类别没有具体的限制,与传统商城类似,网站平台稳定且拥有完善的支付信用体系,再加上电子平台的成本较低及无营业时间、地点限制等优势,能够吸引大量的消费者,从而吸收巨大规模的商家。阿里巴巴旗下的天猫商城就是综合商城型B2C的优秀代表,在我国的电子商务市场上占有重要的地位。

③ 导购引擎型。导购引擎型的电子商务不是在其电商平台直接销售产品,而是提供一种搜索引擎和优惠促销平台,通过这种网站链接过去的商品和服务经常会有优惠活动,如购物返现、联合购物返现等,这会吸引广大消费者不直接进入B2C商城购物,而是到这类导购引擎网站上搜索相关优惠、折扣信息,然后再进行消费。

2) B2C电子商务的经营模式

电子商务的B2C商业模式,实际上就是网络为消费者提供一个全新的购物环境——网上商店。消费者可以通过B2C电子商务平台,实现网上购物、在线支付,零售商或企业收到订单后可以利用网络平台收取款项、安排物流。这样的模式节省了客户和企业的时间与空间,大大提高了交易效率。美国的亚马逊(Amazon.com)就是典型的电子商务B2C商业模式。这种商业模式的盈利方式,同B2B类似,主要是利用会员制,根据不同的方式及服务范围收取会员的会费是网站运营的主要收入来源。另外,网站会经常帮助会员企业利用网络平台,设计促销方案,吸引网上顾客,提高会员的点击率和访问量,以此来收取相应的服务费。B2C电子商务的付款方式是货到付款与网上支付相结合,而大多数企业的配送选择物流外包方式以节约运营成本。随着用户消费习惯的改变以及优秀企业示范效应的促进,网上购物的用户不断增长,甚至一些大型考试如公务员考试也开始实行B2C模式。

虽然B2C电子商务平台具有许多优势,但也存在一定的不足,如消费者对在B2C网站的购物体验感不强,并且B2C网站缺乏与顾客的互动性交流等。此外,B2C网站本身的运行和监管较欠缺,虚假评价、乱刷信用卡的现象屡见不鲜,使消费者在进行购物的同时不免多了一些担忧。

3. 消费者对消费者的C2C商业模式

C2C(Consumer to Consumer),即消费者对消费者的电子商务,主要指网络服务提供商利用计算机、网络和通信技术,提供有偿或无偿使用的电子商务平台和交易程序,允许交易双方(主要为个人用户)在其平台上独立开展以竞价、议价为主的在线交易模式。这种模式的产生以1988年易趣的成立为标志,目前C2C模式的电子商务平台主要有eBay易趣、淘宝、拍拍等。

C2C模式极好地展示了互联网的优势,将其不受时间、空间限制的优点发挥得淋漓尽致。在C2C电子商务平台上，购买商品数量大、不同时间、不同地方的买方和同样规模的卖方可以顺畅地进行交易。这在传统领域几乎是不可想象的。目前，C2C电子商务平台主要通过会员费、交易提成、营销费、支付环节费用等方面盈利，并负有对买卖双方的诚信进行监管的职责，随着交易规模的不断扩大，电子商务平台还负责实现支付、物流等一系列程序，确保交易顺利进行。

4. 线上线下相融合的O2O商业模式

O2O商业模式（Online to Offline）就是把线上的消费者带到现实的商店中去——在线支付购买线下的商品和服务，再到线下去享受服务。其核心就是通过优惠，提供信息和服务等方式，把线下商店的消息传达给线上网络用户，从而把他们带到现实的商店中去消费，将网上、网下结合在一起。这样线下服务就可以利用网络来招揽顾客，消费者可以通过互联网来筛选服务，并通过在线支付和结算，提高消费效率。

1) O2O电子商务的基本模式

"你如果不知道O2O，至少知道团购。但团购只是冰山一角，只是第一步。"著名学者李开复的这句评论，说的正是这种将现实商务与虚拟网络结合在一起，让网络成为线下交易前提的O2O模式。目前，不少业内人士认为O2O模式会给电子商务领域带来一个高峰期。

① 团购。团购是O2O电子商务模式最早、最典型的应用，其核心思想是将众多有相同购买需求的消费者集中起来，形成一定的购买规模，以增加消费者议价的能力。目前，我国团购市场发展态势良好，如百度糯米、拉手团、窝窝团等，都是较知名的团购网站。

② SoLoMo。SoLoMo即社交＋本地化＋移动，是随着移动商务、虚拟社区以及本地化服务的发展而发展起来的O2O电子商务模式，主要目的在于使消费者能够随时随地获得消费信息，也使经营者能够将产品或服务信息发布到附近的任何一个消费者。大众点评网的移动端就实现了这样一个功能，消费者签到以后，能够获取所在位置周围商家的信息，包括商场、餐厅、银行、公交站等。

2) O2O电子商务的经营模式

与传统电子商务的"网上市场＋物流配送"模式不同，以团购网站为代表的O2O模式采用"网上市场＋到店消费"模式，消费者在网上购买商品或服务并完成支付，能够获得比直接在店里消费优惠的多的折扣，利用相关消费凭证，然后到实体店消费。这种模式尤为适合必须到实体店消费的服务行业。同时，O2O模式给消费者提供双重实惠：一方面是线上定购的方便快捷；另一方面是线下消费的实惠体验。同时，这种模式也颇受到实体商家的喜爱，一来可以保证客源；二来可以方便商家收集用户购买的数据，便于商家进行分析，从而准确地策划营销方案。

由此可见，O2O商业模式的特点是把信息流、资金流放在线上进行，将支付模式和客流引导相结合。由于O2O电子商务平台与用户生活息息相关，并通过便捷、优惠、消费保障等服务，吸引大量高黏性用户；对商家有强大的推广作用及其可见的推广效果，容易吸引大量线下服务商家的加入，使O2O电子商务平台能够获得数倍于C2C、B2C的现金流，同时拥有巨大的广告收入空间及形成规模后更多的盈利模式。

5. 消费者对商家的 C2B 商业模式

信息的不对称性,导致了消费者往往在消费的过程中处于被动的局面,传统而固有的经营模式无法满足多元化的消费需求,消费者在新媒体的作用下已经变得越来越成熟,现今的商务模式略显滞后使更多理性的需求无法得到满足。C2B 电子商务模式的出现将商品的主导权和先发权交给了消费者,满足了消费者的个性化需求,消费者真正成为市场中的主体,使"顾客是上帝"这句话成为现实。

1) C2B 电子商务模式的内涵

C2B 即为消费者对企业(Customer to Business)的电子商务,该模式的核心是通过聚合相对弱势群体提升与强势个体进行交易的话语权并最终获得更大的利益空间。C2B 电子商务模式,强调用汇聚需求取代传统汇聚供应商的购物中心形态,被视为一种接近完美的交易形式,消费者取代企业成为未来的价值链第一推动力,这是一个根本的商业模式的变化。

2) C2B 电子商务模式的表现形式

C2B 电子商务模式目前主要有两种表现形式:一是商家认购模式;二是个性化定制服务。

(1) 商家认购模式

互联网作为一个开放的平台,为用户提供了一个发表原创内容、开源软件的平台,基于此,消费者可以在网络社区发布自身需求,企业根据自己的需要、标价和能力认购。在这种模式下,电子商务平台鼓励消费者个人在网站中发布原创的设计、摄影作品、动画、视频等,让企业根据标价来认购这些内容为企业所用。个人用户也可为企业开发软件,提供产品外观设计等,由商家来认购这些服务,收集更多消费需求。

(2) 个性化定制

个性化定制是 C2B 电子商务模式发展的第二阶段。随着消费观念转变和收入水平的提升,部分高收入者和崇尚自我个性的人群并不很在乎过去所说的消费最重要影响因素——价格,而是把产品的品质和特性的重要性置于价格之上。他们消费时往往更看重产品的质量、样式、品位等方面,由此催生出电子商务的另一潜在市场:通过自发或者第三方平台帮助众多该类用户促使企业按照他们的需求进行设计和生产,甚至可能改变企业所提供的产品内容,如材质、外观设计、组合方式等。

3) C2B 电子商务模式的关键

C2B 电子商务模式的更大的特点是加强了与目标客户的沟通,客户的需求可以明确地得到表达,企业可以根据客户的需求而制定不同的产品或服务来满足消费需求,进而不断地培养客户忠诚,使企业的利润最大化。C2B 电子商务成功实施的关键在于加强与目标客户的沟通、加强产品和服务的更新、优化企业内部管理流程以及合理整合自身资源。

6. 多平台整合的"1+N"商务模式

1) "1+N"电子商务模式的内涵

"1+N"电子商务模式中的"1"是指一个独立自主经营的网上商城,即自主式电子商务模式,"N"是指在多个第三方电子商务平台上搭建网店,即平台式电子商务模式。例如,电子商务品牌网站——凡客诚品就属于"1+N"电子商务模式,它既有独立自主经营的网上商城,同时还依托天猫商城进行在线销售。对企业而言,自主式电子商务是能够为自己培养忠诚客户的"商城",而第三方平台渠道则相当于"网店",能够为企业带来更多的销售额和知名度。将二者结合起来,实现"1+N"式的电子商务经营模式,将成为市场发展的趋势和企业商家的诉求。

2)"1+N"电子商务模式的优势

随着整个市场的持续发展,"1+N"电子商务模式能够扬长避短,为企业的发展带来全方位的保障,企业通过拥有多个平台式"网店"为其提升销售额和知名度的同时,还拥有一个企业自主经营管理的网上"商城",为企业培养忠诚的客户,成为企业电子商务发展的主导。

7. BXC 商务模式

BXC 是近年来发展较快的电子商务模式,这里的 X 可以是任何参与方,根据 X 的不同可以衍生出不同的电子商务模式。

1) BMC 电子商务模式(Business Medium Customer)

BMC 电子商务模式,是 B2M 和 M2C 的一个整合,即 B2M+M2C=BMC,这里的 Medium 是一个第三方管理平台,具有 Monitor(监控)、Media(媒体)、Middleman(经纪人)等多重属性。BMC 电子商务模式就是通过第三方的平台为企业提供第三方质量监控、多媒体整合推广、全民参与经营、保障企业/消费者权益、降低企业运营成本、改变网络诚信危机等。

2) BCC 电子商务模式(Business to Customer to Customer)

BCC 电子商务模式为企业提供网络直销渠道,网店老板作为消费者,从平台上进货,顾客(终端消费者)购买后,由商家直接发货。对网店来说,没有库存,货卖出后再付款,风险几乎为零;对供货厂家来说,这是一个网上直销的平台,免去了传统供货渠道的烦琐。BCC 模式是将商家雄厚的启动资金和规模有机结合,由源头的商家进行专业的管理工作令消费者更加放心,BCC 还具备了厂家直销的因素,商家可以在地方进行实体店的代理,这使 BCC 的市场一下子从网上拓展到了网下实体店面,让消费者有更好的实体体验。

3) BUC 电子商务模式(business to university to customer)

BUC 是企业利用大学电子商务平台链接消费者的新型电子商务模式。这里的 U 是指大学电子商务平台,即在大学环境下,教师、教学科研与大学生实习实践相结合构成的所有软硬件资源,它包括大学教师、大学实验室、大学生、大学院校组织机构。BUC 平台作为一个电子商务平台,充分利用大学科研机构和大学生群体这两个要素,凭借大学生的社会认同感,通过大学生为消费者提供优质的个性化服务,吸引更多的消费者关注平台。同时,为在校大学生提供了一个实战演练的机会,积累更多的实践技能和创业经验;为企业低成本拓展销售渠道;响应国家政策,解决大学生就业压力;促进高校和企业之间的相互合作。

除此之外,电子商务的发展、互联网技术的普及以及移动通信技术水平的提升催生了众多电子商务的创新模式,如表 10-5 所示。

表 10-5 电子商务创新模式

电子商务模式	含 义	举 例
B2F	商业机构对家庭消费者的营销商务	联合一百
B2M	面向市场营销的电子商务,即网络营销托管服务商	拍鞋网
B2S	分享体验式商务,即有共同兴趣爱好的一群人通过平台,选择自己喜欢的商品并网上支付费用,提供商品者再从付费者里挑选一个幸运者拥有并体验这款产品	享客中国
BAB	企业联盟企业,依靠电子技术手段,达到资源以电子数据化交换整合的目的,把产品带入流通领域	采购通
ABC	由代理商、商家、消费者共同搭建的集生产、经营、消费为一体的电子商务平台	淘众福
M2C	生产厂商对消费者,一种生产厂家直接对消费者提供自己生产的产品或服务的商业模式	Dell
P2C	生活服务平台,把老百姓日常生活中的一切密切相关的服务信息聚合在平台上,实现服务业的电子商务化	雅虎生活搜索平台

10.4 电子商务现状及发展趋势

10.4.1 中国电子商务的发展现状

根据中国电子商务研究中心发布的《2014年度中国电子商务市场数据监测报告》,2014年中国电子商务市场整体保持高速发展,交易规模达 10.2 万亿元,同比增长 29.9%,参考中国电子商务研究中心的预测,我国电子商务市场规模将逐年增长,2014年达到 13.4 万亿元,如图 10-3 所示。

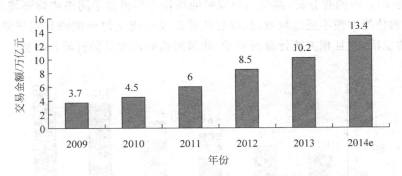

图 10-3 2009—2014 年中国电子商务市场交易规模

1. 我国电子商务囊括的行业面十分广泛

互联网正在成为新的产业革命的主导力量,电子商务正在成为新的经济增长点。起初,我国通过电子商务进行交易的商品仅仅包括家庭生活用品、服装及电子产品等;现如今,无论是在金融、外贸行业,还是在制造、能源行业,都出现了不少电子商务交易,并且发展势头仍在扩大,交易金额总量也在持续增长,先前未涉足电子商务的行业也都纷纷加入。我国的电子商务服务业也已经形成了一定的规模,出现了许许多多采购市场,如中国化工网、中国钢铁网及阿里巴巴等,就连政府也加入了电子商务行列,利用电子商务发布采购信息。

从目前电子商务网站所处的行业分布来看,排在前十名的依次为服装鞋帽、纺织化纤、农林畜牧、数码家电、机械设备、化工塑料、食品糖酒、建筑建材、五金工具、医疗医药。在这些行业中,如服装、纺织等大众化、需求较大的行业聚集的电商网站较多,紧随其后的是数码家电等适合开展电商的行业。具体行业分布如图10-4所示。

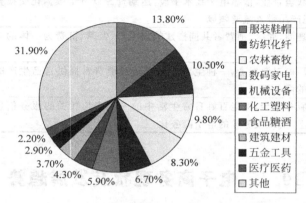

图10-4　2015年中国电子商务企业行业分布

2. 我国电子商务消费群体数量已形成较大规模,并且仍有增长趋势

互联网的不断发展与普及、中小企业积极应用电子商务,再加上政府对电子商务的重视,越来越多的人已经开始网上购物。中国电子商务研究中心数据统计显示,截至2013年年底,中国网购用户规模达3.12亿人,而2012年为2.47亿人,同比增长26.3%,如图10-5所示。经调查分析,网购用户规模的增长主要得益于网络购物环境的日趋完善与成熟、网购快捷方便不受地域限制、政府监管以及物流支付环境的日益成熟等,网购已融入人们的生活,并且相关统计资料显示,我国网购群体数量仍有增长趋势。

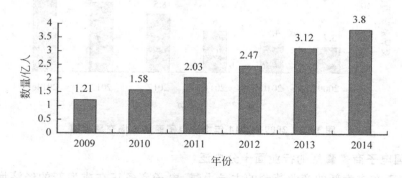

图10-5　中国网购用户规模及增长情况

3. 我国电子商务新模式层出不穷

近些年,我国电子商务不再仅仅局限于企业与企业之间的交易模式,许许多多的企业为了减少流通环节、节约成本,建立了直接面向消费者的交易平台,即B2C交易模式,以及消费者与消费者之间的电子商务 C2C 模式。同时,具有相似需求的消费者为了降低购价,相互集结,用组团的形式与企业议价,在线上结算线下享用,很好地将线下的商务机会与互联网结合在了一起,即电子商务团购 O2O 交易模式。随着移动终端的不断发展,移动商务得到飞速的发展,逐渐在电子商务的发展中占据一席之地。与此同时,随着微博、SNS 等网络应用的普及,社交电子商务开始崭露头角,并获得巨大的收益。我国团购和移动商务交易规模如图 10-6 和图 10-7 所示。

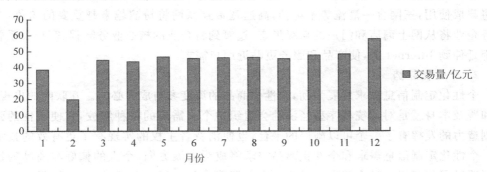

图 10-6　中国网络团购交易额

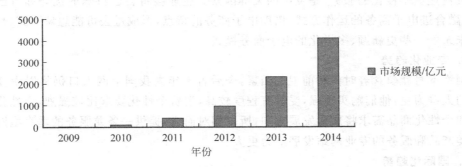

图 10-7　中国移动电子商务市场规模

艾瑞咨询分析,B2C 将继续成为中国网络购物市场发展的主要推动力。中国网络购物市场经过了十余年的培育,网购用户的消费观念正在发生改变,他们网购时对商品的质量有了更大的追求。和 C2C 相比,B2C 在信誉和质量保障方面更能得到网购用户信任。而天猫、京东商城、苏宁易购等 B2C 购物网站也融合了 C2C 的优势,通过大力吸引优质网站或商家入驻,在确保商品质量的同时,也使商品的丰富性得到极大提升,更好地满足了消费者的需求。

10.4.2　电子商务的未来发展趋势

纵观我国电子商务的发展现状,尽管存在不少问题,但其良好的发展趋势是不可阻挡的,可以预见,未来电子商务会得到更深远的发展。

1. 纵深化趋势

电子商务广泛地渗透到生产、流通、消费等领域,改变着传统经营管理模式和生产组织形态;电子商务与产业发展的深度融合形成了以电子商务为代表的现代服务业的快速发展，形成了制造服务化、服务业产品化的多产业的深度融合。尽管目前企业发展电子商务仍处于起步阶段，面临体制、技术、管理等诸多问题，但随着创新技术的提高以及其他相关技术的发展，电子商务的基础设施将日益完善，各种信息传输网络的建设、信息传输设备的研制、信息技术的开发等，使电子商务的发展奠定在坚实的环境建设基础上，良好的网络平台、运行和支撑环境也逐步趋向规范。电子商务将向纵深挺进，无论是企业发展电子商务的深度还是个人参与电子商务的深度都将进一步拓展。图像通信网、多媒体通信网将建成使用，三网合一潮流势不可挡，高速宽带互联网将扮演越来越重要的角色，电子商务企业将从网上商店和门户的初级形态，过渡到将企业的核心业务流程、客户关系管理等都延伸到 Internet 上，使产品和服务更贴近用户需求。

2. 个性化趋势

个性化定制信息需求发展强劲，个性化商品的深度参与成为必然。互联网的出现、发展和普及本身就是对传统秩序型经济社会组织中个人需求的一种解放，它使个性的张扬和创造力的发挥有了一个可以施展的平台，也使消费者主权的实现有了更有效的技术基础。个性化定制信息需求和个性化商品需求将成为发展方向，个人的偏好与商品的设计和制造过程将更好地融合起来。对面向个人消费者的电子商务活动来说，提供多样化的比传统商业更个性化的服务，是发展的关键因素。企业会将自己特殊的优势和自己特有资源，融合进电子商务的运作方式，借助电子商务的特点，形成过去可能想象不到，也难以预测未来的一些更新颖、多样化的电子商务模式。

3. 专业化趋势

网络本身就蕴含着时尚和前卫的因素，今后若干年内我国上网人口仍将以中高收入水平的人群为主，他们购买力强，受教育程度较高，消费个性化要求比较强烈，个性化信息需求和个性化商品需求将成为发展方向，所以相对而言，提供一条龙服务的垂直型网站及某一类产品和服务的专业网站发展潜力更大。

4. 国际化趋势

中国自 2015 年以来先后建设了中美、中欧、中韩、中日、东盟等众多双语网站；各省 CA 认证中心普遍建立，中国金融认证中心（CFCA）电子证书发放量已突破百万；网上银行的技术和服务水平基本赶上世界发达国家，安全性逐步提高，功能日趋完善，客户数量和业务量快速提高。这些都为中国电子商务企业进入世界市场奠定了坚实的基础，越来越多的企业将通过电子商务平台与国外的企业进行交易、合作，同时，庞大的中国电子商务市场将吸引越来越多的外国电子商务企业和投资公司参与进来。

5. 区域化趋势

立足中国国情，采取有重点区域化战略是有效扩大网上营销规模和效益的必然途径。中国是一个人口众多、幅员辽阔的大国，社会群体在收入、观念、文化很多方面都有不同的特点。虽然总体上仍是一个收入比较低的发展中国家，但地区经济发展的不平衡所反映出来的经济发展的阶段性、收入结构的层次性十分明显。在今后相当长的时间内，上网人口仍将以大城市、中等城市和沿海经济发达地区为主。北京、上海、广州这三个超级城市以及经济发达的中等城市仍将是电子商务的主要市场。尤其是 B2B 电子商务模式的区域性特征非常明显，以这种模式为主的电子商务企业在资源规划、配送体系建设、市场推广等方面都必然充分考虑这一现实,采取有重点的区域化战略,才能最有效地扩大网上营销的规模和效益。

6. 融合化趋势

电子商务网站在最初的全面开花之后必然走向新的融合。一是兼并,包括同类网站之间优胜劣汰后强者对弱者的兼并,和不同网站之间的互补性兼并。二是战略联盟,不同类型的网站以战略联盟的形式进行相互协作以共享客户和资源,提高竞争力,是市场竞争日趋激烈的必然结果。

7. 移动化趋势

移动电子商务就是利用手机、PDA 及掌上电脑等无线终端开展各种商业经营活动的一种新的电子商务模式。它将因特网、移动通信技术、短距离通信技术及其他信息处理技术完美的结合,使人们可以在任何时间、任何地点进行各种商贸活动。移动电子商务是对传统电子商务的有益补充,应用范围非常广泛,从移动支付、无线客户关系管理,到通过无线移动设备实现的各种商品和服务的在线选购与支付,以及金融交易和其他银行业务等,都属于移动电子商务的范畴。随着移动通信系统由 2.5G 向 3G 的发展,无线通信产品将为人们提供速率高达 2Mbps 的宽带多媒体业务,支持高质量的语音、分组数据、多媒体业务和多用户速率通信,这将彻底改变人们的通信和生活方式,进一步促进全方位的移动电子商务得以实现和广泛开展,同时拥有移动终端的庞大用户人群也将促进移动电子商务逐渐兴盛。

8. 精准化趋势

目前 Google 和百度已为我们提供了开放性的搜索引擎服务,而在未来可以预见,基于电子商务需求的精准商务搜索将会成为一种趋势。电子商务的极端数据也对数据检索的效率提出了更高的要求,数据库的海量数据检索和海量数据挖掘功能显得日益重要。对此,包括百度等诸多公司推出了电子商务和搜索平台融合的新型电子商务模式。从长远来看,目前这方面还处于一种探索和尝试阶段,但是可以相信未来如果把精准的电子商务搜索技术和其他电子商务服务所需模块结合起来,那么这一模式会取得巨大成功。

10.5 电子商务典型应用

10.5.1 企业电子商务应用

Internet 的发展使全球的企业经营和管理模式面临新的挑战,如外在环境的变动周期越来越短、企业的经营形式越来越复杂、客户的需求越来越多样化、创新的速度要求越来越快等。在这种处境下,越来越多的企业涌入了电子商务的大潮。电子商务和现代信息技术在企业的经营与管理活动中很快进行普及并应用,并成为企业降低成本、提高经济效益的重要手段。

1. 电子商务客户关系管理

近年来,随着电子商务的深层次发展,与电子商务密切相关的概念——客户关系管理(customer relationship management,CRM)在全球范围内得到了广泛的传播,引发了遍及各行各业的、经久不息的客户关系管理热潮。电子商务已经使企业从"一对多"消费模式转向"一对一"消费模式。

1) 客户关系管理的含义

客户关系管理是信息技术与传统的营销、销售和服务管理整合的产物。竞争的加剧，使得如何吸引新客户和保留现有客户，成为企业经营者必须面对的重要问题，只有当企业真正了解和掌握客户后，才有可能最大限度满足客户需求，在竞争中获得优势。企业应用客户关系管理的目的在于建立一个系统，使企业在客户服务、市场竞争、销售及支持方面形成彼此协调的全新的关系实体，为企业带来长久的竞争优势。客户关系管理的根本目的是发现、培育并保留住那些和企业建立长期稳定的关系，愿意为企业提供的产品和服务承担合适价格的客户，实现企业与客户的"双赢"。

客户关系管理的根本要求就是要建立与客户关系之间的"学习关系"，即从与客户的接触中了解他们在使用产品中遇到的问题和对产品的意见及建议，并帮助他们及时解决；同时了解他们的姓名、通信地址、个人喜好和购买习惯，在此基础上进行"一对一"的个性化服务，并拓展新的市场需求。因此，客户关系管理的实质就是企业基于客户知识的获取、存储、传递、转化、整合、创造等管理过程。客户关系管理就是要系统地加强客户知识管理，有效地获取、发展和维系有利于客户组合的知识与经验，尽可能地获得最大价值。客户关系管理将企业"客户""知识"和"管理"共处于一个循环体系中，企业运用这个循环体系中的客户知识，从客户关系中求得最大收益。

2) 电子商务客户关系管理系统的主要职能

不同行业、不同企业的客户关系管理系统具有不同的要求，不同的软件开发商也提供不同功能的客户关系管理软件产品。从大的方面划分，客户关系管理的功能包括客户服务与支持、销售、营销、呼叫中心、电子交易等部分。目前，国际、国内主要的 CRM 软件厂商提供的产品基本都包含以下功能。

① 客户服务与支持功能。客户服务与支持是客户关系管理的基本功能，具体又可分为客户信息管理、客户服务管理、客户合同管理、客户跟踪管理和现场服务管理这些子功能。

② 销售管理功能。销售管理功能的目的是提高销售过程的自动化和销售的效果。它包括销售管理、现场销售管理、电话销售管理和销售佣金管理这些子功能。

③ 营销管理功能。营销管理主要实现营销分析与决策的功能，主要包括市场分析、预测分析、营销活动管理。

④ 呼叫中心功能。呼叫中心是由计算机和电话机集成技术支持的，能受理电话、电子邮件、传真等多种方式交流的不间断的综合服务系统。它的主要功能有电话管理员功能、语音集成服务、报表统计分析、代理执行服务、市场活动支持服务、呼入呼出调度管理。

⑤ 电子交易功能。客户关系管理支持电子交易功能，具体包括电子商店、电子促销、电子账单、电子支付、电子支持及网站分析。

3) 电子商务客户管理的实施

① 识别企业客户。若要成功实施客户关系管理，就必须了解客户需求，分析客户购买行为，发掘潜在客户。国内外企业的实践证明：识别企业客户对实施客户关系管理起

着决定性的作用;没有正确的识别,即使建立起了客户关系管理系统,也很难真正发挥其应有的作用。

② 对客户进行差异性分析。不同客户的喜好不同,带来消费倾向不同;即使同一位客户在不同的人生阶段,也会产生不同的消费需求,所以对客户进行差异性分析是市场细分的基本要求。在电子商务客户管理的实施中,尤其可以发挥电子商务个性化的特色,体现"一对一"服务的本质。

③ 与客户保持良性接触。沟通客户需要企业的销售、营销和客户支持等部门的有关人员通过上门走访、电话、电子邮件、问卷调查等形式从客户中得到第一手的资料,加以分析整理,供客户关系管理实施团队参考。同时,也可以通过组织座谈会、研讨会的形式邀请客户代表与有关人员进行交流沟通,以便更好地了解客户的深层次需求。此外,与客户保持良性接触,企业还可以关注竞争者在客户关系管理方面的做法,吸收竞争者的长处,改进竞争者存在的不足之处。

④ 调整产品或服务以满足每一个客户的需求。明确了客户需求后,接下来便是制订具体的产品或服务发展计划,有针对性地调整和改变电子商务发展的策略,努力满足每一个客户的需求,与客户共同发展。

2. 企业资源规划(ERP)

1) 企业资源规划的含义

企业资源规划(enterprise resource planning,ERP)是指建立在信息技术基础上,以系统化的管理思想,为企业决策层及员工提供决策运行手段的管理平台。随着电子商务的发展,企业资源规划在更大的范围内发挥了作用,将采购、销售、财务、物流、人力等多个方面有机结合,而移动设备的广泛应用更使企业实现了随时随地的资源管理。

2) 企业资源规划的特点

① 集成性。ERP系统最大的特点是能够将企业的所有资源集成,企业根据同一数据信息进行管理,按照规范化的处理程序进行决策,进而改变企业以往信息不通、情况不明、盲目决策、相互矛盾的现象。

② 动态性。ERP把客户需求和企业内部的制造活动,以及供应商的制造资源整合在一起,体现了完全按用户需求制造的思想,这使企业适应市场与客户需求快速变化的能力增强。

③ 系统性。ERP系统将企业所有与经营生产直接相关部门的工作联系成一整体,每个部门都从系统总体出发做好本岗位工作,每个人员都清楚自己的工作质量同其他职能的关系。

④ 预测性。ERP是经营生产管理规律的反映,按照规律建立的信息逻辑必然具有模拟功能,可以预见相当长远的计划期内可能发生的问题,事先采取措施消除隐患。

3. 电子商务供应链管理

1) 电子商务供应链管理的含义

供应链管理作为一种新的管理模式,它从整个供应链的角度对所有节点企业的资源进行集成和协调,强调战略伙伴协同、信息资源集成、快速市场响应及为用户创造价值等。它融合了当今现代管理的新思想、新技术,是一种系统化、集成化、敏捷化的先进管理模式,是对供应链中的物流、信息流、资金流、增值流、业务流及贸易伙伴关系等进行的计划、组织、协调和控制一体化的管理过程。电子商务是未来企业提高国际竞争力和拓展市场的有效方式,同时也为传统的供应链管理理论与方法带来了新的挑战。供应链管理与电子商务相互结合,产生了供应链管理领域新的研究热点——电子商务供应链管理,其核心是高效率地管理企业的信息,帮助企业创建一条畅通于客户、企业内部和供应商之间的信息流。

2) 电子商务供应链管理优势

① 提高供应链企业间的运作效率。电子商务供应链管理借助于网络上的搜索引擎,企业可以迅速搜寻到新的供应商,物色潜在的客户;下游客户可以自助地从在线供应商目录中查找、选择理想的供应商并直接订购商品,而不需要任何人为联络;供应链上不同企业有关配送延迟、缺货、计划装运日期变更、推迟到达等各种临时变更信息可以实时地为各企业所共享,以便以最快的速度做出调整,减少损失。

② 提高客户服务水平。电子商务供应链可以向全球范围内的客户提供每周 7 天、每天 24 小时的全天候服务,对客户服务问题有更快响应,减少了服务成本。

③ 显著降低企业成本。首先,互联网使供应链内各环节的交易更加直接、高效,在缩短交易时间的同时,使交易成本有效降低;其次,供应商和客户可以通过网络充分共享库存信息,及时安排供货与发货,可使库存成本进一步下降;最后,无纸化的交易、即时化的库存信息沟通使采购效率显著提高,采购人员的数量将大大减少,采购成本随之降低。

4. 跨境电商

跨境电子商务于 20 世纪末在中国出现,随着当今世界电子信息技术的飞速发展及世界经济一体化趋势的显著呈现,跨境电子商务在国际贸易中的作用越发重要。金融危机使我国对外贸易活动受阻,随之而来的还有传统外贸格局的改变。在金融危机的打击之下,我国跨境电子商务的发展势头却十分强劲。金融危机促使我国企业不断探索更为节约高效的贸易模式,在某种程度上说,其正是我国对外贸易转型的催化剂。官方数据显示,2015 年中国进出口总额同比下降 7%,创多年来新低。与此同时,跨境电商却逆势上扬,成为外贸的新亮点。目前中国主要跨境电商平均年增长率在 40% 左右,其中跨境零售增长率达 40%~50%。尽管我国进出口总额走低,跨境电商的强劲势头却吸引众多公司进入。根据商务部数据,2015 年我国跨境电商平台企业超过 5 000 家,境内通过各类平台开展跨境电子商务的企业已超过 20 万家。跨境电商市场规模正在快速扩大。包括蜜芽宝贝、洋码头、蜜淘等多个跨境电商纷纷崛起,而老牌电商如天猫、京东、1 号店等也相继瞄准了市场潜力巨大的跨境电商业务。有专家预测,2016 年中国跨境电商进出口额将达 6.5 万亿元,而未来几年跨境电商占中国外贸比例将提高至 20%,年增长速度超 30%。

目前对于跨境电子商务尚未有明确的定义,但在通常情况下,跨境电子商务主要是指处于不同国家或地区的交易主体,以信息技术和互联网技术为依托,通过跨境电子商务平台实现交易及支付结算活动,然后通过跨境物流企业将货物送达境外买方手中、完成交易全过程的一种国际商业活动。

跨境电商商业模式包括第三方 B2B 跨境交易平台商业模式和跨境电商 B2C 网站商业模式。

第三方B2B跨境交易平台基于企业间电商平台,通过向海外消费者进行商品展示帮助供应商推广其企业及产品,吸引消费者订购商品,获得贸易商机和订单。出口企业向海外拓展其业务主要通过这类网络交易平台,第三方B2B跨境交易平台主要的参与方有电商企业、支付企业、物流企业及B2B海外采购商,各方围绕这一平台各自开展交易活动,实现物流、资金流和信息流的双向流动,最终完成整个跨境商品交易活动。

　　第三方B2B跨境交易平台目前主要有两种商业模式,分别为交易佣金＋服务费模式和会员制＋推广服务模式。

　　第一种模式一般在注册、上传产品、展示过程中都是免费的,只在买方和卖方成功完成交易之后根据交易额收取买方的佣金。平台对商家入驻、平台运营、营销推广等各环节提供服务,赚取服务费用;此外,平台还帮助卖家提供可以提高卖家产品曝光率的相关服务,从中赚取一定的推广费。此种模式的代表企业有敦煌网,为买卖双方提供平台,并提供交易服务,促使买卖双方在网上完成交易。其两种盈利模式分别为佣金收入和服务费收入,在买卖双方交易成功之后收取佣金,同时通过提供服务赚取服务费。

　　第二种模式主要以收取会员费用＋服务费的盈利模式运营,向网站注册会员提供信息咨询和产品推送,促使企业间完成网络交易。提供服务的级别是按照不同的收取费用,根据目标企业的不同类型,由高到低、由粗到精分布,阿里巴巴就是这种商业模式的代表。

　　跨境电商B2C网站主要是将本国的产品出售给海外个人消费者,是面向全球的B2C零售模式,靠采购产品和销售产品赚取中间的差价来盈利,同时对于加入平台的商家,按照其销售额以一定比例获取分成。

　　这一模式的代表企业是兰亭集势,在全国招商,吸引各大企业入驻其平台,向入驻平台的企业提供一系列服务,目前其仍以自营商品通过采购和销售活动赚取差价为主。

5. 农村电商

　　农村电子商务,即依托于自建或第三方平台,配合密集的乡村连锁网点,以数字化、信息化的手段,通过集约化管理、市场化运作,构筑紧凑而有序的商业联合体,降低农村商业成本,销售农村特色产品,使农民通过网络营销获得新的利润增长。

　　目前我国农村电商的商业模式包括在线商店模式、电子直销模式、电子零售模式等,农村电商在实现价值增值的过程中,其商业模式的各个要素表现为以下特点。

　　① 价值定位。农村电商的价值定位表现在通过销售高、中、低档的优质特色农产品:一方面为消费者提供从农田到舌尖的体验;另一方面增加农民收入。

　　② 盈利模式。通过销售农产品获得单量溢价以实现盈利。

　　③ 市场机会。农产品市场是一个高度均质化的市场,产品差异化不足,市场机会相对稀缺,因此农村电商的关键之处就在于找到突破口,以使自己的产品区别于同类产品。

　　④ 竞争环境。相较于发展较为成熟的服装、食品等电商行业,农村电商受制于物流、人才等因素,发展较为缓慢,大型农村电商企业相对较少,因此竞争并没有很激烈,但是随着入驻商家的增多,其竞争也将趋于白热化。

　　⑤ 竞争优势。农产品通过网络进行销售,省去了中间批发商等多个环节,节约了成本,实现了更低的价格,相较于实体店,拥有更多的竞争优势。

　　⑥ 营销战略。不同的农村电商商家实行不同的营销战略,有的走品牌化道路,有的

走平台化道路,有的走资源整合道路。

⑦ 组织发展。组织的发展是相对于具体的商家而言的,实施不同的营销战略,其组织发展前景不同,总的来说,能够使自己的产品在同类产品中脱颖而出的商家,其发展前景看好,而难以实现差异化的商家,往往在同类竞争中失去了话语权。

⑧ 管理队伍。作为商业模式中最重要的元素,企业的管理队伍关乎企业未来发展。任何一个优秀的企业,其背后都有一个优秀的管理团队在支撑。开展农村电商亦是如此。然而我国农村人才匮乏,管理人员素质还须进一步加强。

目前,我国还存在另外两种农村电商发展模式。一是走平台化道路,借助一个独特的分销平台,集合当地千余家小卖家共谋发展,并为这些松散且不标准不专业的小卖家提供专业的培训服务,对上游货源进行统一整合,由专业团队进行统一的运营管理。二是走资源整合道路,依托淘宝网店进行销售,并通过微博、微信进行推销,虽然规模受到限制,但比较灵活。

10.5.2 金融电子商务

一般认为,金融电子商务是从早期的数据批量处理和金融作业过程电子化开始的,此后客户接入渠道的多样化和管理信息化,以及智能商务、客户接入渠道整合、流程再造等"电子生态环境"的构建,使交易流程自动化程度和金融流通效率日益提高,客户接入渠道更加丰富,形成了所谓现代金融电子商务。

1. 网上银行

网络技术的飞速发展对银行业务,特别是客户接入渠道产生了深刻影响,从早期的银行 ATM、POS、自助终端等客户服务系统,发展到电话银行、手机银行,直至网上银行这一全新的服务手段。同时,网络环境的改善也引发了银行对数据管理方式的变革,数据和信息出现了集中化、综合化的趋势,银行开始利用网络技术强化集约化管理。

银行电子商务是指银行经营活动的各个方面全面实现电子商务化。它涵盖资产负债管理、银行内部机构管理及流程再造、客户关系管理及产品营销、客户接入渠道、资源管理等各个方面。

银行电子商务系统是一个综合的概念,它既包括银行内部基于电子商务的业务运转和管理整合,也包括利用电子商务手段开展银行业务。在应用层面上也可以分为对外生产运行支撑系统、内部管理支撑系统和辅助系统三大类。

其中,对外生产运行支撑系统是银行最主要的业务系统,负责向客户提供各种银行服务,保证交易安全、准确、及时得到处理;负责将客户接入银行电子商务体系,完成交易处理、内部账务核算等工作。

内部管理支撑系统则用于向管理者提供信息或帮助其做出决策;辅助系统在保障生产运行、提高工作效率、降低运转成本等方面发挥着重要作用。

2. 网上证券

随着信息技术的发展,特别是网络技术的出现,证券开始走向"无纸化",即证券的载体由最初的纸张转变为电子形式。这种以电子形式存在的证券,我们就称为网上证券。网上证券可以通过网络数据交换进行流通,速度快捷,并且具有一定的安全性,满足了证券流通便捷的需要,因而得到了快速的发展。

广义的网上证券交易是指投资者通过互联网来得到证券的即时报价,分析市场行情,并利用互联网下单到实物证券交易所或网上虚拟交易所,实现实时交易的买卖过程。狭义上的网上证券交易是指投资者利用互联网通过券商网上交易系统进入实物交易所进行交易,这也是我们通常所说的"网上证券交易"的含义。

我国的网上证券交易模式有以下几类。

① 通过IT公司网站或者财经网站提供服务的交易模式。这是IT公司参与发起的模式,IT公司包括网上服务公司、资讯公司和软件系统开发商等负责开设网络站点,为客户提供资讯服务,券商则在后台为客户提供网上证券交易服务。这种模式开始于1997年,这个时期的网上证券交易方式是以营业部为中心,以IT厂商软件产品开发为依托的初级网上交易方式,虽然提供实时行情、委托交易等服务,但是没有服务的概念,只是作为一种新渠道的开发,所以很少有增值服务。这种模式的主要特点:一是利用现有的Browser/server的SSL平台,交易数据在券商内部传输,安全性好;二是无须下载软件,便可实现网上委托交易、行情服务、信息查询等功能,快捷便利;三是通过ISP拨号上网,节省通信费用。

② 券商自建网站提供服务的模式。这是一种券商占网上证券交易主导的模式,券商建立自己的网站,并在此基础上创建网上证券交易系统,通过与互联网的链接,券商在网站上开发出各种如网上模拟操作、国内外宏观信息报道、证券分析等各种特色化功能,并为客户提供个性化的服务;客户可以通过券商网站上的网上证券交易系统直接进行下单、委托交易、行情查询分析等相关活动。这种模式的主要特点:一是券商拥有自己的网站,并开发自己网站的网上交易系统;二是券商提供个性化服务,注重投资者不同的服务需求;三是券商提供自己机构研究成果,增值服务能力有所提高。

③ 券商与银行合作方式模式。券商与银行之间建立专线,在银行设立转账服务器,可用于网上证券交易资金查询,资金账户与储蓄账户合二为一,实现银行账户与证券保证金之间的及时划转。采用这种方式,投资者只要持有关证件到银行就可办理开户手续,通过银行柜台、电话银行、网络银行等方式进行交易。

④ 银行+证券+证券网合作模式。这种模式使投资者一次交易由三方合作完成,银行负责与资金相关的事务,证券商负责证券网上交易委托交易、信息服务等与股票有关的事务,证券网负责信息传递和交易服务等事务。这种模式下形成了三个独立系统:资金在银行系统流动,股票在券商那里流动,信息在网站上流动。例如,建设银行+西南证券+飞虎证券网,这种模式不仅提高了效率,降低了成本,而且可以最大限度满足证券交易对安全性的要求。

3. 网上保险

保险是一种承诺、一种无形产品、一种服务商品,保险中的每个环节都离不开信息。将电子商务应用于保险业,便赋予了保险新的形式,从而产生了网上保险。从狭义上来讲,网上保险是指保险企业通过网络开展电子商务,如通过Internet买卖保险产品和提供服务;从广义上来讲,网上保险还包括保险企业的内部、保险企业之间、保险企业与非保险企业之间以及与保监委税务部门等政府相关机构之间的信息交流和活动。

因此，网上保险是指保险企业采用网络来开展一切活动的经营方式，它包括在保户、政府及其他参与方式之间通过电子工具来共享结构化和非结构化的信息，并完成商务活动、管理活动和消费活动。

网上保险的最终目标是实现电子交易，即通过网络实现投保、核保、理赔、给付。客户通过公司网站提供的产品和服务项目的详细内容，选择适合自己的险种、费率等投保内容；依照网上设计表格依次输入个人资料，确定后通过电子邮件传入保险公司；经保险公司签发后的保单将由专人送达投保人，客户正式签名，合同成立；客户交纳现金，或者通过网络银行转账系统的信用卡方式，保费自动转入保险公司，保单正式生效。

与传统的保险企业经营方式相比，利用互联网开展保险业务具有以下四大优势。

1) 扩大知名度，提高竞争力

迄今为止，发达国家的大部分保险公司已经通过设立主页、介绍保险知识、提供咨询、推销保险商品来抢占市场。

2) 简化保险商品交易手续，提高效率，降低成本

在网上开展保险业务缩短了销售渠道，大大降低了费用，从而能获得更高的利润。通过网上保险业务的开展，投保人只要简单地输入一些情况，保险公司就可以接收到这些信息，并做出相应的反应，从而节省双方当事人之间进行联系以及商谈的大量时间，提高效率，同时降低了公司的经营成本。电子化的发展大大简化了商品交易的手续。申请者除了不能通过 Internet 在投保单上签名盖章外，其他有关事宜均可在 Internet 上完成，甚至保费也可以通过 Internet 来缴纳。

3) 方便快捷，不受时空限制

应用互联网，保险消费者可以在一天 24 小时内随时方便地上网比较保险产品，并向保险公司直接投保。这对于那些相对简单的险种尤为适用。

4) 为客户创造和提供更加高质量的服务

互联网能够加快信息传递速度的优势，可使保险服务质量得以大大提升。很多在线下不能或不易获得的服务，在互联网上变得轻而易举。比如：保险消费者可以在投保前毫无销售压力的情况下从容选择适合自己的产品和保险代理，获得投保方案，而无须不厌其烦地去和每家保险公司、保险代理打交道；在投保后轻松获得在线保单变更、报案、查询理赔状况、保单验真、续保、管理保单的服务，从而避免了烦琐的手续、舟车劳顿、长时间等待等不利因素。例如，目前易保网上就能够提供保险方案匿名竞标，按照消费者的要求搜索代理人、保险需求自测等服务。

10.5.3 电子政务

1. 电子政务的含义和发展现状

随着电子商务应用范围的扩大，人们越来越关注使用电子商务来提高公共机构和政府的业务水平。电子政务受到了越来越多的关注和应用。

电子政务(E-government)是指运用计算机、网络和通信等现代信息技术手段，实现政府组织结构和工作流程的优化重组，超越时间、空间和部门分隔的限制，建成一个精简、高效、廉洁、公平的政府运作模式，以便全方位地向社会提供优质、规范、透明、符合国际水

准的管理与服务。

政府在社会经济中所承担的职责,主要涉及社会公共领域的管理:行使公共权力,管理公共事务,提供公共服务。随着社会的进步和公众需求层次的提升,政府管理职能由控制型转化为服务型是政府管理职能转变的必然趋势。

在这种服务型理论的驱动下,政府由过去的以政府为中心转变为以公众为中心,电子政务顺应并推动了这种发展趋势。加速政府对公众需求的回应,让公众能快捷、方便地了解政府政策,与政府沟通,并能满足公众向政府提出的各种服务需求,这是电子政务的主要目标。通过电子政府,可以跨越政府部门间的限制,快速、高效、多方位地实现信息共享和沟通协调,实现政府职能的整合。

我国的电子政务建设自1993年"三金工程"算起,发展至今已超过20年。20多年来,人们对信息化的认识程度不断加深,信息化整体环境有了明显的改善。这期间,我国政府部门的信息化水平也有了长足的进步。2013年,全国政府域名(gov.cn)下的网站发展到55 207个,100%的省级政府和国务院组成部门、98.5%的地市级政府,以及初步统计超过85%的县区级政府已经建立了政府网站。北京、上海、广州、深圳市等地方政府网站提供的网上办事和服务项目超过2 000项。一些地方开发了"政务呼叫中心""网上行政审批大厅"等较为复杂的信息系统来为民服务。

2. 电子政务的应用

根据服务对象的不同,电子政务可分为政府间的电子政务(G2G)、政府对企业的电子政务(G2B)和政府对公众的电子政务(G2C)三种应用模式。

1) 政府对公众(G2C)

政府对公众这一类别涵盖了政府与公众之间的所有互动,其基本思想就是让公众在家就可以和政府进行沟通交流。公众可以在网上找到他们需要的所有信息,可以提出问题并能得到回应,也可以在网上直接缴税和付账等。政府则可以在网上发布信息、开展培训、帮助就业等。图10-8列出了北京市政府门户网站"首都之窗"对公众提供的服务内容。

图10-8　北京市政府网站对公众提供的服务内容

从图 10-8 可以看到,通过电子商务平台,公众不仅可以获取各类公共信息,如交通出行状况、教育医疗等方面,还可以在网上办理预约、网上缴税、网上办理社保等。

2) 政府对企业(G2B)

政府对企业电子政务是政府与企业通过网络平台进行的各项交互活动,主要包括电子采购与招标、电子税务系统、电子工商行政管理系统、信息咨询服务和电子外贸管理服务。

① 电子采购。政府采购是一项牵涉面十分广泛的系统工程,利用电子化采购和电子招标系统,对提高政府采购的效率和透明度,树立政府公开、公正、公平的形象,促进国民经济的发展起着十分重要的作用。电子采购主要包括通过网络公布政府采购与招标信息,为企业特别是中小企业参与政府采购提供必要的帮助,向他们提供政府采购的有关政策和程序,使政府采购成为阳光作业,减少徇私舞弊和"暗箱操作",降低企业的交易成本,节约政府采购支出。

② 电子税务。电子税务系统使企业通过政府税务网络系统,在家里或企业办公室就能完成税务登记、税务申报、税款划拨、查询税收公报、了解税收政策等业务,既方便了企业,也减少了政府的开支。

③ 电子工商行政管理。主要包括:企业登记注册相关文件;企业运营管理,如企业信用信息查询、企业网上年检、合同管理、商标管理、市场管理等;企业登记注册,如各类企业登记注册、广告登记审批、动产抵押登记等。

④ 信息咨询服务。政府将拥有的各种数据库信息对企业开放,方便企业利用。如法律法规规章政策数据库、政府经济白皮书、国际贸易统计资料等信息。

3) 政府对政府(G2G)

政府对政府电子政务涵盖了政府内部的所有活动,主要是政府各部门之间的信息传递,还包括上下级政府、不同地方政府、不同政府部门之间的非企业交易。主要包括以下内容。

① 电子法规政策系统。对所有政府部门和工作人员提供相关的现行有效的各项法律、法规、规章、行政命令和政策规范,使所有政府机关和工作人员真正做到有法可依,有法必依。

② 电子公文系统。在保证信息安全的前提下在政府上下级、部门之间传送有关的政府公文,如报告、请示、批复、公告、通知、通报等,使政务信息十分快捷地在政府间和政府内流转,提高政府公文处理速度。

③ 电子司法档案系统。在政府司法机关之间共享司法信息,如公安机关的刑事犯罪记录、审判机关的审判案例、检察机关检察案例等,通过共享信息改善司法工作效率和提高司法人员综合能力。

④ 电子财政管理系统。向各级国家权力机关、审计部门和相关机构提供分级、分部门历年的政府财政预算及其执行情况,包括从明细到汇总的财政收入、开支、拨付款数据以及相关的文字说明和图表,便于有关领导和部门及时掌握和监控财政状况。

⑤ 电子办公系统。通过电子网络完成机关工作人员的许多事务性的工作,节约时间和费用,提高工作效率,如工作人员通过网络申请出差、请假、文件复制、使用办公设施和

设备、下载政府机关经常使用的各种表格、报销出差费用等。

⑥ 电子培训系统。对政府工作人员提供各种综合性和专业性的网络教育课程,特别是适应信息时代对政府的要求,加强对员工与信息技术有关的专业培训,员工可以通过网络随时随地注册参加培训课程、接受培训、参加考试等。

⑦ 业绩评价系统。按照设定的任务目标、工作标准和完成情况对政府各部门业绩进行科学的测量和评估。

本 章 小 结

本章从电子商务的基本概念出发,系统介绍电子商务基础知识、电子商务的分类、电子商务商业模式、电子商务现状及发展趋势。电子商务即使在各国或不同的领域有不同的定义,但其关键依然是依靠着电子设备和网络技术进行的商业模式,就是信息系统的应用形式。

电子商务是企业信息化建设的目的,是企业管理信息系统的延伸和发展,而企业信息化是电子商务的基础和前提。也就是说,管理信息系统是企业内部的信息系统,电子商务是企业外部的信息系统,内部与外部信息系统的结合才构成现代企业完整的信息系统。

思考与练习

1. 为什么说电子商务的产生是必然的?简述其发展阶段及未来发展趋势。
2. 简述电子商务的定义与内涵。
3. 与传统商务相比,电子商务有何特别之处?
4. 开展电子商务对企业而言有何益处?
5. 简述电子商务的特点。
6. 电子商务有哪些基本的分类形式?具体可如何进行分类?
7. 对企业而言,有哪些可以选择的电子商务商业模式?
8. 结合一些其他资料,试述我国电子商务发展目前面临的问题及其解决思路。
9. 查阅有关文献,试列举1~2个电子商务应用研究的其他理论。
10. 查阅有关文献,说明近期电子商务研究的关注点主要有哪些?你对其中哪一点比较有兴趣,为什么?

参 考 文 献

[1] [美]肯尼思·C. 劳东,简·P. 劳东. 管理信息系统[M]. 劳帼龄,译. 北京:中国人民大学出版社,2012.
[2] 王兆星,等. 管理信息系统[M]. 北京:电子工业出版社,2013.
[3] 王兴德. 电子化商务决策分析[M]. 北京:清华大学出版社,2003.
[4] David M. Kroenke. 管理信息系统[M]. 王道平,等,译. 北京:电子工业出版社,2012.
[5] 刘兰娟. 管理信息系统[M]. 北京:清华大学出版社,2012.
[6] 周山芙,等. 管理信息系统[M]. 北京:中国人民大学出版社,2009.
[7] 汪维清,汪维华. 管理信息系统[M]. 北京:清华大学出版社,2012.
[8] 薛华成. 管理信息系统[M]. 北京:清华大学出版社,2012.
[9] 李少颖. 管理信息系统[M]. 北京:机械工业出版社,2013.
[10] 路晓丽. 管理信息系统[M]. 北京:机械工业出版社,2014.
[11] 庄玉良,贺超. 管理信息系统[M]. 北京:机械工业出版社,2011.
[12] 侯赛因. 比德格里. 管理信息系统[M]. 北京:机械工业出版社,2011.
[13] 袁红清. 管理信息系统理论与实训[M]. 北京:机械工业出版社,2012.
[14] 张金城. 管理信息系统[M]. 北京:清华大学出版社,2012.
[15] 滕佳东. 管理信息系统[M]. 大连:东北财经大学出版社,2011.
[16] 徐志坚. 管理信息系统案例精选[M]. 北京:北京师范大学出版社,2010.
[17] 吴柏林. 管理信息系统[M]. 北京:清华大学出版社,2012.
[18] 庞国莉. 数据库原理[M]. 北京:清华大学出版社,2010.
[19] 董大钧. 计算机网络基础[M]. 大连:大连理工大学出版社,2010.